미국은 어떻게
동성결혼을
받아들였나?

미국법원의 동성결혼 합법화 12대 판결

미국은 어떻게 동성결혼을 받아들였나

미국법원의 동성결혼 합법화 12대 판결

편저 정소영

도서출판 렉스

'한 남자와 한 여자가 부모를 떠나
합하여 둘이 한 몸을 이루도록'
인류에게 결혼제도를 주신 창조주 하나님과
그 결혼을 통해
내 삶에 가장 아름다운 선물로 보내주신
사랑하는 남편 김형수 박사와
두 아들 호준, 호윤에게 이 책을 바칩니다.

결혼은 지킬 만한 가치가 있는 것인가?

동서고금을 막론하고 동성애가 금기시되거나 죄악시 된 역사는 수천 년에 이른다. 동성애 특히 남자 동성애자들의 항문성교를 의미하는 영어단어 '소도미Sodomy'는 성경 창세기의 소돔과 고모라 이야기[1]에서 유래되었다고 한다.

성경에서 소돔이라는 도시는 물질적으로는 매우 풍요로웠으나 성적, 도덕적 타락이 극에 달하여 하나님의 진노를 샀고 결국 불로 온 도시가 멸망하게 되었다. 역사가들은 이 도시에서 성행한 성적 타락 중 하나가 동성애라고 추측하는데 여기에서 영어의 '소도미'라는 단어가 유래된 것으로 본다.

미국에서 2015년 동성결혼이 합법화되었고 이 결정은 한국 사회에도 큰 충격을 주었다.

미국은 1970년대부터 각 주에서 동성애를 형법으로 처벌하던 '소도미금지법' 철폐가 지속적으로 이루어졌고, 이후 '시민결합법'이나 '생활동반자법' 등을 통해

---

1 창세기 19장

이성간에 이루어지는 결혼이 아닌, 다른 다양한 가족형태 또는 사람들의 애정관계를 법적, 제도적으로 인정해주기 시작하였다. 그리고 결국 2015년 6월, 미국에서는 '한 남자와 한 여자의 결합'이라는 전통적인 결혼의 정의가 무너지고 '사람과 사람 사이의 애정과 헌신의 관계'라는 새로운 결혼관이 대두되었다.

이에 따라 그동안 전통적인 결혼제도를 근간으로 제정된 가족법, 상속법, 세법, 교육법 등 사회 전반에 걸친 모든 법과 제도들이 다양한 형태의 결혼과 가족을 지지하기 위한 새로운 법과 제도로 대체되기 시작했다.

이 과정에서 지금 미국은 심각한 사회적 혼란과 분열을 겪고 있다.
특히 헌법 내에서 개인의 양심의 자유, 종교의 자유, 표현의 자유를 보호하고 있는 조항과 법 앞의 평등, 법 앞에서의 공정한 절차를 보장하는 조항과의 피할 수 없는 갈등 상황은 앞으로 더욱 심각해질 것으로 예상된다.

우리 사회도 이러한 영향력에서 벗어날 수가 없게 되었다.
불과 얼마 전까지만 해도 우리 주변에서 별로 본 적도 들은 적도 없는, 단어 조차 생소한 동성애와 동성애자들에 대한 이야기가 이제는 우리의 일상생활 가운데 자연스럽게 거론되고 있다.

최근에는 중고등학교 교과서에서도 동성애를 사랑의 또 다른 형태로 가르치고 있고, 동성애가 청소년 유해 표현물에서 제외되면서 청소년들 사이에는 동성애가 마치 우정보다 약간 진한 정도의 애정 내지는 동성간의 강한 친밀감 정도로 인식되고 있는 듯 하다. 참으로 동성애에 대한 우리 아이들의 태도는 어른들이 생각하는 방식과는 사뭇 다르다.

그럼 왜 이렇게 갑작스럽게 동성애를 인정해야 한다는 목소리가 높아지게 되었을까?

에이즈 환자의 90% 이상이 남자 동성애자들의 성행위로 감염된다는 보건당국의 통계에도 불구하고 동성애에 대한 의학적인 문제는 그리 심각하게 보도되지 않고, 반면에 전통적으로 지켜오던 성윤리와 성도덕의 가치로 이들을 판단하는 것은 마치 인권을 유린하는 것처럼 호도되는 이유는 무엇일까?

어떻게 선진국이라는 미국과 서구 여러 나라들이 동성애를 인권의 범주에 포함시키고 동성결혼을 인정하게 되었으며 심지어 유엔과 같은 국제기구도 이를 인정하도록 역사적, 문화적 전통이 다른 회원국들에게 압력을 행사하는 상황이 되었을까?

어떻게 동성애자들은 이처럼 단시간 내에 수천 년 동안 전 세계 모든 문명권에서 지키고 보존해 온 결혼제도를 무너뜨리고 국제적인 연대와 지지를 과시하는 파워 그룹으로 급부상하게 되었을까?

이 책은 이런 의문에 대한 몇 가지 해답을 동성결혼 합법화와 관련된 미국 연방대법원과 주 대법원의 판례에서 찾고 있다.

동성결혼 합법화 소송은 창조질서에 따라 '한 남자와 한 여자'가 결혼하여 가정을 이루고 아이들을 낳아 양육함으로써 한 사회의 근간을 이루게 하는 결혼제도에 대한 정면도전이다.

결혼이란 수천 년 동안 인류가 실험해 온 모든 가족 제도 중 가장 최적화된 것으로서, 전세계 대부분의 문명국가에서 지지하고 보호하고 있는 가족제도이다. 그런데 이런 전통적인 '결혼'에 동성간의 결혼을 포함하도록 하여 성별에 관계없이 '서로 원해서 선택한 사람들간의 결합'을 결혼 또는 가족으로 법률상 인정하도록 만드는 것이 바로 동성결혼 합법화 소송의 목적이며 이는 곧, 사회 전체가 개인의 선택의 자유를 지극히 존중한다는 공동체적 결정의 표현으로서 결혼의 정의와 본질을 새롭게 하여 새로운 시대정신을 열자는 것이다.

우리 사회는 동거든, 생활동반자든, 동성결혼이든 자신들이 선택한 삶의 형태에 대해 법적인 제재를 가하지 않는다. 그들에게는 그럴 선택의 자유가 있고 그에 따른 책임도 있다. 그러나 그들이 개인적으로 자신이 선택한 삶을 누리는 것과 자신들의 특별한 삶의 형태를 사회 구성원 전체에게 받아들이도록 강요하는 것은 별개의 문제이다.

사회 전체 공동체의 '선'을 지키기 위해 국가는 나름대로 지향하는 바를 세우고 그것에 자원을 집중하고 그 지향하는 바를 진흥시키기 위한 정책적 노력을 해야 할 의무가 있다.

이러한 국가의 책무에는 안정되고 건강한 사회를 건설하기 위해 윤리와 도덕에 기반한 법과 질서를 확립하고, 국민들의 건강을 지키며, 미래의 희망인 아이들이 자랄 수 있는 최적의 환경이 조성될 수 있도록 지원하는 것 등이 포함된다. 이것이 바로 국가가 지극히 개인적인 선택의 문제인 '결혼'에 개입하는 이유이다.

오늘날, 이러한 국가의 노력이 오히려 국민의 인권을 짓밟는다는 논리에 의해 부당하게 평가절하되고, 전통적인 남녀간의 결혼을 지지하는 사람들은 반인권적인 동성애 혐오세력으로 폄하되는 상황이 벌어지고 있다. 이것은 이제 우리 사회가 '결혼이란 무엇인가'라는 '결혼의 정의'에 대해 다시 한 번 사회적 합의와 정리가 필요한 시점이 되었다는 것을 뜻한다.

그리고 결혼이 어떻게 정의되든지 이 결정은 우리 사회의 미래를 좌우하게 될 것이다.

'결혼'은 정말 지킬 만한 가치가 있는 것인가?

목차

거대한 세계관의 충돌

> 낙태, 동성애자의 인권이나 공교육의 쇠퇴는 국지전에 불과하다. 진짜 전쟁은 기독교 세계관과 이에 대항하고 있는 여러 가지 세속적 세계관 사이의 우주적인 갈등이다.
> _찰스 콜슨[1]

2015년 이후, 내 삶의 화두는 '세계관'이다.

세계관이란 세상을 바라보는 관점이자 우리의 가치관이다. 마치 노란색 안경을 쓰면 온 세상이 노랗게 보이고 빨강색 안경을 쓰면 빨갛게 보이듯, 우리가 어떤 생각의 틀을 가지고 이 세상을 바라보는가에 따라 그 틀을 통해서 들어오는 세계는 우리에게 달리 인식된다.

세계관은 여러 학자들이 다양한 방식으로 정의하고 설명하고 있지만 가장 단순하게 이야기하면 다음 3가지 질문에 대해 어떻게 대답하는가로 정리될 수 있을 것 같다.

---

1 Charles Colson, 정영만 역, 〈그리스도인 이제 어떻게 살 것인가?〉, 요단 출판사, 2002

1) 인간은 누구인가?

2) 인간 사회의 다양한 문제들의 원인은 무엇인가?

3) 그 문제들은 어떻게 해결할 수 있는가?

이 질문들에 대해 이 세상에는 두 갈래 큰 생각의 흐름이 존재한다.

첫 번째 생각의 흐름은 1) 인간은 창조주가 그의 형상을 따라 창조한 존재이다. 따라서 인간에게는 다른 피조물에게는 없는 창조주가 부여한 존엄성이 있다. 2) 인간 사회의 모든 문제는 인간이 창조주의 자연질서와 그가 규정해 놓은 절대적인 윤리와 도덕법칙을 어김으로써 발생한 것이다. 3) 따라서 이 문제를 해결하기 위해서는 창조주가 의도했던 본연의 질서를 회복하고 절대적인 윤리와 도덕의 기준으로 되돌아 가야 한다.

이와 상반되는 흐름으로는 1) 인간은 우연히 자연발생적으로 나타나 진화된 존재이다. 2) 인간 사회의 모든 문제는 자유로운 상태에서 진화하고 진보할 인간 사회를 신의 존재, 혹은 윤리와 도덕의 절대기준과 같은 관념 및 그러한 관념을 지지하기 위해 만들어진 전통과 권위 등이 인간의 정신을 억압함으로써 발생하는 것이다. 3) 따라서 인간을 억압하고 있는 모든 기존 질서와 권위를 타파하고 인간이 스스로 진화를 통해 진보할 수 있도록 최대한 자유롭게 해주어야 한다.

전자를 중세와 근대 서양세계를 지배했던 기독교 세계관, 신본주의 세계관, 또는 절대적 윤리기준의 존재를 믿는 세계관 등으로 일컬으며, 후자는 현대 또는 후기 현대 사회에서 전 세계를 풍미하고 있는 세속적 인본주의 세계관, 상대주의 세계관, 포스트모더니즘 세계관이라고 부른다. 각 세계관의 명칭만큼이나 다양한 스펙트럼 안에 있는 모든 세계관을 구별하여 설명할 수는 없으므로 이 책의 목적상 단순하게 기독교적 세계관과 세속적 인본주의 세계관으로 크게 나누어 살펴보고자 한다.

사회의 다양한 영역은 세계관에 따라 작동하고 해석되며 현대사회의 모든 갈등과 변화의 본질은 세계관의 충돌이 현실에서 구체적인 양상으로 표출되는 것이다. 그리고 이러한 세계관의 충돌 혹은 가치관의 충돌 양상을 가장 극명하게 보여주는 것이 바로 동성결혼 합법화 소송이라고 할 수 있다.

동성애나 동성결혼의 문제를 기독교적 세계관의 관점에서 바라본다면 1) 인간은 창조주가 지은 존엄한 존재이다. 그러므로 존엄성을 지키는 가치 있는 삶을 살아야 한다. 2) 동성애는 창조주의 자연질서와 윤리 도덕적 법칙에 어긋나는 것이므로 문제이다. 이는 비단 윤리 도덕적 측면에서의 문제만이 아니라 생물학적 의학적으로 개인과 사회의 건강성에 심각한 문제를 야기한다. 3) 따라서 이 문제를 해결하기 위해서는 원래 창조주가 의도한 질서대로 동성애적 성생활에서 돌이켜 정상적인 결혼생활을 할 수 있도록 도와주어야 한다고 할 것이다.

반면에 세속적 인본주의 세계관을 가진 사람이 동성애 또는 동성결혼이라는 문제를 바라보는 방식은 1) 인간은 자연발생적으로 진화한 존재이므로 다른 동물들과 별반 다를 것이 없다. 자연계에서도 드물긴 하지만 동성간 짝짓기가 있듯이 인간의 동성간 성행위도 자연스러운 것이다. 2) 동성애는 문제가 아니다. 오히려 동성애를 억압하는 기존의 종교, 윤리, 그리고 사회적 전통과 관습이 문제이다. 3) 따라서 이러한 종교적 억압과 윤리 도덕적 절대기준, 또는 사회적 전통이나 관습에 의한 억압을 타파하고 인간이 스스로 자신의 삶의 형태를 선택할 수 있도록 해

주는 것이 인간의 권리를 확대시키고 인간의 존엄성을 지키는 일이며 이를 통해 인간사회는 더 큰 포용력과 다양성이 담보된 사회로 진화 혹은 진보할 것이다.

이상의 두 가지 세계관은 동일한 쟁점에 대해 확연히 다른 이해와 해결책을 제시하고 있는데 한 사회의 공동체가 집단적인 가치와 선을 추구함에 있어서 어느 쪽을 선택하느냐 하는 것은 그 사회 구성원의 구체적인 행동양식과 그 결과로 이루어지는 미래를 결정한다.

이 책은 뉴욕 타임즈가 2015년 6월 26일, 미국 전역에 동성결혼 합법화를 공식 선언한 오버즈펠사건을 계기로 '동성결혼 – 랜드마크 판결과 판례들'이라는 기사[2]에서 소개한 사건들 중, 우리 사회가 한 번쯤 생각해 보아야 할 시사점을 지니고 있다고 생각되는 12개의 사건을 선정하여 소개한 것이다.

동성결혼 합법화와 관련하여 유럽에 있는 다른 서구 선진국들의 앞선 판결도 많지만 미국의 판례들을 살펴보는 것은 일본을 제외하고는 우리나라의 법률 제도와 시스템 및 문화에 가장 많은 영향을 미치고 있는 나라가 미국이라고 생각했기 때문이다.

미국에서 동성결혼 합법화와 관련된 사건들은 셀 수도 없이 많았지만 특히 이 책에서 소개된 12개의 사건 및 이에 대한 판결은 1970년대부터 2010년대까지 약 50년간 동성결혼 합법화라는 문제를 두고 미국사회의 지배적인 세계관이 어떻게

---

2 Same-Sex Marriage: Landmark Decisions and Precedents, by Amisha Padanani and Celina Fang JUNE 26, 2015. http://www.nytimes.com/interactive/2015/06/26/us/samesex-marriage-landmarks. html?_r=1

변해왔나를 여실히 보여주고 있다는 데 의미가 있다.

1967년, 미국은 *Loving v. Virginia*판결을 통해 흑백인종간의 결혼을 금지했던 법을 철폐하고 오랜 인종차별의 역사에서 벗어나 모든 사람들이 평등하게 대우받는 세상을 꿈꾸게 되었다. 이 판결은 이후, 미국 내 소수인종에 대한 차별철폐를 주장하는 다양한 사건에서 판례로써 지속적으로 인용되었으며, 동성결혼 합법화 소송에서도 동성애자라는 사회적 소수자들의 평등과 인권보호를 주장하기 위해 가장 많이 인용되는 사건이 되었다.

1970년대부터 1980년대까지 동성결혼에 대한 미국 사회의 입장은 매우 확고하였다.

동성애와 관련된 성행위는 형법상 범죄로 처벌되었으며 스스로 동성결혼을 하고 혼인관계증명서를 발급받아 주정부의 인정을 받으려고 시도했던 많은 소송에서 동성애자들은 패소하였다.

대표적으로 1971년 *Baker v. Nelson*사건에서 미네소타주 대법원은 동성애자들에게 혼인관계증명서 발급을 거부한 것에 대해 합헌 판결을 내렸고, 1986년 *Bowers v. Hardwick*사건에서는 동성애를 처벌하도록 한 조지아주의 형법 또한 헌법에 합치한다고 판결함으로써 동성결혼에 대한 미국 시민들의 생각은 여전히 동성애를 금기시 하고 전통적인 결혼제도를 지키고 보호하고자 하는 것임을 보여주었다.

그런데 1990년대부터 동성결혼을 합법화시키고자 하는 동성애 옹호진영의 캠페인과 소송전 등 적극적인 파상공세가 시작되면서부터 미국 사법부와 여론의 방향이 움직이기 시작했다. 결혼은 개인의 선택이며 결혼을 꼭 한 남자와 한 여자 사이의 결합으로만 제한할 필요가 있는가? 사회 내의 다양한 사람들의 선택과 취향을 존중하는 것이 인권의 개념에 더욱 부합하는 것이 아닌가? 옳고 그름의 절대적인 윤리 기준을 세워 타인의 삶에 간섭하는 것이 오히려 인간의 자유와 평등을 억압하는 것이 아닌가? 하는 새로운 생각들이 힘을 얻기 시작했다.

1996년, 하와이주의 *Baeher v. Lewin*(이후 *Baehr v. Mike*로 변경)사건을 시작으로 동성결혼 부부들에게 혼인관계증명서를 발급해주어야 한다는 법원의 판결이 나오기 시작하더니 2004년 메사추세츠주가 *Hillary Goodridge v. Department of Public Health*판결을 통해 미국에서는 처음으로 동성결혼을 합법화하였다.

1996년, 하와이주 대법원의 판결로부터 2004년 메사추세츠주 대법원 판결 사이의 10년이 채 안 되는 기간 동안, 1999년, *Baker v. State(Vermont)*판결 등을 통해, 각 주에서는 '생활동반자법'이나 '시민결합법' 등 결혼과 유사한 제도를 제정하여 동성결혼 부부들이 전통적인 결혼제도 하에서 제공되는 것과 거의 동일한 혜택을 누리도록 해 주었고, 2003년에는 *Lawrence v. Texas*사건을 계기로 동성애를 범죄로 규정한 모든 주의 형법이 폐지되었다.

2006년, 뉴저지주의 *Lewis v. Harris*판결 및 2008년, 캘리포니아주의 *In re Marriage cases*판결은 동성결혼 부부들에게 결혼이 부여하는 모든 혜택과 더불어 그들의 관계를 다른 어떤 새로운 이름이 아닌, '결혼'이라는 이름으로 부를 수 있는 권리를 줌으로써 실질적으로 전통적인 결혼과 동성결혼의 차이가 사라지고 전통적인 결혼의 정의 속에 동성결혼이 포함되어 버리는 결과를 낳았다. 이로써 그동안 '생활동반자법'이니 '시민결합법'이니 하는 모든 결혼 유사 제도들은 사실상 아무 의미가 없게 되었다.

2013년, *United v. Winsor*사건은 그 동안 각 주에서 개별적으로 인정하던 동성결혼을 연방법 차원에서 인정하도록 만든 사건이었다. 이 사건은 그때까지 연방의회가 제정한 '결혼보호법Defense of Marriage Act(DOMA)'상 동성결혼이 인정되지 않아서 발생했던 모든 차별이 사라지는 계기가 되었고, 동성결혼 부부들은 이제 연방 파산법, 연금법, 소득세법, 이민법, 사회복지관련법 등에서 결혼이 부여하는 온전한 권리를 누릴 수 있게 되었으며 드디어 2015년, *Obergefell v. Hodges*판결에서 9명의 미 연방대법원 대법관들 중 5명의 찬성으로 미국은 동성결혼 합법화를 공식화한 나라가 되었다.

2000년대 들어서 미국 연방대법원과 각 주 대법원들은 동성결혼에 관한 문제를 세속적 인본주의, 특히, 진화론적 세계관으로 접근하기 시작했다. 이러한 세계관의 영향으로 미국의 사법부에서는 결혼은 본질적으로 고정불변하는 제도가 아니라 시대의 변화에 따라 진화하는 것이기 때문에 이렇게 진화하는 결혼제도를 뒷받침할 수 있는 법적인 지원이나 대안적인 제도를 마련해야 한다는 주장이 설득력을 얻게 되었다.

미국의 사법부는 지금까지 진화된 결혼제도를 폄하하고 혐오하도록 만드는 전통적인 기독교적 세계관이 미국 시민의 인권을 억압하는 주범이라고 인식하고 동성애자들을 이러한 억압과 편견으로부터 벗어나게 해 줌으로써 이들의 인권을 보호하고자 하였다. 그리고 사법부에게는 헌법을 시대에 맞게 재해석함으로써 인간의 자유를 확대하고 인간과 인류 사회의 진보를 증진해야 할 책임이 있다고 자임하였다.

이러한 사법부의 의지에 부응하여 미국의 입법부 역시 동성결혼 부부들과 이성결혼 부부들을 평등하게 대우하거나 오히려 특별하게 보호하려는 의도를 가진 각종 유사 결혼제도들과 정책들을 도입하였으나 이 모든 법적 지원이나 유사제도들은 결코 결혼이 제공하는 실질적이고 상징적인 혜택을 온전히 줄 수 없다는 사법부의 판결에 따라 결국 미국에서는 사법부의 권한으로 '한 남자와 한 여자와의 결합'이라는 전통적인 결혼의 정의가 무너지고, 남자와 남자, 여자와 여자, 또는 어느 누구라도 자신이 의지를 갖고 선택한 사람과 부부가 될 수 있는 새로운 형태의 결혼제도가 도입되었다. 이로써 미국 사회에서 결혼에 관한 한, 진화론적 인본주의 세계관이 기독교적 세계관에 완승을 거두었다.

오버즈펠사건 판결 당시, 미국 연방대법원의 9명의 판사들의[3] 면면을 살펴보면 앤서니 케네디(79세, 로널드 레이건 대통령 임명), 앤토닌 스칼리아(80세 사망, 로널드 레이건 대통령 임명), 클래런스 토마스(68세, 조지 H.W. 부시 대통령 임명), 루스 베이더 긴스버그(83세, 빌 클린턴 대통령 임명), 스티븐 브라이어(77세, 빌 클린턴 대통령 임명), 존 G. 로버츠(61세, 조지 W. 부시 대통령 임명), 새무엘 알리토(66세, 조지 W. 부시 대통령 임명), 소니아 소토마요르(62세, 버락 오바마 대통령 임명), 엘레나 케이건(56세, 버락 오바마 대통령 임명)으로 구성되어 있었다.

---

3 김의철, 〈한 대법관의 '경솔함'…선거판에 휩쓸린 美 대법원〉, KBS, 2016.07.15, http://news.kbs.co.kr/news/view.do?ncd=3312847

이들을 정치적 성향으로 나누어보면 공화당 정부가 임명한 로버츠, 스칼리아, 토마스, 알리토 대법관 등은 보수성향의 판사로, 민주당 정부 시절 임명된 긴스버그, 브라이어, 소토마요르, 케이건 등은 진보성향의 판사로, 그리고 케네디 대법관은 중도성향의 판사로 주로 캐스팅 보트 역할을 한다고 한다.

판사들의 정치적 성향의 본질은 이들이 가지고 있는 세계관이 정치적인 영역에서 표출되는 것이다. 다시 말하면 로버츠 대법원장을 비롯한 보수진영의 대법관들은 기독교적 세계관을 대표하는 판사들이며 긴스버그 대법관을 중심으로 하는 진보진영의 대법관들은 세속적 인본주의 세계관을 대변하는 판사들이다. 따라서 오버즈펠사건은 이들 판사들의 치열한 세계관 전쟁에서 세속적 인본주의 세계관이 승리한 사건이라고 말할 수 있다.

미 연방대법원 판사는 종신제로 임직하기 때문에 정치적인 성향에 따라 그 영향력이 무척 강하고 오래 지속된다. 따라서 동성결혼을 합법화한 오버즈펠사건에서 보듯이 국가의 미래가 걸린 중차대한 사안이 보수와 진보, 기독교적 세계관 세력과 세속적 인본주의 세력간의 치열한 법리 공방 끝에 한 두 표의 극히 미묘한 차이로 결정되는 것이다.

오버즈펠사건을 계기로 미국 사회 내부에서도 미 연방대법원의 종신제에 대해서 많은 비판이 있었고 시대에 맞게 변화해야 한다는 목소리가 높았다. 현재 보수 대법관의 대명사였던 스칼리아 대법관이 2016년 초, 갑자기 사망함으로써 향후 어떤 인사가 미 연방대법원의 또 한 사람의 대법관이 되느냐에 초미의 관심이 쏠리고 있다. 왜냐하면 이 한 사람의 세계관이 향후 미국 사회가 나아갈 길을 결정할 수 있을 만큼 막강한 영향력을 미칠 것이기 때문이다.

사실, 동성결혼 합법화 자체는 거대한 세계관의 충돌이라는 측면에서 볼 때, 지극히 지엽적인 문제이자 국지전적인 성격을 가진다. 그러나 각각의 사회가 추구하는 가치가 무엇이며 그 과정에서 필연적으로 벌어지는 싸움의 본질이 무엇인지를 알아야 제대로 현명하게 대처할 수 있다는 측면에서는 깊이 고민해 볼 필요가 있는 문제이다.

그러면 동성결혼 합법화에 있어 세속적 인본주의 세계관이 기독교적 세계관을 무너뜨리고 전세계적으로 영향력을 얻고 확산된 원인은 어디에 있을까?

흔히 LGBT(Lesbian 레지비언, Gay 게이, Bisexual 양성애자, Transgender 트랜스젠더)라고도 불리는 동성애자들의 대중적인 운동은 기존의 질서에 반항하고, 절대적인 도덕이나 윤리의 기준을 인정하지 않으며 상대적이고 다양한 가치들을 모두 포용해야 한다는 포스트모더니즘을 그 철학적 배경으로 한다.

따라서 세속적 인본주의 세계관의 범주에 속하는 포스트모더니즘 세계관 하에서 교육을 받은 세대들이 사회의 중심세력이 되면서 이들은 기성 권위, 특히 기독교로 표방되는 보수주의에 반기를 들고, 개인의 선택과 자유를 극대화함으로써 인류의 진보와 인권의 신장을 이루어 나가려는 활동을 하게 되었는데 앞서 미국의 동성결혼 합법화 소송의 역사를 기술하면서 설명했듯이 새로운 세대의 사회 문화적인 인식의 변화, 즉 이들의 세계관이 변한 것이 동성애 확산운동 성공의 핵심요인이다.

그러나 동성애 확산운동의 성공을 세계관의 변화에 따른 사회 문화적 분위기의 반전만으로 설명하기엔 좀 부족한 감이 있다. 이러한 부족한 부분을 완벽하게 채

위줄 수 있는 설명이 존재하지는 않겠지만 동성결혼 합법화의 과정 속에 등장하는 미국 연방대법원의 대표적인 사건들을 살펴보면 상당히 설득력 있는 이유들을 몇 가지 더 찾을 수 있다.

다음에서는 세계관의 충돌이라는 본질적인 차원에서 나아가 좀 더 세부적인 전략적 차원의 충돌양상을 살펴보고자 한다.

동성애 확산운동, 그 전략의 핵심은 무엇인가?

신앙의 자유를 찾아 신세계로 떠났던 청교도들이 기독교적 세계관을 기초로 세운 미국이란 나라가 불과 50년 만에 동성결혼을 합법화한 나라간 된 배후에 '람다 리걸'이라는 거대 NGO가 있었다. '람다 법률 방어와 교육기금(Lambda Legal Defense and Education Fund – 이하 '람다 리걸Lambda Legal)'[4]이란 NGO이다. 참고로 람다Lambda라는 단어는 동성애자의 해방을 상징하는 그리스어 알파벳의 소문자 (λ)를 의미한다고 한다.

람다 리걸의 목적은 이 단체의 캐치프레이즈에서 분명히 알 수 있다.

"Lambda Legal - Making Cases for Equality." 이는 소송으로 평등을 쟁취한다는 의미로 이들은 미국 전역에서 소송과 교육, 그리고 정책로비 등을 통해 LGBT 및 HIV보균자나 에이즈 환자들의 인권을 신장하는 것을 목적으로 한다.

---

4 http://www.lambdalegal.org

1973년, 빌 톰Bill Thom이란 젊은 변호사가 고작 25달러의 자본금을 가지고 세운 이 단체는 2014년 기준, 1년 예산을 2천 6백 4십만 달러씩 쏟아 붓는 거대운동 단체로 성장하였고 이들의 후원자들은 이름만 대면 다 알 수 있는 글로벌 기업들이다.

람다 리걸의 후원그룹은 맥켄지 같은 세계적인 컨설팅 업체, 마스터 카드나 뱅크 오브 아메리카와 같은 금융기업, 리바이스나 메르세데스 벤츠 등과 같은 제조업 기반 기업에 이르기까지 고루 분포되어 있는데 이들 중에는 아놀드 앤 포터Arnold & Porter, 오멜버니 앤 마이어스O'Melveny & Myers, 존즈 데이Jones Day, 시들리 오스틴Sidley Austin LLP 등과 같은 미국의 거대 로펌들이 다수 포진해 있다.

거대 로펌들이 후원기업으로 대거 이름을 올리고 있다는 사실은 미국의 동성애 확산운동이 주로 소송전략을 통해 이루어지고 있다는 사실과 무관하지 않은 것 같다.

미국에서는 동성애자나 동성결혼과 관련된 소송을 제기하면 승소 여부에 관계없이 언론의 스포트라이트를 받을 수 있고, 특별한 사연을 가진 원고들을 전략적으로 선정하여 일반인들로 구성된 배심원들의 마음을 얻음과 동시에 여론의 방향을 동성애 지지 쪽으로 유도할 수도 있으며, 집단소송Class Action 제도를 통해 어느 한 사건만 승소하더라도 유사한 상황에 처한 모든 동성애자들이 동시에 승리의 열매를 나눌 수 있는 구조적인 이점을 가지고 있다.

따라서 한 번의 소송에 자신들의 운명을 걸고 있는 동성애자들과 이들의 인권을 위해 헌신하는 거대 NGO단체들, 그리고 승소하면 거액의 합의금은 물론 엄청난 언론홍보효과까지 챙길 수 있는 거대 로펌들을 상대로, 승소해도 아무런 직접적인 이득이나 개인적인 이익이 없는 주정부 공무원들과, 주정부의 정해진 예산 내에서 소송을 마무리해야 하는 로펌들이 벌여야 하는 동성애 진영과의 싸움은 그 결과가 이미 정해져 있는 것과 마찬가지이다.

더구나 하루 하루 살아가기 바쁜 일반인들은 동성애의 실체에 대해 잘 알지 못하고 관심도 없다. 그저 내 자식만 동성애자가 아니면 상관없고 설마 내 자식이 동성애자일 리가 없다는 안이한 생각이 지배적이다. 또는 대중문화 속에 은연 중 노출되는 동성애 코드에 익숙해져서 이미 동성애를 다양한 삶의 방식 중 하나로 받아들이고 있거나 상당수는 동성애자들의 캠페인에 동화되어 심정적으로 동조하는 분위기가 팽배해 있기 때문에 이런 상황에서 피고로 나서야 하는 정부가 소송에서 열심을 낼 이유가 없다.

그러므로 소송을 주된 전략으로 하는 람다 리걸에게 승리는 보장된 것이나 다름없었고 람다 리걸의 믿음처럼 그들이 원하는 사회적 변화를 법원의 판결을 통해 얻어내고 이러한 판결 내용을 대중에게 교육함으로써 동성결혼 합법화라는 열매를 맺게 되었다.

동성애 확산을 위한 람다 리걸의 전략은 람다 리걸의 '2015~2018 4개년 전략계획'을 살펴보면 잘 알 수 있다.

먼저, 소송전략을 통해 승소가능성이 높은 사건을 개발하고, 연방 및 주정부의 의회 및 입법자들과 전략적으로 연대하며, 정책 입안자들에게 최신 정보와 트랜드를 제공하는 동시에 공공정책 로비를 통해 여론을 형성한다. 또한 람다 리걸이

하고 있는 일의 중요성을 홍보하고, 다양한 메시지와 스토리를 통해 람다 리걸이 평등에 대한 이슈를 선점할 수 있도록 하며, 교육을 통해 동성애자들이 스스로의 권리를 깨닫고 자신들과 관련된 소송의 의미를 알게 함으로써 이들의 영향력을 확대하며 법원의 역할에 대한 대중적 지원을 강화할 것이라고 한다.

이러한 전략으로 2018년까지 람다 리걸은 동성애자들에 대한 법적인 보호가 부족한 지역을 중점적으로 공략하기로 하고 아틀랜타와 댈러스에 있는 지역 사무소를 거점으로 중서부와 서부 등 보다 보수적인 지역으로 영향력을 확대해 갈 계획이며, 동성애자들이 성적 정체성뿐 아니라 인종, 가난, 나이, 이민자로서의 지위 등에 근거하여 당하는 불의를 제거하고 줄여나가기 위한 소송과 로비활동을 전개하고 교육할 계획이라고 한다.

미래 전략을 세우기 위하여 람다 리걸은 라벤그룹이라는 전문 컨설팅업체를 고용하였고, 70명 이상의 사람들을 인터뷰하였으며, 기타 설문조사 및 내부 전략계획위원회를 통해 도출되는 아이디어들을 통합하여 지속적이고 성공적인 동성애 확산운동을 전개하고자 노력하고 있다고 하니 이렇게 철저한 조사와 치밀한 계획을 가진 동성애 확산운동 세력의 영향력이 강력해지는 것은 너무도 당연한 일이다.

이처럼 소송, 로비, 대중교육 등의 전략을 통한 캠페인 이외에도 동성애 확산운동 진영에서는 동성애에 대한 사람들의 생각의 틀, 즉 세계관을 바꾸기 위해 많은 노력을 기울이고 있다. 특히 언어가 곧 생각을 규정한다는 전제하에 동성애와 관련된 용어를 전략적으로 선택하여 사용함으로써 동성애에 대한 인식을 상당히 바꾸는데 성공한 것 같다.

예를 들면 '성적지향'이라는 말은 동성애자들의 성적 오리엔테이션의 불변성을 내포하는 말이다. 만일 동성애를 성적지향이 아니라 '성적취향'이라는 단어로 표현했다면 아마도 이들에 대한 일반 대중의 태도는 많이 달라졌을 것이다. 다양한 사람들이 각자 매력을 느끼고 끌리는 대상이 다르듯이 동성애자들은 이성이 아니라 동성에게 강한 매력을 느끼는 취향을 가지고 있다. 그러므로 이는 개인의 성적인 취향과 이에 따른 선택에 관한 문제이나 이를 성적지향이라는 단어로 표현함으로써 동성애에는 일반적인 성적인 취향과는 다른 뭔가 특별한 것이 있는 것처럼 느끼게 한다.

'성소수자'라는 단어도 마찬가지이다. 소수자라는 단어는 약자 또는 피해자라는 뉘앙스를 가지고 있다. 사실 숫자적으로는 동성애자들이 사회적인 소수인 것이 맞지만 숫자가 적다고 해서 곧 약자는 아니다. 오히려 소수가 다수를 다스리고 군림했던 경우는 역사 속에 항상 있어 온 일이고 오늘날에도 대부분의 나라에서는 헌신과 열정을 가진 소수가 사회적, 정치적으로 무관심한 다수보다 훨씬 더 많은 영향력을 미치고 있다. 전 세계적인 파워그룹인 동성애자들을 마치 특별한 보호가 필요한 약자인 것처럼 포장하여 동정여론을 일으키기에 성소수자라는 단어는 무척 효과적이다.

또한 동성애자들은 자신들의 성적지향에 대해 비판하는 사람들을 무조건적으로 '혐오'라는 단어를 사용하여 공격한다. 미국과 같이 역사적으로 동성애를 형법상 범죄로 다스려온 나라에서는 동성애에 대한 '혐오범죄'가 많이 발생한 것이 사실이다. 그러나 동성애에 관한 객관적인 사실을 언급하는 것 조차도 '혐오'라는 단어로 공격하고 동성애에 대한 부정적인 사실을 입에 올리는 것은 모두 인간의 존엄성을 훼손하는 악한 일이라고 강변함으로써 동성애의 실체가 세상에 알려지지 않도록 하고 있다.

또한 동성애자들은 '인권', '평등', '정의' 등 과거 기독교적 세계관에서 보편적인 인류의 가치들을 담아내기 위해 사용한 단어들을 동성애 확산운동의 캐치프레이즈로 성공적으로 녹여 내었다. 이들은 개인의 절대적 선택의 자유로서의 인권, 틀린 것과 다른 것을 구별하지 말고 똑같이 대우하라는 차원에서의 평등, 성소수자인 동성애자들에게 특권을 부여하는 것이 곧 약자보호라는 정의라고 외침으로써 대중의 인식을 바꾸어 나가고 있다.

이러한 전략들은 이미 우리나라의 동성애 확산운동에도 접목되기 시작했고 그러한 사실을 분명하게 보여준 것이 바로 '김조광수사건'과 매년 개최되는 '퀴어문화축제'이다.

'김조광수사건'은 우리나라의 동성애자들을 대표하는 두 사람이 동성결혼을 한후, 서대문구청에 혼인관계증명서의 발급을 요청하였다가 이를 거부당하자 소송을 제기한 사건으로서 미국에서 제기된 동성결혼 합법화 소송과 거의 동일한 수순을 밟고 있다.

2016년, 1심 재판에서 이들은 패소하였다. 그러나 헌법적 가치로 결혼제도 자체를 뒤흔드는 이 싸움은 이제 시작에 불과하다. 비록 이번 사건에서는 동성애 진영이 패소했으나 이 사건을 통해 한국의 동성애 진영은 무척 많은 스포트라이트와 여론의 지지를 얻는 실익을 챙겼다. 미국의 동성결혼 합법화 소송의 패턴을 볼때 이 치열한 전투의 마지막 고지는 대한민국의 헌법과 그 헌법적 가치수호의 최후 보루인 헌법재판소가 될 것이다.

또한 '퀴어문화축제'를 비롯한 문화코드를 통해 이미 우리사회에 스며들기 시작한 동성애 확산바람은 영화와 드라마 등을 비롯한 다양한 매체들을 통해 강렬하게 불어오고 있으며 소위 서구 선진국의 지지 속에 점점 더 강력해지고 있다.

이 싸움에서 과연 우리의 법조계는 미국 연방대법원이 갔던 그 길을 그대로 따라갈 것인가, 아니면 헌법적 원칙에 입각하여 법을 해석하고 대한민국의 전통과 대다수 국민들이 공유하고 있는 윤리와 도덕을 보호하는 입장에 서게 될 것인가?

우리의 국회와 정치계는 다양한 입법을 통해 동성애를 확산시키고 합법화하려는 동성애 진영의 지속적인 로비와 정책적 공격에 어떻게 대응할 것인가?

이 과정 가운데 우리의 문화계와 교육계는 어떤 역할을 할 것이며 어떤 입장으로 국민들에게 영향력을 미칠 것인가?

그리고 대한민국 국민으로서 우리의 선택은 무엇이며 미래 우리 아이들의 선택은 또 어떠할 것인가?

실로 역사와 민족 앞에 부끄럽지 않은 결정을 해야 할 때가 온 것 같다.

결혼의 핵심,
개인의 선택?

Loving v. Virginia(1967)

"Under our Constitution, the freedom to marry, or not marry, a person of another race resides with the individual, and cannot be infringed by the State."

_Justice Warren

미국 동성결혼 합법화 소송에서 동성애자 측이 주장하는 몇 가지 기본적인 주장들이 있다.

　그 첫 번째가 바로 모든 미국 시민들에게는 미국 연방헌법과 주 헌법이 보장하고 있는 근본적인 권리들이 있다는 것이다. 그리고 이러한 근본적인 권리 중 하나로 '결혼할 수 있는 권리'가 있는데 그것은 법이 명시적으로 보장하고 있던지 아니면 암묵적으로 암시하고 있던지 간에 바로 자신이 선택한 파트너와 결혼할 수 있는 권리라는 것이다.

　이러한 생각의 뿌리가 어디에서 비롯되었나 하는 것은 1776년 7월 4일, 미국이 영국으로부터 독립을 선언하면서 발표한 미국의 독립선언문과 미국 연방수정헌법에까지 거슬러 올라간다.

　먼저 미국의 독립선언문 서론에는 '모든 사람은 평등하게 태어났으며 창조주는 그들에게 어느 누구에게도 양도할 수 없는 몇 가지 권리를 부여했다. 여기에는 생명과 자유와 행복추구권이 포함된다.'[1]라고 선언하고 있다.

1　Declaration of Independence: "We hold these truths to be self-evident: that all men are created equal; that they are endowed, by their Creator, with certain unalienable rights; that among these are life, liberty, and the pursuit of happiness."

미국 독립선언문의 이 선언은 기독교 정신을 바탕으로 세워진 미국에서 전능하신 창조주 하나님께서 모든 인간들을 하나님의 형상에 따라 평등하게 지으셨다는 사실이 바로 인간 존엄성의 근원이라는 것을 밝히고 이러한 천부인권과 신 앞에서의 평등 사상을 실천강령으로 명시한 최초의 근대적 문서라는데 큰 의미가 있다. 즉 인간으로서 누려야 할 근본적인 권리인 인권은 바로 초월적인 창조주가 부여한 것이기에 어느 누구도 함부로 타인의 인권을 빼앗을 수도 없고, 타인의 인권을 훼손하는 일을 해서도 안된다는 것이다. 이러한 천부인권 사상은 이후, 1948년 채택된 UN의 세계인권선언문[2]을 비롯한 모든 국제 인권 문서에서 말하는 인권개념의 기초가 되었다.

미국의 독립선언문이 선포하고 있는 인간의 권리 중 자유와 행복추구권은 바로 사랑하는 사람과의 결혼을 통해 일생 동안 함께 삶을 나누며 자녀를 낳고 기르는 기쁨을 누리는 결혼에 대한 권리를 암묵적으로 포함하고 있는 것으로 보고 있다.

두 번째는 1791년 비준된 미국의 권리장전[3]의 내용을 근거로 하고 있다. 권리장전은 점점 강력해지는 연방 중앙정부로부터 시민들의 근본적인 권리를 보호하기 위한 것으로 제5조 적법절차의 원칙, 제9조 열거되지 않은 권리의 경시를 금지하는 원칙 등을 포함하고 있다.

이에 따라 비록 '결혼할 수 있는 권리'가 미국의 연방헌법 조항에 명시적으로 제시된 시민의 근본적인 권리는 아니라 할지라도 연방수정헌법 제5조나 9조의 조

---

2   The Universal Declaration of Human Rights
3   Bill of Rights — 미국 연방수정헌법 제1조에서 제10조

항하에서 보호받아야 할 권리이며 이후 1868년에 제정된 연방수정헌법 제14조는 노예제도 폐지 이후에 출생지주의로 미국 시민권을 부여할 것과 모든 미국 시민에 대한 공정절차Due Process와 법의 평등한 보호Equal Protection를 다시 한 번 강조하여 보장하고 있다.

위의 두 가지 문서, 즉 미국의 독립선언문과 미국 연방헌법의 조항들은 미국의 모든 인권관련 소송의 사상적 근거가 되는 것으로 어떤 경우에도 창조주가 부여한 각 개인의 인권을 국가가 적법한 절차없이 빼앗는 것을 금지하고 있으며 모든 사람들을 법 앞에서 평등하게 보호할 것을 규정하고 있다.

미국의 모든 동성결혼 합법화 소송 역시 이상과 같은 천부인권의 개념에 근거하여 접근하고 있는데 '결혼할 수 있는 권리'를 인권적 개념을 통해 접근한 사건들 중 가장 중요한 사건 중 하나가 바로 이 책의 첫 장에서 다룰 1967년에 있었던 리처드 러빙과 버지니아주와의 소송(이하 '러빙사건')이다.

이 사건의 발단은 1958년, 버지니아주의 주민이었던 밀드레드 제터라는 흑인 여성과 리처드 러빙이라는 백인남성이 결혼을 한데서 시작되었다. 이들은 워싱턴 D.C.에서 DC법에 따라 결혼을 한 후, 버지니아주로 돌아와 버지니아주 캐롤라인 카운티에 거주하기 시작하였다.

당시 버지니아주의 형법에는 백인이 다른 인종과 결혼하는 것을 금지하는 다음과 같은 조항들이 있었다.

Section 258 법망을 피하고자 주를 떠나는 행위

백인과 유색인종이 결혼을 목적으로, 돌아올 의도를 가지고, 주 밖에서 결혼을 하고 이후에 돌아와 주 내에서 남편과 아내로서 함께 거주한다면 그들은 §20-59에 기술된 처벌을 받게 되며 그들의 결혼은 주 내에서 이루어진 것으로 간주되어 동일한 법의 적용을 받는다. 그들이 남편과 아내로서 동거한다는 사실 자체가 그들의 결혼의 증거가 된다.

Section 259 인종간 출산에 대한 처벌을 규정한 조항

결혼에 대한 처벌: 만약 백인이 유색인종과 또는 유색인종이 백인과 결혼하면 중범죄felony에 해당하여 1년 이상 5년 이하의 징역형에 처해진다.

그밖에 관련 조항으로 버지니아주의 §20-57은 모든 백인과 유색인종간의 결혼을 법률적인 절차없이 자동으로 무효화시키고 있으며 §20-54와 §1-14는 각각 해당 형법상 '백인'과 '유색인종 및 인디언'의 정의에 대해 규정하고 있었다.

이러한 배경하에서 1958년 10월, 캐롤라인 카운티의 순회법원에서 대배심은 러빙이 인종간 결혼을 금지하는 버지니아주의 형법을 위반하였다는 취지로 기소하였고 1959년 1월 6일, 러빙은 유죄가 인정되어 징역 1년 형에 처해졌다. 그러나 1심 재판부 판사는 러빙이 버지니아주를 떠나 25년간 돌아오지 않는다는 조건하에서 형의 집행을 25년간 유예하도록 하였다.

1심 재판부의 의견은 다음과 같았다.

"전능하신 하나님께서 사람을 백인, 흑인, 황인, 말레이 및 홍인종 등으로 창조하셔서 그들을 각각의 구별된 대륙에서 살게 하셨다. 따라서 그의 계획에 따른 개입의 상황을 제외하고는 인종간의 결혼에 대해서는 변명의 여지가 없다. 신께서 인종을 분리해 놓으셨다는 그 사실 자체가 바로 신은 인종이 섞이는 것을 의도하지 않았다는 사실을 보여주는 것이다."

1심 재판에서 유죄 판결을 받은 후 DC로 돌아간 러빙은 1963년 11월 6일, 버지니아주의 형법이 연방수정헌법 제14조를 위반하였다고 주장하면서 버지니아주에서 내린 자신에 대한 유죄 판결과 형벌을 무효화시키고자 버지니아주 1심 재판부에 청원서를 접수하였다.

1964년 10월 28일, 그때까지도 DC 1심 재판부에서 자신의 청원서에 대한 판결을 내려주지 않자, 러빙은 버지니아주 동부 지역을 관할하는 미 연방 동부지구 1심 재판부에 집단 소송을 제기하여 버지니아주의 '인종간 출산금지법anti-miscegenation statutes'이 미국 연방헌법을 위반하고 있으며 따라서 주 공무원들이 자신에 대한 판결을 집행하는 것을 막아달라고 요구하였다.

1965년 1월 22일, 버지니아주 1심 재판부 판사는 유죄 판결을 무효화 해달라는 러빙의 청원을 기각하였고 러빙은 버지니아주 항소법원에 즉각 항소하였다. 반면, 1965년 2월 11일, 연방 1심 재판부는 사건을 심리하여 러빙을 중심으로 제기한 집단 소송에서 원고들이 주장하는 헌법적 쟁점을 버지니아주 대법원에 제기할 수 있도록 허용하였다.

한편, 버지니아주 항소법원은 버지니아주의 '인종간 출산금지법'이 합헌이라고 판결하였고 형량을 수정한 후 러빙의 유죄를 확정하였다. 러빙은 이러한 판결에 즉각 항소하였다. 이에 미 연방대법원에서 1966년 12월 12일, 본 사건에 대한 상당한 관할권이 있음을 인지하고 사건에 개입하기로 결정하였으며 1967년 6월 12일 최종 판결을 내렸다.

러빙사건의 핵심 쟁점은 '단지 인종을 근거로 사람들간의 결혼을 금지한 버지니아주 형법이 연방수정헌법 제14조의 평등보호 및 공정절차 조항을 위반하였는지'에 대한 여부를 판단하는 것이었고 당시 미 연방대법원은 만장일치로 버지니아주 형법이 미국 연방수정헌법 제14조를 위반하였다고 판결하였다.

판결문을 작성한 워렌 대법관은 항소인인 러빙이 유죄로 확정되어 형을 선고받은 두 가지 법률은 인종간 결혼을 형법으로 금지하고 처벌하는 것을 목적으로 하는 총체적인 법률 시스템의 일부라고 적시하면서 연방수정헌법 제14조의 평등보호조항과 공정절차조항을 근거로 이러한 법률이 미국 연방헌법에 위배된다고 판결하고 그 이유를 다음과 같이 설명하였다.

우선 이 사건의 피고였던 버지니아주 측에서는 버지니아주 항소법원이 1965년 판결한 나임사건[4]을 근거로 자신들을 변론하였다.

나임사건에서 버지니아주 법원은 시민들의 인종적 순수성을 보존하고 피가 부패하는 것 및 혼혈인종의 출현을 방지하는 것을 주정부가 추구해야 할 정당한 목적이라고 판단하였고 또한 결혼이란 전통적으로 연방법이 아닌 주법으로 규제되

---

4   *Naim v. Naim*, 197 Va. 80, 87 S.E. 2d. 749(1965)

던 것이었으므로 결혼문제에 관하여 연방 사법부가 관여하는 것은 연방수정헌법 제10조에 근거한 주의 독점적인 권한을 침해하는 것이라고 결론을 내렸다.

또 다른 주장은 버지니아주의 형법이 법이 규정한 범죄행위에 가담한 자는 백인이든, 흑인이든 상관없이 동일하게 처벌하고 있기 때문에 이러한 법률이 인종을 구분하고 있기는 하지만 인종에 근거한 부당한 차별이라고 할 수 없고, 이러한 법이라도 주정부가 추구하고자 하는 다소간의 합리적인 목적을 위한 것이라는 근거만 있다면 합법적인 것으로 인정되어야 한다고 주장하였다.

이에 대하여 미 연방대법원은 연방헌법에 관한 쟁점을 다툴 때에는 몇 가지 중요한 구별을 하여야 한다고 설명하였다.

우선 문제가 되는 법률이 인종, 종교, 출생지 등을 근거로 시민들을 차별하고 있는가를 살펴보고 만약 그렇다면 문제는 단순히 주정부가 그러한 차별에 대한 합리적인 근거를 가지고 있는가가 아니라 더욱 엄격한 검토기준을 통과해야만 그러한 법률이 헌법의 기준에서 유효하게 된다는 것이다.

미 연방대법원은 러빙사건에 있어서는 인종적인 구분을 정당화하는 주정부의 정당한 목적이 조금도 드러나 있지 않고 버지니아주가 백인이 관련된 인종간의 결혼만을 금지한다는 사실은 이러한 인종적인 구별은 백인의 우월성을 유지하도록 고안된 조치이며 이러한 법이 연방헌법의 평등보호조항의 기준을 만족시키기 위해서는 독자적인 정당성을 가져야 함에도 불구하고 사람의 피부색깔로 그의 행동을 형법상 범죄로 규정한 버지니아주의 형법은 입법 목적상 어떠한 유효성이나 정당성도 찾을 수 없다고 판단하였다.

또한 버지니아주 형법은 러빙으로부터 자유로운 인간에 의한 행복 추구에 필수적인 개인의 권리로서 오랫동안 인식되어 온 '결혼할 수 있는 권리'를 정당한 법적 절차없이 박탈함으로써 연방수정헌법 제14조의 공정절차조항을 위반하였다고 판결하였다.

판결문에서 워렌 판사는 "결혼은 우리의 존재와 생존에 필수적인 '기본적인 인간의 권리' 중 하나이므로 버지니아주 형법에 구체화 되어있는 것과 같이 인종적 차별이라는 지지할 수 없는 근거를 가지고 자유인의 이러한 기본권을 부인하는 것은 연방수정헌법 제14조의 핵심에 해당하는 평등의 원칙에 직접적으로 위배되는 것이며 또한 정당한 법적 절차없이 각 주의 시민들의 자유를 빼앗는 것이 확실하다."고 기술하였다.

또한 연방수정헌법 제14조는 '결혼에 대한 선택의 자유'가 부당한 인종적 차별에 의해 제한되지 않을 것을 요구하고 있으며 미국 연방헌법상, 다른 인종과 결혼을 하거나, 하지 않을 권리는 개인에게 달려있는 것이지 주정부가 간섭할 수 있는 문제가 아니라고 판결하였다.

러빙사건의 판결을 이해하기 위해서는 미국의 뿌리 깊은 흑백차별의 역사와 이를 뿌리 뽑으려고 한 미국 연방정부 및 연방사법부의 의지를 이해할 필요가 있다.

미국은 남북전쟁이라는 피비린내 나는 내전을 통하여 북군이 승리함으로써 1863년 아브라함 링컨 대통령이 노예제도의 공식적인 폐지를 선포하였고, 이후 1865년에 연방수정헌법 제13조를 비준함으로써 노예제 폐지의 실질적인 효력이 발생하게 되었다. 그러나 이러한 노력에도 불구하고 1960년대까지도 미국의 여러 주에서는 여전히 공공장소, 교육 등에서 흑인에 대한 차별이 무척 심하였다.

예를 들면 1954년에는 연방대법원이 공교육에서의 흑백 분리정책을 철폐하도록 한 '브라운 대 교육위원회 사건'[5]을 판결한 바 있었고, 1955년 알라바마주에서 있었던 로자 파커스 사건은 대중 교통수단인 버스에서의 흑백차별에 반기를 들었던 사건으로 이후 마틴 루터 킹의 흑인 인권운동에 불을 지피기도 했다. 이렇듯 연방헌법상으로는 흑인에 대한 차별철폐가 명시되어 있었으나 여전히 많은 주에서는 주 차원의 법들을 통해 이러한 흑백차별의 역사가 계속되고 있었다.

1960년대 버지니아주는 인종의 구분에 근거하여 결혼을 금지하거나 처벌하는 16개 주 중 하나였다. 인종간 출산에 대한 처벌은 노예제도에서 기인하며 식민지 시대 이후로부터 버지니아주에서는 상식으로 통해왔다.

러빙사건 당시의 버지니아주의 형법체제는 1924년 '인종순수성에 대한 법안 Racial Integrity Act of 1924'의 채택으로 거슬러 올라가서 극도의 생득설(선천설, 원주민 보호주의 등)이 우세하던 기간을 지나 제1차 세계대전에까지 이르렀다. 이 '인종순수성에 대한 법안'의 주요 특징과 1960년대 버지니아주 형법은 백인이 다른 백인을 제외하고는 어느 누구와도 결혼하는 것을 완전히 금지하는 것이었으며 공무원이 혼인관계증명서를 발급할 때 신청자의 인종에 대한 진술이 옳다는 것을 확인할 때까지는 발급을 금지하는 것이었다.

이러한 흑백차별의 역사적인 배경하에 1960년대 말에서야 비로소 버지니아주

---

5   *Brown v. Board of Education*, 347 U.S. 483(1954)

에서의 흑백간 결혼금지가 철폐되게 됨으로써 러빙사건은 미국 흑인인권운동 역사상, 또 하나의 전기가 되는 사건으로 기록되었다.

이렇듯 인종간의 차별을 금지하고자 하는 인권운동의 승리로 기록된 러빙사건은 1970년대부터 본격적으로 제기된 동성애 허용 운동 및 동성결혼 합법화와 관련된 소송에서 동성애 옹호론자들이 강력하게 주장하는 논지의 근거로 사용되게 된다.

동성결혼 합법화 사건들과 관련하여 러빙사건의 의미를 찾아본다면 첫째, '결혼할 수 있는 권리'를 개인의 자유권과 행복추구권의 핵심적인 권리로 인정하였다는 점, 둘째, 그렇게 헌법이 보장하고 있는 개인의 근본적인 권리인 '결혼할 수 있는 권리'의 핵심은 '선택의 자유'에 있다는 것을 확인하였다는 점. 즉 모든 사람들은 흑인종이든 백인종이든 황인종이든 그들의 피부색과 상관없이 자유롭게 자신이 원하는 배우자를 선택하여 행복하게 살 권리가 있다는 점, 그리고 마지막으로 주정부는 정당하고 합리적인 별도의 근거가 없이는 개인의 결혼의 자유를 제한할 수 없다는 점을 미 연방대법원에서 확인해 주었다는데 그 의의가 있다.

이상의 이유로 러빙사건은 이후 제기된 미국의 모든 동성결혼 합법화 소송에서 동성애자들은 그들도 결혼에 관한 한, 자신이 선택한 파트너와 자유롭게 행복을 추구할 권리가 있다는 주장을 하면서 러빙사건을 지속적으로 인용하였다.

물론 이후의 사건에서 과연 동성애라는 성적지향을 인종과 같은 범주에 포함시켜 보호해야 하는가라는 새로운 이슈가 제기되기는 하지만 말이다.

법률에 명시적인 금지조항이 없다는 것은 곧 허용을 의미하는 것인가?

Baker v. Nelson(1971)

"It is unrealistic to think that the original draftsmen of our marriage statutes, which date from territorial days, would have used the term in any different sense. The term is of contemporary significance as well, for the present statute is replete with words of heterosexual import such as 'husband and wife' and 'bride and groom.'"

_Justice Peterson (MN)

Richard Baker and another v. Gerald R. Nelson, 291 Minn. 310, 191 N.W.2d. 185(1971)

동일한 법률도 해석에 따라 그 의미가 달라진다. 그래서 법률가들의 싸움은 주로 법 조문의 해석을 두고 일어나는데 자신들에게 유리한 해석을 얼마나 설득력있게 전달하여 판사들을 납득시키는가 하는 것이 승소의 핵심 포인트이다.

종종 법률가들은 법률이 명시적으로 조문에서 제시하는 부분에 대해서도 강조점을 달리하거나, 때론 조문에 나와 있지 않는 내용도 암묵적으로 내포되어 있다거나 하는 주장을 하곤 한다. 그래서 법원은 해석의 정확성을 기하기 위하여 입법의 역사에 대한 기록과 입법과정에서 작성된 여러 가지 문서들을 통해 입법자들의 의도를 정확하게 유추해 내려고 애쓰게 된다.

또한 법안을 제정할 때 네거티브 규제를 할 것인가, 아니면 포지티브 규제를 할 것인가도 쟁점이 된다. 즉 '~하면 안된다'라고 명시적으로 규정한 것 이외에는 포괄적으로 허용하는 것으로 해석되는 네거티브 법률이, '~하는 것만 가능하다'라고 한 것만을 제외하고는 포괄적으로 금지하는 포지티브 법률보다 그 법안의 대상이 되는 사람들에게 더욱 유리하다고 일반적으로 말하기도 한다.

우리나라에서도 최근 이러한 법 조문의 해석을 둘러싸고 첨예한 대립이 있었던 사건이 있었는데 2014년 5월, 서울 서부지법에 제기된 동성간 혼인신고 불수리 불복소송이 바로 그것이다. 이 사건의 쟁점 중 하나는 대한민국 헌법 제36조 1항의 해석에 관한 것이었다.

대한민국 헌법 제36조 1항은 '혼인과 가족생활은 개인의 존엄과 양성의 평등을 기초로 성립되고 유지되어야 하며 국가는 이를 보장한다'라고 되어 있다. 그런데 이 양성의 평등을 해석하면서 동성결혼 찬성 측에서는 '양성'보다는 '평등'에 방점을 두고 해석하였고, 동성결혼 반대측에서는 '평등'보다는 '양성'에 방점을 두어 해석하면서 혼인과 가족생활은 반드시 한 남자와 한 여자를 구성요건으로 함을 말한다고 주장하였다.

특히 동성결혼 옹호론자들은 대한민국의 민법에는 혼인에 대한 정의가 별도로 없고 다만 혼인적령(제807조), 미성년 결혼 시 부모 내지 후견인 동의(제808조), 근친혼 등의 금지(제809조), 중혼의 금지(제810조) 등에 관한 규정은 있어도 동성결혼을 금지한 규정은 없기 때문에 네거티브 규제로 해석하여 동성결혼을 허용하는 것으로 해석해야 한다고 주장하였다.

최근의 판결에서는 일단 헌법에 동성결혼을 혼인으로 명시적으로 인정하는 조항이 없으므로 헌법을 개정하지 않는 한, 하급심에서 동성결혼을 인정할 수는 없다며 원고 패소 판결이 나긴 했지만 우리나라에서 앞으로 전개될 동성결혼 합법화 전쟁의 과정에서 법 조문의 해석이 얼마나 중요한 부분을 차지할 것인가를 단적으로 보여주는 사건이었다.

그런데 미국에서는 이와 유사한 사건이 1971년 이미 미네소타주에서 발생하여 미네소타주 대법원이 판결을 내린 바 있다.

사건의 전말은 다음과 같다.

남자 동성애자인 리처드 존 베이커와 제임스 마이클 맥코넬은 서로 혼인하기로 하고 미네소타주 헤네핀 카운티지법 서기인 제럴드 R. 넬슨에게 미네소타주 법 517.08에 의거하여 혼인관계증명서를 발급해 줄 것을 요구하였다. 그러나 넬슨은 베이커와 맥코넬이 동성이라는 이유로 혼인관계증명서의 발급을 거부하였다. 이에 베이커가 소송을 제기한 것이다.

이 베이커사건에서 미네소타주 1심 재판부는 넬슨은 베이커에게 혼인관계증명서를 발급해줄 필요도 없고 발급해 주어서도 안된다고 판결하였고 이에 베이커가 항소하였으나 미네소타주 대법원은 결국 넬슨의 손을 들어주었다.

베이커사건의 쟁점은 두 가지였다.

첫째, 법에 명시적인 금지 규정이 없음에도 불구하고 동성결혼을 한 사람에게 혼인관계증명서를 발급해주지 않는 것이 위법인지의 여부와 둘째, 미네소타주에서 결혼에 대해 정의를 내리고 법 조문을 해석함에 있어서 동성간의 결혼은 승인하지 않는 것으로 해석하는 것이 과연 미 연방헌법에 위배되는지의 여부였다.

우선 이 사건에서 원고인 베이커는 혼인관계증명서 발급에 관한 법조문인 517.08 어디에도 동성결혼을 한 사람에게 혼인관계증명서의 발급을 금지하는 조항이 없으며 이는 곧 동성결혼을 인정하려는 입법의도를 분명히 드러내어 준다고 주장하였다.

이에 대해 미네소타주 대법원은 결혼을 규정하고 있는 Minn St. c. 517은 '결혼'이라는 용어를 '서로 다른 성별을 가진 사람들간의 결합 상태를 의미하는 것'으로 규정하고 있으며 상식적으로 생각해 보아도 식민지 시대에 결혼에 관련한 법률을 초안한 사람들이 '결혼'이라는 용어를 다른 의미로 사용했을 것이라고 생각하는 것은 비현실적인 일이라고 판단하였다.

또한 법원은 이와 같은 '결혼'에 대한 정의가 오늘날에도 동일한 의미를 지니고 있다면서 그 이유로 사람들이 결혼과 관련해서 이야기할 때 여전히 '남편과 아내' 또는 '신랑과 신부'라는 서로 다른 성별을 뜻하는 단어들을 사용하고 있기 때문이라고 하였다. 따라서 결혼의 정의를 규정하는 미네소타주 법 Minn St. c. 517은 동성간의 결혼을 승인하지 않을 뿐 아니라 금지하고 있는 것이라고 하였다.

이상과 같은 주 대법원의 판단에 대하여 베이커측은 동성결혼을 금지하는 것으로 주의 법률을 해석하는 것은 연방수정헌법 제9조와 14조 모두에 위배되는 것이라고 하면서 그 근거로 '결혼할 수 있는 권리'는 남자든 여자든 성별에 관계없이, 모든 사람들에게 부여되는 기본권이며 결혼을 오직 이성커플에게로만 제한하는 것은 비합리적이고 부당한 차별이라고 주장하였다.

이러한 베이커측의 주장에 대하여 주 대법원은 남과 여의 결합을 통해 가족 안에서 자녀를 낳고 양육하도록 한 결혼제도는 창세기만큼이나 오랜 역사를 가졌으며 이러한 역사적인 제도는 확실히 현대적인 새로운 개념으로 결혼을 이야기하는 것이나 베이커측이 주장하는 동성결혼의 사회적 이익보다 더 깊이 뿌리박혀 있다고 하였다.

또한 연방수정헌법 제14조의 공정절차조항은 사법적 입법에 의해 '결혼'이라는 제도를 재구성할 수 있도록 해주는 '헌장'이 아니라고 하였다. 이는 동성애 옹호론자들이 항상 연방수정헌법 제14조의 공정절차조항과 평등보호조항을 주장함으로써 사법부의 판결로 자신들에게 유리한 새로운 법을 제정하는 것과 동일한 효과를 노리고 있는 것에 대하여 법원이 강력하게 쐐기를 박은 것이었다.

연방수정헌법 제14조의 평등보호조항 역시 결혼을 인정받을 수 있는 사람을 주정부가 구별한다고 해서 이러한 구별을 무조건적인 헌법위반으로 간주하게 하는 것은 아니라고 하였다.

베이커측은 이성간의 혼인과 동성간의 혼인을 구별하는 이유가 출산능력 때문이라고 하면서 관습법상 이성간에 결혼을 하기 위해 출산능력을 명시적으로 요구하고 있지는 않지만 만약 동성간 결혼이 금지되어야 한다면 모든 사람의 법 앞의 평등을 담보하기 위하여 출산능력과 관련한 조건이 법안에 관습법적으로 요구되어 있는 것으로 해석되어야 하며 따라서 출산능력이 없는 사람들의 결혼은 동성간의 결혼과 마찬가지로 금지되는 것으로 해석되어야 한다고 주장을 하였다. 그러나 미네소타주 대법원은 연방수정헌법 제14조는 그러한 추상적인 균형을 맞추라는 것을 요구하고 있지는 않다고 재확인하였다.

또한 베이커측이 러빙사건을 인용한 것에 대해서도 상식적으로 또한 헌법적으로 생각해보아도 단순히 인종적 구분으로 결혼에 대해 제약을 가하는 것과 성별에 대한 기본적인 차이에 근거하여 제한하는 것에는 명백한 차이가 있다고 하면서 동성결혼을 인정해 달라는 베이커측의 주장을 일축하고 법조문과 상식에 충실한 판결을 내렸다.

이 사건을 통해 동성결혼 찬성측에서는 '명시되지 않는 권리라 할지라도 경시해서는 안되고 보호해야 한다'는 연방수정헌법 제9조의 조문을 확대 해석하여 동성결혼을 할 수 있는 권리까지 포함하는 것으로 주법을 해석하고자 하였고, 주 대법원에 의하여 연방수정헌법 제14조의 공정절차조항과 평등보호조항이 어떠한 한계나 제약 없이 적용되어야 함을 주장하였으나 이러한 시도는 미네소타주 대법원의 판결로 실패로 돌아갔다.

그럼에도 불구하고 앞으로 이어지는 동성결혼 합법화 소송에서 법이 명시적으로 규정하고 있는 '결혼의 정의'에 대한 해석을 두고 벌어 질 싸움은 동성결혼 찬반 양 진영의 최후의 고지가 된다.

사생활권 보호의 한계는
어디까지인가?

Bowers v. Hardwick(1986)

"**S**triving to assure itself and the public that announcing rights not readily identifiable in the Constitution's text involves much more than the imposition of the Justices' own choice of values on the States and the Federal Government, the Court has sought to identify the nature of the rights qualifying for heightened judicial protection."

_Justice White

Bowers v. Hardwick, 478 U.S. 186(1986)

2015년 2월 26일, 대한민국 헌법재판소는 형법 내에 간통죄 처벌 조항이 "개인의 성적 자기결정권과 사생활의 비밀·자유를 침해한다."며 '위헌' 결정을 내렸다.

이에 대해 법조계와 여성계의 의견이 분분하였고 특히 집단주의적이고 유교적 전통이 강한 대한민국에서는 '개인의 성적 자기결정권'보다는 '가정의 보호'를 우선시 해야 한다는 사회적 분위기가 지배적임에도 불구하고 이를 무시하고 법원이 너무나 급진적인 판단을 내린 것이 아닌가 하는 우려의 시각도 많았다.

무엇보다 간통죄가 형법으로 처벌되는 것의 의미와 간통이 형법으로 처벌되지는 않는다 하더라도 여전히 부부간의 상호 신뢰를 깨뜨리고 가정을 파탄내는 죄(?)라는 것에 대한 구분이 일반인들에게 명확히 와 닿지 않는다는 것이 문제였다.

간통죄 폐지 이후에 한때 '애슐리 메디슨'이라는 외국 사이트에 상당한 수의 사람들이 가입을 했었다고 한다. '애슐리 메디슨'의 모토는 "인생은 짧다. 바람을 피우자Life is short, Have an affair!"라고 하는데 간통죄가 폐지되고 나니 이런 사이트가 버젓이 대한민국에서 영업을 하게 된 것이다.

이후, 해킹으로 '애슐리 메디슨'에 가입한 사람들의 정보가 대량 유출되면서 많은 사람들이 서둘러 이 사이트에서 탈퇴하는 웃지 못할 해프닝도 벌어졌다.

또한 간통죄 폐지 이후에 성매매 여성들이 '성매매특별법'[6]에 대한 헌법 소원을 제기하기도 하였다. 간통죄가 폐지되는 마당에 먹고 살기 위해 성노동을 하는 성매매 여성들을 처벌하는 것은 형평에 맞지 않는다는 것이다.

그러나 헌법재판소는 '성매매특별법'의 합헌 판결 결정문에서 "외관상 강요되지 않은 성매매 행위도 인간의 성을 상품화함으로써 성 판매자의 인격적 자율성을 침해할 수 있다. 성매매 산업이 번창할수록 자금과 노동력의 정상적인 흐름을 왜곡해 산업구조를 기형화시킨다는 점에서 사회적으로 매우 유해하다."고 지적하였으며 성매매 규제 여부와 방법은 결국 정부가 결정할 일이라는 입장을 밝혔다.[7]

이상에서 보듯 사회적으로 유해하다고 인식되고 개인의 양심과 도덕상으로 여전히 죄가 됨에도 불구하고 형법상 범죄가 아니라고 사법부가 선언하는 것은 이러한 양심과 도덕에 대한 법적인 면죄부를 주는 것이나 마찬가지여서 사회적으로 심각한 파장을 일으킬 수 있다.

간통이나 성매매 모두 개인의 성적 자기결정권과 사생활의 비밀을 보호하고 사생활의 권리를 보장하고자 하는 시대적 흐름을 반영하고 있다. 이는 자기가 성관계를 하고 싶은 파트너는 자기가 선택한다는 의미이기도 하고 다른 사람에게 피해만 주지 않는다면 모든 성생활은 사생활로서 보호받아야 한다는 의미로 해석될 수도 있다.

---

6   성매매특별법 제21조 1항: 성매매를 한 사람은 1년 이하의 징역이나 300만원 이하의 벌금·구류·과료에 처한다.
7   김계연, 〈성매매특별법 7차례 헌법소원에 위헌의견은 단 1건〉, 연합뉴스, 2016.03.30, http://www.yonhapnews.co.kr/bulletin/2016/03/29/0200000000AKR20160329183100004.HTML

그러나 성인이 자신의 결정에 따라 상호 합의하여 사적인 공간에서 성관계를 하기로 결정한다면 이에 대하여 국가는 전혀 개입할 수 없는 것인가? 도대체 성이라는 지극히 개인적이고 사적인 문제에 대하여 헌법이 보장하는 사생활에 대한 권리의 한계는 어디까지인가? 하는 문제는 여전히 논란의 여지를 남겨두고 있다.

이번 장에서 살펴 볼 보어즈사건은 이러한 사생활권의 문제를 핵심적으로 다루고 있다.

이 사건은 1982년 8월, 조지아주에서 마이클 하드윅이란 남자가 다른 성인 남자와 함께 자신의 집에서 항문성교를 하다가 그러한 성행위를 형법상 금지하고 있는 조지아주 형법을 위반한 혐의로 기소되면서 시작되었다.

문제가 된 조지아주 형법 §16-6-2(이하 '소도미금지법')의 내용은 다음과 같다.

Georgia Code Ann. §16-6-2
(a) 직접 자신의 성기 및 다른 사람의 입이나 항문과 연관하여 성행위를 하거나 그러한 성행위에 자신을 내어 맡긴 경우, 소도미를 저지른 것이다.
(b) 소도미로 기소된 사람은 1년 이상 20년 이하의 징역에 처한다.

이 사건의 예비 청문회에서 추가적인 증거가 더 나오지 않는 한, 검사가 사건을 대배심에 기소하지 않기로 했음에도 불구하고 하드윅은 자신이 동성애자란 사실과 '상호 합의 하'에 이루어진 항문성교(이하 '소도미')를 범죄로 간주하는 조지아주 형법 §16-6-2가 자신을 '체포'될 수 있는 즉각적인 위험에 노출시키고 있으므로 이 법은 연방헌법에 위배된다는 소송을 연방 1심 재판부에 제기하였다.

연방 1심 재판부는 하드윅의 주장이 구체적이지 않다며 이를 기각시켜달라고 한 조지아주 주장을 받아들였으나 제11 순회항소법원은 이를 번복하면서 조지아주 형법은 연방수정헌법 제9조 및 14조의 공정절차조항에 의거하여 '주법이 미치는 범위를 넘어서는 매우 사적이고 은밀한 행위를 할 수 있는 하드윅의 근본적인 권리를 위반하였다'고 판시하면서 다시 1심 재판부로 사건을 재이송하였다.

한편, 미 연방대법원은 조지아주가 헌법이 보장하는 하드윅의 사생활권을 침해했다는 제11 순회항소법원의 판단이 같은 지역 내 다른 항소법원의 판단과 달랐기 때문에 하급심 재판부 간의 판결의 통일성을 기하기 위하여 조지아주의 '소도미금지법'이 헌법이 보장하는 동성애자들의 근본적인 권리를 위반하였는지에 대한 문제를 다루기로 결정하였다.

이 사건에서 하드윅은 실제로 감옥에 갇히지도 않았고 벌금을 내지도 않았기 때문에 조지아주의 '소도미금지법'으로 인해 아무런 구체적인 피해도 입은 바가 없지만 그럼에도 불구하고 소송을 계속하기로 한 것은 조지아주의 '소도미금지법'이 연방헌법에 위배된다는 선언적인 판결을 받아내어 이를 폐기하기 위함이었다.

역사적으로 소도미의 금지는 고대로부터 그 뿌리가 있지만, 미국의 경우 건국 초기 13개 주가 권리장전을 승인할 당시에도 이미 형법으로 금지하고 있었고, 1868 연방수정헌법 제14조가 승인될 당시에는 37개 주 연합에서 5개 주만을 제외한 나머지 모든 주에서 이를 금지하였다. 1960년대에 이르자 미국의 50개 주 전체가 소도미를 범죄행위로 규정하였고, 1980년대에는 24개 주와 DC가 상호 합의하에 사적으로 행해진 소도미에 대해서도 형법상 처벌을 하도록 하고 있었다.

1791년 권리장전 비준 당시 관습법상 '소도미금지법'을 가지고 있던 주들로는 코네티컷, 델라웨어, 조지아, 메릴랜드, 메사추세츠, 뉴햄프셔, 뉴저지, 뉴욕, 노스 캐롤라이나, 펜실베니아, 로드 아일랜드, 사우스 캐롤라이나 등이 있었고, 1800년대 무렵부터 주의 형법상 '소도미금지법'이 발효 중이었던 주들은 알라바마, 아리조나, 아칸소, 캘리포니아, 콜로라도, 코네티컷, 델라웨어, 플로리다, 조지아, 하와이, 일리노이, 캔사스, 켄터키, 루이지애나, 메인, 메릴랜드, 미시건, 미네소타, 미시시피, 미주리, 몬타나, 네브라스카, 네바다, 뉴햄프셔, 뉴저지, 뉴욕, 노스 캐롤라이나, 오레곤, 펜실베니아, 사우스 캐롤라이나, 테네시, 텍사스, 버몬트, 버지니아, 웨스트 버지니아, 위스콘신 등이 있었다.

이러한 전통은 1960년대 초 일리노이주가 성인간의 상호 합의하에 사적으로 이루어진 성행위를 범죄로 규정하지 않도록 권고한 '미국 법학회의 모델 형법American Law Institute's Model Penal Code'을 주법으로 채택하기로 하면서 깨어지기 시작했다.

소도미 금지의 역사적 배경을 고려하여 연방대법원은 보어즈사건의 핵심 쟁점을 '연방헌법이 소도미를 행하는 것을 동성애자들에게 보장된 인간의 근본적인 권리 중 하나로 인정하고 있는가? 따라서 연방헌법은 역사상 아주 오랜 시간동안 소도미를 불법으로 규정하고 있는 많은 주들의 형법들을 무효화하고 있는가?' 하는 것으로 보았고 이에 대하여 연방대법원은 '연방헌법은 소도미를 행할 수 있는 것을 인간의 근본적인 권리로 인정하고 있지 않으며 따라서 소도미를 형법상 금지하고 있는 조지아주 법은 연방헌법에 위배되지 않는다'라고 판결하였다.

연방 대법원의 판결 취지는 다음과 같다.

첫째, 지금까지 연방대법원이 판결한 가족, 출산, 결혼, 낙태 등과 관련한 모든 판례는 항상 연방헌법상 공정절차의 보장과 인간의 근본적인 권리에 대하여 논의해 왔으나 이들 중 어떤 사건도 동성애와는 관련이 없었다.

특히 연방수정헌법 제5조와 14조에서 말하는 공정절차조항은 사람의 생명과 자유와 재산을 국가가 빼앗는 경우, 절차상 적법해야 함을 말하고 있는 것임에 불과한데도 지금까지 이를 실체적 공정절차substantive due process라는 이름으로 어떤 실체적인 정의를 구현하기 위해서는 연방이나 주의 법과 제약에서 무조건 제외되어야 하는 것처럼 보다 포괄적으로 해석해 온 사례들이 많았다.

많은 경우, 헌법 조문자체에서 명시적으로 발견되지 않는 권리들에 대해서 판사 개인의 주관적인 가치관에 따라 더 큰 의미를 부여하려고 애쓰면서 보다 강화된 사법적인 보호를 받을 만한 권리의 본질을 찾아내려고 시도하였고 이러한 카테고리에 포함되는 근본적인 자유들은 명시적으로 기술된 자유의 개념 속에 암묵적으로 포함되어 있는데 이러한 자유는 희생당해 보지 않고는 그것이 존재했었는지조차 알 수 없는 것들이라고 정의해 왔다.

그러나 이에 대하여 다수의견을 집필한 화이트 대법관은 '연방대법원이 공정절차조항에 숨겨져 있는 새로운 근본적인 권리를 발견할 수 있는 권위를 가지고 있다' 라는 보다 확장된 관점을 견지하고 싶은 마음이 없음을 분명하게 밝혔다. 왜냐하면 연방대법원이 헌법의 조문과 구성에 명시적으로 표현된 근거도 없이 판사 자신이 스스로 만든 헌법을 다루려고 할 때 가장 위험하고 위법적이 될 가능성이 높았기 때문이었다.

사법 적극주의라고 지칭되는 연방대법원의 이러한 시도는 1930년대에 법원과 행정부의 대결 양상에서 매우 고통스럽게 표출되었고 결과적으로 그러한 시도는 법원이 연방수정헌법 제5조와 14조의 공정절차조항에 부여하였던 실체적 공정절차의 해석에 대해 엄청난 거부감을 불러왔다. 따라서 이러한 조항에 대해 실체적인 범위를 확장시키는 것은 더더욱 주의를 기울여야 한다고 하였다.

특히 화이트 대법관은 이러한 사법부의 시도가 "헌법이 보장하는 근본적인 권리의 카테고리를 재정의 하는 것을 요구하는 경우 더더욱 저항해야 한다. 그렇지 않으면 필연적으로 사법부가 명시적인 헌법적 권위도 없이 이 나라를 통치하고자 하는 더 큰 권위를 스스로에게 부여하게 되는 것이며 오늘 보어즈사건에서 요구하는 권리들은 이러한 거대한 저항을 넘어서기에는 역부족이다."라고 하였다.

연방대법원의 두 번째 판결의 요지는 '법'이라는 것은 언제나 '도덕성'이라는 개념에 근거해 왔다는 것이다.

연방대법원은 주장하기를 만약 본질적으로 도덕적인 선택에 의해 대변되는 모든 법들이 공정절차조항 하에서 무효화된다면 법원은 지금까지 윤리적 도덕적 근거에 의해 제정된 수많은 법을 무효화시키느라 무척이나 바빠질 것이라고 하였다.

사실 보어즈사건은 동성애의 도덕성에 대한 대다수의 감상, 즉 소도미는 '인간의 윤리적 도덕적 타락의 결과'라는 일반적인 신념이 '소도미금지법'을 지지하기에 충분한 근거가 되지 못한다는 선언적 판결을 받아내기 위한 소송이지만 연방대법원은 당시 약 25개 주의 '소도미금지법'이 그러한 근거로 무효화되는 것에 동의하지 않았다.

하드윅은 조지아주의 '소도미금지법'은 동성애가 부도덕한 것이라고 믿는 조지아주 유권자들의 신념 이외에는 별다른 합리적인 근거가 없고 설령 있다 할지라도 소도미가 사적인 공간인 개인의 집 안에서 일어난 경우는 다른 결과가 나와야한다고 주장하였다.

그는 스탠리사건[8]에서 당시 연방대법원이 "만약 연방수정헌법 제1조가 어떤 의미가 있다면, 그것은 국가가 자신의 집에 혼자 앉아 있는 개인에게 무슨 책을 읽고 무슨 영화를 보든지 상관할 수 없다는 것을 의미한다."라고 했던 말을 인용하면서 연방수정헌법 제1조의 표현의 자유조항으로 개인이 자신의 집에서 외설적인 자료들을 소유하고 읽은 것에 대한 기소를 막았던 것을 사생활권 보장에 대한 헌법적 근거로 제시하였다.

이에 대하여 연방대법원은 스탠리사건이 집 밖에서 이루어졌다면 보호받을 수 없는 행위를 보호하고 주의 음란법에 관한 집행을 막았다는 측면이 있긴 하지만 그 결정은 오직 연방수정헌법 제1조에만 국한하는 것이라고 판결하였다.

그러면서 너무도 명확하게 집 안에서 일어난 일이라고 해서 그렇지 않았다면 불법적이었을 행위들이 모두 면책되는 것은 아니며 불법적인 마약을 소지하고 사용하는 것처럼 희생자가 없는 범죄가 집 안에서 일어났다고 해서 법망을 피할 수 있는 것은 아니라고 하였다.

---

8   *Stanley v. Georgia*, 394 U.S. 557(1969)

또한 스탠리사건 자체가 이러한 점을 명확히 하여서 집에서 마약, 총기, 그리고 장물을 소지하는 행위에 대해서는 어떠한 보호도 해 줄 수 없다고 판결했었다고 하면서 만약 하드윅의 주장이 상호 합의한 성인간의 자율적인 성행위는 국가가 간섭할 수도 처벌할 수도 없는 사생활권의 범주에 속하는 것이라고 주장하는 것이라면 집 안에서 벌어진 상호 합의한 성관계인 간통, 근친상간, 그리고 기타 다른 성범죄들을 기소하고 있는 것에 대해서는 어떤 논리를 댈 수 있을 것인가?라며 하드윅의 주장을 일축하였다.

또한 그동안 조지아주에서 문제가 된 형법 §16-6-2는 실제로 거의 집행된 적이 없었다는 사실과 이미 약 26개 주에서 유사한 법을 폐지한 바 있다는 사실이 수백 혹은 수천 년 동안 비난받아 온 행위가 이제는 인간의 근본적인 권리가 되었다고 말할 수는 없다고 판결하였다.

본 판결을 통하여 연방대법원은 헌법이 비록 개인의 사생활에 대한 권리를 보호하고 있긴 하지만 한 국가의 역사적 배경과 전통, 보편적인 윤리 도덕적 근거, 사회 구성원의 의식 등을 고려하여 건강하고 건전한 사회를 이끌어 가기 위한 국가의 합리적인 목적이 있다면 개인의 사생활권이 제한될 수 있다고 주장하였다.

또한 헌법은 인간의 근본적인 권리를 보호하기 위한 장치로써 사생활권을 보호하고 있는 것인데 동성애자들이 소도미를 하는 것을 인간의 근본적인 권리로 볼 수 없다고 판단하였다.

한편, 보어즈사건에서 연방대법원에서 소수 반대의견을 개진했던 대법관들은 이 사건의 쟁점 자체를 달리 봄으로써 사건의 본질을 다르게 인식하였다.

반대론자였던 블랙먼 대법관은 본 사건의 쟁점을 소도미를 할 수 있는 인간의 근본적인 권리가 있느냐 없느냐가 아니라, 문명화된 인간에게서 가장 가치있게 느껴지고 가장 포괄적인 권리인 '간섭받지 않을 권리'에 관한 것이라고 기술하였다.

즉, 이 사건의 핵심 쟁점이 '인간에게는 자신이 선택한 방식으로 성행위를 할 수 있는 근본적인 권리가 있는가?'에서 '국가가 개인의 사생활에 간섭할 수 있는 권리가 있는가?'로 재구성되면서 사건의 프레임이 바뀌어져 버렸다.

반대론자들은 법의 유효성을 단순히 역사적으로 오래된 것이라는 것과 종교적인 신념과 가치에 반한다는 것으로만 판단하는 것에 대하여 우려를 표시하면서 본 사건에서 문제가 되고 있는 조지아주 형법 §16-6-2는 성인들이 특정형태의 사적이고 상호 합의한 성행위를 할 수 있느냐에 대해 그들 스스로 결정할 수 있는 권리를 역사와 종교라는 이름으로 박탈하고 있다고 하였다.

따라서 보어즈사건은 사생활권에 대한 헌법적 가치를 반영하는 입장에서 보아야 하며 만약 헌법이 보장하는 사생활에 대한 근본적인 권리가 일말의 의미라도 있게 되려면 조지아주는 시민들이 자신의 삶의 가장 은밀한 측면에 대한 선택을 하는 것을 금지하기 전에 그러한 선택이 기독교인들 사이에 입에 올리기도 혐오스러운 범죄라는 것 이상의 논리를 제시하여야 한다고 하였다.

특히 사생활권에 대해서는 두 가지 측면을 고려해야 하는데 우선 개인의 결정이라는 의사결정의 측면과 한 개인이 행한 특정 행위가 아니라 그가 차지하고 있는 장소와 연관지어 생각해야 한다는 공간적인 측면이 있다고 주장하면서 지금까지 연방대법원이 결혼이나 가족과 관련된 권리들을 보호한 이유는 결혼이나 가족에 대한 권리보호가 직접적이고 상당한 방식으로 일반 대중의 복리에 기여해서가 아니라 그러한 권리들이 개인의 삶의 핵심적인 부분을 형성하고 있고 개인의 행복에 기여하기 때문이지 사회에 기여하거나 사회적으로 어떤 특정한 형태의 가정을 선호하기 때문은 아니라고 하였다.

특히 오늘날 미국사회와 같이 다원화된 사회에서는 어쩌면 관계를 맺는 수많은 '옳은' 방식이 있을 수 있다는 것과 이런 수많은 관계의 풍성함은 각 사람이 각자 자신에게 '옳은' 강력한 개인적인 연합의 형태와 성격을 선택할 수 있는 자유를 가지고 있다는 생각으로부터 기인하는 것이라고 하였다.

또한 많은 다양한 상황에서, 개인에게 어떻게 자신의 삶을 영위할 것인가를 선택할 자유를 준데 대한 필연적인 결과로써 서로 다른 개인은 서로 다른 선택을 할 것이라는 사실을 받아들여야 한다고 주장하였다.

이러한 주장을 뒷받침하기 위하여 반대론자들은 아미쉬들이 자신의 삶의 방식과 교육방식을 지키기 위해 제기했던 요더사건[9]을 예로 들었다.

이 사건에서 아미쉬들이 확대된 공교육이 자신들의 삶의 방식을 위협한다고 주장한데 대하여 연방대법원은 선언하기를 "오늘날의 다수 의견이 옳다는 가정이 있을 수 없고 아미쉬나 그와 비슷한 사람들이 틀렸다는 가정도 있을 수 없다. 괴상하고 심지어 불규칙적인 삶이라도 그것이 다른 사람의 권리나 이익을 침해하지

---

9   *Wisconsin v. Yoder*, 406 U.S. 205, 223-224(1972)

않는다면 그것이 다르다는 이유만으로 비난받아서는 안된다."라고 했던 것을 인용하였다.

이러한 논리로 반대론자들은 보어즈사건의 판결은 그저 소도미를 할 수 있는 인간의 근본적인 권리를 인정하지 않은 것이 아니라 사실은 어떤 개인이 다른 사람과 은밀한 관계를 가지고자 할 때 그 성격을 규정할 수 있는 각 개인들의 근본적인 권리를 부인한 것으로 보았다.

특히 이 사건에서 하드윅이 기소될 위기에 처한 일은 연방수정헌법 제14조에서 특별한 의미를 부여한 자신의 집 안에서 일어난 일이었다는 점에 주목하면서 사생활권이 단순히 특정 행위에 가담할 수 있는 권리를 몇 개 모은 것에 불과한 것 이상이듯이 자신의 집에 대한 물리적인 온전함은 단순히 그곳에서 발생하는 특정 행위를 보호하기 위한 수단, 그 이상의 것이라고 하였다.

그러므로 스탠리사건이 연방수정헌법 제1조에만 관련이 있다고 한 연방대법원 판결과는 달리, 반대론자들은 보어즈사건이 오히려 자신의 집 안에서 개인에 대한 연방수정헌법 제14조의 특별한 보호에 대한 판단을 요구하고 있는 것으로 해석하였다.

즉 연방수정헌법 제14조에서 명시적으로 보장된 '자신의 집에서 안전할 권리'는 사생활권에 대한 이해를 돕는 다양한 헌법 조항 중 가장 문자 그대로 해석되는 것이며 참으로 자신의 집에서 은밀한 관계를 가질 수 있는 개인의 권리는 헌법이 보호하고자 하는 사생활권의 핵심이라는 것이다.

한편, 하드윅의 소도미 행위에 대하여 '건실한 사회를 유지하기 위한 조지아주의 권리를 행사하는 것을 방해했다'거나 '전통적인 유대-기독교적 가치'가 금지하고 있다는 등의 주정부의 주장은 §16-6-2를 위한 충분한 정당성을 제공하지 못한다고 하면서 그 이유로 얼마나 오랫동안 다수가 그것을 비난해 왔는지 또는 그것을 옹호해 왔는지는 법원의 엄격한 잣대로부터 입법부를 면책시켜줄 수 없다고 하였다.

어떤 특정 종교 집단이 비난하고 있는 행위라는 것이 주정부에게 모든 시민에 대한 판단을 할 수 있는 자격증을 주는 것도 아니며 세속사회의 입법의 정당성은 주정부가 자신의 법에 대하여 종교적인 교리에 얼마나 잘 부합하는가 하는 것 이상의 근거를 제시할 수 있느냐 없느냐에 달려있다고 하면서 이제 주정부는 더 이상 인종적인 적대감 때문에 성행위를 처벌하지 않는 것과 마찬가지로 종교적으로 참을 수 없다는 이유로 사적인 행위를 처벌해서는 안되며 어떤 특정 그룹의 사람들이 본 법정의 다수를 얼마나 불편하게 만들든지 상관없이 "단순히 대중이 참을 수 없거나 적대적이라고 해서 개인으로부터 물리적인 자유를 빼앗는 것은 헌법적으로 정당화될 수 없다."[10]고 하였다.

또한 §16-6-2는 "공공의 환경을 보호하기 위하여 도덕적으로, 그리고 중립적으로 조지아주의 권한을 행사한 것이다."라고 한 주정부의 주장도 정당화될 수 없는데 확실히 어떤 사적인 행동은 사회전체의 짜임새에 영향을 미치기도 하지만 합리적인 사람이라면 특정 성행위가 도덕적인지 비도덕적인지 분간할 수 있고 대중들이 혐오하는 사적인 성행위가 형법으로 처벌되지 않는다고 해서 사람들이 도덕

---

10   *O'Connor v. Donaldson*, 422 U.S. 563(1975)

성을 겨버리지도 않으며, 살인, 잔혹성, 거짓 등이 더 낫다고 생각하지도 않는다는 것을 믿을 만한 충분한 근거가 있기 때문이라고 하였다.

반대론자들은 보어즈사건의 판결은 공공의 감정을 보호하는 법과 사적인 도덕성을 강제하는 법의 차이점을 구분하는데 실패하였다고 선언하면서 개인의 은밀한 행위가 공공연하게 이루어졌을 때 처벌할 수 있다고 해서 사적인 장소에서 일어나는 은밀한 행위에 대해서까지 주정부가 통제할 수 있는 것은 아니라고 하였다.

한편, 반대론자들은 동성애의 선천성 또는 불변성을 인정하고 있는데 그 이유로 동성애에 대한 역사적인 관점에도 불구하고, 이것은 더 이상 정신과 전문의들 사이에서 '질병'이나 '장애'라고 간주되지 않는다는 점을 지적하였다.

반대론자들은 미국 심리학회와 공공보건 연합회[11] 등에서 제출한 전문가 의견서를 바탕으로 동성애 성향이 개인의 인성의 통합적인 일부이므로 연방수정헌법 제8조에 의거하여 상황과 상관없이 끌림에 따라 행동한 개인을 감옥으로 보낼 수는 없다고 판단하였다.

특히 반대론자들은 사적인 소도미를 금지한 조지아주의 형법을 철폐하고자 시도한 보어즈사건과 인종간 결혼을 금지한 버지니아주의 형법을 철폐하게 한 러빙사건[12]을 같은 계열의 사건이라고 설명하면서 다음과 같은 유사점을 지적하였다.

---

11 American Psychological Association and American Public Health Association as Amici Curiae.
12 제1장 러빙사건 참조

첫째, 러빙사건의 1심 재판부에서도 "전능하신 하나님께서 사람을 백인, 흑인, 황인, 말레이인, 홍인종 등으로 창조하시고 그들을 분리된 대륙에 두셨다. 하나님 께서 인종을 분리해 두셨다는 사실은 하나님이 인종간에 섞이는 것을 의도하지 않으셨다는 것을 보여준다."고 함으로써 인종간의 결혼이나 혼혈아의 출산을 금 지한 법의 종교적인 정당성을 제시했던 것 처럼 보어즈사건 역시 수천 년간 유대- 기독교적 전통이 소도미를 도덕적 타락으로 금지했던 사실을 '소도미금지법'을 지 지하는 논리로 사용하고 있다.

둘째, 러빙사건에서도 법안의 옹호자들은 연방수정헌법 제14조가 승인되었을 때 대부분의 주들이 인종간 결혼을 금지하는 유사한 법안을 가지고 있었고 실제 로 러빙사건이 연방대법원에 이르렀을 때 여전히 많은 주들이 문제가 되는 행위 와 관련하여 형법상 금지하는 법안을 가지고 있다고 하면서 역사와 전통을 법의 정당성의 근거로 제시하였던 것처럼 미국 건국초기부터 거의 모든 주에서 조지아 주의 '소도미금지법'과 유사한 형법을 유지하고 있었다는 역사성을 법의 유효성을 지지하는 근거로 제시하고 있다.

셋째, 주 형법의 옹호자들의 논리에도 불구하고 러빙사건에서 연방대법원은 버 지니아주 형법의 부당한 인종차별주의는 평등보호조항을 위반하였다고 판결하였 을 뿐만 아니라 주정부가 러빙 부부에게 자유인들의 정당한 행복 추구권의 가장 핵심적인 개인의 권리 중 하나로 오랫동안 인정되어 온 결혼을 선택할 수 있는 자 유를 부인함으로써 공정절차 또한 빼앗았다고 판결하였듯이 보어즈사건에서 조 지아주의 '소도미금지법'은 자유인들의 근본적인 권리인 선택의 자유와 사생활권 을 침해하였다.

이상은 보어즈사건에 대한 연방대법원의 판결 요지와 반대론자들의 의견을 정리한 내용이다.

보어즈사건은 연방대법원에서 5:4라는 극적인 차이로 동성애 찬성측이 패소한 사건이다.

그러나 이 사건은 이전까지는 너무나 당연하게 여겨지던 사회적 질서가 이제는 모든 영역에서 도전받게 되었으며 특히 개인의 삶의 방식을 결정하는 사생활의 영역에서 타인이나 국가가 간섭할 수 없고 무엇이 바람직하고 올바른 것인지를 제시해서는 안된다는 포스트모더니즘의 영향이 미 연방대법원 판사들의 가치체계에 얼마나 큰 영향력을 미치고 있는지를 보여주는 사건이다.

이 사건에서 연방대법원은 여전히 전통적이고 보수적인 입장을 견지하며 헌법이 명시적으로 보장하지 않은 동성애에 대한 권리를 연방대법원의 판사들이 창조해 낼 수 없다는 점과 역사적, 사회문화적으로 어떤 특정행위를 범죄 시 했던 것을 일시에 아니라고 사법부가 선언할 수 없다는 점, 그리고 모든 법의 근거는 도덕성에 있다는 점을 재확인해 주었다.

이에 반해 반대론자들은 오늘날과 같은 다원화된 사회에서 개인에게 무엇이 옳고 그른지는 오직 그 자신만이 결정할 권리가 있으며 특히 사생활의 영역에 대해서는 국가가 상관할 바가 아니라고 주장하였다.

특히 반대론자들은 동성애를 인성의 통합적인 측면의 하나라고 봄으로써 성적 지향을 성별이나 인종과 같은 변할 수 없는 인간의 특성 중 하나로 인정하였는데 이는 향후 동성애 문제를 다루는 법원의 판단 기준에 심대한 영향을 미치게 된다.

미국은 청교도정신을 건국 이념으로 하고 있는 나라이다. 삼권분립이라는 민주적인 정치제도는 인간의 원죄성을 의식하여 국가의 어느 한 부처에 권력을 집중시키지 않고 상호 견제하고 균형을 이루어 나가기 위해 고안된 제도이고 미국이 수용한 관습법과 여러 법률도 십계명과 기타 성경적 원리에 기원을 두고 있다.

신 앞에서의 평등과 인간의 존엄성, 직업에 대한 소명의식과 도덕적 관념 등 기독교적 유산에 많은 빚을 지고 있는 미국이라는 나라에서 한때 국기로 추앙받던 청교도 정신은 이제 미국 연방대법원의 엘리트 판사들에 의하여 현대 미국사회의 자유와 다양성의 가치를 위협하는 가장 적대적인 종교 세력으로 비판받기에 이른다.

민주적 절차에 따른
주 헌법 개정안을
연방대법원이 판결로
무효화할 수 있는가?

Romer v. Evans(1996)

"When the Court takes sides in the culture wars, it tends to be with the knights rather than the villeins-and more specifically with the Templars, reflecting the views and values of the lawyer class from which the Court's Members are drawn."

_Justice Scalia

Romer, Governor of Colorado, et al v. Evans et al. 517 U.S. 620 (1996)

민주주의의 꽃은 각 사람이 투표를 통해 자신의 의지를 표명하거나 자신이 투표로 선택한 대표자들을 통해 자신의 의지를 정부의 정책에 반영할 수 있다는 점일 것이다.

오늘날 자유민주주의 체제하에서 국민투표는 국가의 중요한 문제를 결정하는 가장 중요한 정치적 과정이며 이러한 과정을 통해 결정된 사안에 대해서는 동일하게 국민투표라는 과정을 통해서만 변경할 수 있도록 하고 있다.

그런데 이러한 민주적인 정치과정을 거쳐 결정된 문제를 몇몇의 초인적인 엘리트 판사들이 판결문으로 번복시킨 사건이 바로 로머사건이다.

당시 로머는 콜로라도 주지사였고 에반스는 동성애자로서 콜로라도주가 주민투표로 통과시킨 콜로라도주의 헌법 '수정 2조'가 동성애자들로부터 연방수정헌법 제14조가 보장하는 평등보호를 박탈하고 있다며 소송을 제기하였다.

문제가 된 콜로라도주 헌법 '수정 2조'의 내용은 다음과 같다.

> 동성애, 레지비언, 또는 양성애적 지향에 기초한 지위status는 헌법상 보호받는 지위가 아니다. 콜로라도 주정부 및 지부, 국 또는 에이전시, 정치적 하부부서, 시정부

또는 학군 등에서는 다음과 같은 법, 규정, 조례 정책 등을 입안하거나, 차용하거나 집행할 수는 없다.

즉, 동성애, 레지비언, 양성애적 지향, 행위, 실행 또는 관계 등은 개인이나 그 개인이 소속된 집단이 소수자의 지위를 누려야 한다고 주장하거나 할당, 선호, 보호되는 지위라고 주장하거나 또는 차별을 받고 있다고 주장할 수 있는 근거가 될 수는 없다. 헌법의 본 섹션은 모든 영역에서 자동 발효된다.

로머사건을 이해하기 위해서는 우선 콜로라도주 헌법 '수정 2조'에서 언급하고 있는 '헌법상 보호받는 지위'가 무슨 의미인지, 그리고 '소수자의 지위'를 주장하거나 '할당을 받거나 선호나 보호 등의 특혜를 누리는 지위'가 헌법상 무슨 의미인지를 먼저 이해할 필요가 있다.

미국 연방대법원은 연방수정헌법 제14조의 평등보호조항과 관련된 사건을 판결할 때 몇 가지 기준을 가지고 사건의 내용을 검토하고 분석한다. 그 기준 중 하나가 평등보호조항에 위배하여 차별을 받았다고 주장하는 사람이나 집단이 헌법이 전통적으로 보호하고 있는 사람이나 집단의 카테고리에 속하는지를 보는 것이다.

그리고 이러한 카테고리에 속하는 사람이나 집단을 '의심계층suspect class'이라고 부르며 이들과 관련된 사건인 경우 더욱 특별한 주의를 기울여 엄중한 잣대를 들이대고 사건을 분석해 왔다.

헌법이 보호하는 '의심계층'의 사람들로는 '흑인과 같이 역사적으로 인종적 차별을 받는 사람이나 집단, 장애인, 여성, 특정 종교에 소속되었다는 이유로 차별을 받는 사람이나 집단' 등과 같이 전통적인 인권보호의 범주에 속하는 사람들이다.

어떤 특정법안이 이러한 '의심계층'에 대한 연방수정헌법 제14조의 '평등한 보호'를 보장하지 않는다고 주장하는 경우, 연방대법원은 그 법안이 주정부의 강력한 이익이나 목적 달성compelling interest of the state에 꼭 필요한 법안인지를 살펴보고 그렇지 않은 경우, 주정부가 입안하거나 집행하고 있는 법안을 무효화시켜왔다. 이렇게 주정부의 이익이나 목적과 문제가 되는 법안이 달성하고자 하는 목적 사이에 강력한 연관관계가 있는지를 엄중한 잣대로 평가해 보는 것을 '엄격 검토기준strict scrutiny'에 의한 판결이라고 하며 이는 연방대법원에서 적용하는 가장 엄중한 판단기준이다.

대부분의 사건의 경우, 연방대법원은 주의 독립성을 인정하여 특정한 법이 주정부가 달성하기 원하는 어떤 목적과 합리적인 연관성이 있다고 판단될 때 그 법은 유효하다고 인정한다. 이것을 '합리적 근거 검토기준rational basis scrutiny'에 따라 판단한 판결이라고 한다.

그러나 '의심계층'과 관련된 사건인 경우에는 '합리적 근거 검토기준'이 아닌 '엄격 검토기준'을 적용하여 사건을 분석한 후 문제가 되는 법의 유효성을 판단하게 되는 것이다.

미국은 이러한 사회적 약자들, 즉 '의심계층'을 보호하기 위해 특별한 보호조치나 할당 등을 정해놓곤 하는데 이러한 특혜를 소위 'affirmative action'이라고 한다. 우리말로는 '차별철폐조치' 또는 '소수자 우대정책' 등으로 번역되는데 우리에게 익숙한 것으로는 미국의 대학입시에 흑인학생들을 배려하여 신입생의 일정 퍼센트를 흑인학생들로 해야 한다는 할당을 두는 제도 등이 있다. 이 제도 때문에 우수한 백인이나 아시아계 학생들이 오히려 불이익을 받고 있다는 뉴스가 심심찮게 보도되곤 한다.

본 사건의 본질도 동성애자들에 대한 특별한 보호 즉 '소수자 우대정책'을 철폐하는 것에 관한 것이다.

그러기 위해서는 동성애자들이 이러한 '소수자 우대정책'이나 '차별철폐정책'의 수혜자가 될 만한 '의심계층'에 속하는 집단으로서 헌법적인 보호대상인가에 대한 판단이 먼저 필요하다.

이러한 사실을 염두에 두고 1996년 로머사건 당시의 콜로라도주의 상황을 살펴보자.

당시 상당수의 콜로라도주의 시정부들이 주택, 취업, 교육, 대중숙박, 보건 및 복지 서비스, 그리고 기타 다른 거래나 활동에 있어서 성적지향을 근거로 차별하는 것을 금지한 수많은 조례들을 통과시켰다.

이러한 조례가 통과된 배경은 우선 콜로라도주가 가장 첫 번째로 형법상 '소도미금지법'을 폐지시킨 바 있고 관습법상, 여인숙 주인, 대장장이 또는 공적인 직업을 가진 사람들이 합리적인 이유없이 고객을 거부하는 것이 금지되어[13] 있었다

---

13   *Hurley v. Irish-American Gay, Lesbian and Bisexual Group of Boston, Inc.*, 515 U.S. 557(1995)

는 것에 기인한 것이었다.

이러한 관습법은 많은 경우, 동성애자들을 보호하기에 충분하지 못한 것으로 판명되었기 때문에 대부분의 주들이 자세한 법 규정을 입법화함으로써 이러한 차별에 대응할 것을 선택해 왔다.

콜로라도의 주나 시정부의 법도 이러한 패턴을 따르고 있었다. 이러한 법들은 우선 차별을 해서는 안되는 의무를 지닌 사람들을 열거하는데 그 목록은 관습법의 목록을 훨씬 초월하는 것이었다.

콜로라도주 불더Boulder시의 조례를 예로 들면 대중 숙박으로 간주되는 장소들에 대한 정의를 매우 광범위하게 규정하여 일반 대중에게 판매를 제공하는 모든 사업장과 일반 대중에게 서비스, 장비, 특권, 그리고 이익을 제공하는 모든 장소 또는 일반 대중을 끌어 들여 재정적인 지원을 받거나 정부 보조금을 통해 재정적인 지원을 받는 모든 장소를 포함하는 것으로 하였다. 이는 사실상 모든 사회적 영역을 아우르는 것이었다.

이러한 법들은 법의 보호범위 내에 있는 사람이나 집단을 열거함에 있어서도 관습법의 범위를 초월하였다. 이렇게 목록을 열거하는 것은 차별하지 않아야 할 의무를 보다 구체적으로 제시하고 그러한 의무를 따라야 하는 사람에게 명확한 지침을 주기 위함이었는데 콜로라도주 법이나 시정부의 법이 제시한 차별의 근거가 되어서는 안되는 특징으로는 나이, 군대 지위, 결혼 상태, 임신, 부모됨, 미성년자의 양육, 정치적 연대, 개인의 육체적, 정신적 장애, 또는 성적지향까지 모두 포함하는 것으로 되어 있었다.

이렇게 주정부와 시정부의 법들을 통해 성적지향 즉 동성애자 또는 동성애자 집단은 관습법과 주 법상 특별한 보호를 받는 지위를 가지는 것으로 해석되었다.

이에 1992년, 콜로라도주 유권자들은 주 전역을 대상으로 한 주민투표를 통해 주 헌법 '수정 2조'를 46대 54로 통과시켰다. 통과된 '수정 2조'는 주정부 또는 지방 정부의 수준에서 개인의 동성애적, 레지비언적, 양성애적 지향, 행동, 실행, 또는 관계에 근거하여 그들의 지위를 특별히 보호하도록 설계된 모든 차원의 입법, 행정, 사법적 행위를 금지시키는 것이었다.

다시 말하면, 비록 콜로라도주가 형법상으로 동성애를 금지하거나 처벌하고 있지는 않지만 그러한 사실이 동성애를 사회적으로 용인한다는 것을 의미하는 것은 아니며 동성애자가 소수자 우대정책의 대상이 될 수 없고 동성애를 할 수 있는 권리는 헌법이 보장하는 '인간의 근본적인 권리'가 아니라는 명확한 의사를 콜로라도주의 유권자들이 투표를 통해 표현한 것이었다. 즉 동성애자들은 헌법이 보호하고자 하는 '의심계층'이 아니라는 것을 확인한 것이었다.

'수정 2조'가 승인되자 정부 고용인들 몇몇을 포함한 동성애자들은 '수정 2조'가 성적지향을 근거로 자신들을 즉각적이고 상당한 차별의 위험에 직면하게 하였다며 '수정 2조'의 무효와 집행금지를 요구하는 소송을 제기하였고 1심 재판부는 집행금지 가처분 명령[14]을 내렸다.

또한 콜로라도주 대법원은 '수정 2조'가 연방수정헌법 제14조의 평등보호조항

---

14   Evans I 사건 – *Evans v. Romer*, 854 P. 2d. 1270(1993)

하에서 엄격한 검토를 받아야 한다고 판단하였는데 그 이유는 이 법이 정치적 과정에 참여할 수 있는 동성애자들의 기본적인 권리를 침해했기 때문이라는 것이었다. 파기 환송심에서 1심 재판부은 '수정 2조'가 '엄격 검토기준'을 만족시키는데 실패하였다고 판결하고 '수정 2조'의 집행을 금지하였다[15].

콜로라도주 대법원은 판결문에서 '수정 2조'는 단순히 동성애자들의 특별한 권리를 박탈하는데 그치지 않고 동성애자들에게만 공적으로나 사적으로 폭넓게 행해지는 차별로 인해 발생하는 피해에 대하여 특별한 법적 보호를 받지 못하도록 광범위한 장애물을 쳐놓는 것이며, 심지어 주의 독립적이고 합법적인 입법목적과 그 법에 의한 차별의 정당성간에 약간의 합리적인 관련성만 있다면 충족되는 전통적인 '합리적 근거 검토기준' 하에서도 그 유효성을 입증하지 못하였다고 하였다.

콜로라도주 대법원은 '수정 2조'가 지나치게 좁은 동시에 또한 지나치게 광범위하게 적용되는 법이라고 판단하였다. 이는 사람들을 하나의 특징적인 집단으로 구별한다는 측면에서는 지나치게 좁고 광범위한 법적 보호의 가능성을 부인한다는 점에서는 지나치게 넓다고 하면서 어떤 특정 계층의 사람들에게 특별한 보호를 받을 수 있는 권리를 가질 자격이 없다고 판결한 사례는 지금까지 한 번도 없었고 그렇게 판결하는 것 자체가 바로 문자 그대로 평등보호조항을 위반한 것이 된다고 하였다.

또한 '수정 2조'가 다른 시민의 자유, 특히 개인적이거나 종교적인 이유로 동성애에 반대하는 사람들에 대한 역차별을 방지하고자 하는 합리적인 이해관계가 있

---

15   Evans II 사건 – *Evans v. Romer*, 882 P. 2d. 1335(1994)

다고 한 주정부의 주장에 대하여 '수정 2조'는 동성애자를 향한 적개심으로 인해 입법되었다는 추론을 불러올 뿐, 구체적이거나 독립적인 입법 목적이 있는 것 같지는 않다며 이렇게 '지위'에 기반을 둔 법은 평등보호조항 하에서 허용될 수 없다고 판결하였다.

이에 대하여 연방대법원도 콜로라도주 대법원의 판결을 확정하였다.

연방대법원의 판결은 100년 전 연방대법관이었던 할란[16]의 격언으로 시작한다. "연방헌법은 시민들 사이에 계층이 있다는 것을 인정할 수도 없고 참아내지도 않을 것이다."[17]

이 말은 연방헌법의 평등보호조항의 원칙을 단적으로 보여주는 말이다.

이러한 관점에서 볼 때 '수정 2조'는 주정부와 시정부의 조례를 통해 대중 숙박 시설에서 발생할 수 있는 피해와 차별로부터 동성애자들을 보호하는 것을 금지할 뿐 아니라 주택, 부동산 거래, 보험, 건강과 복지 서비스, 사교육 그리고 취업 등 모든 사적인 거래 관계에서 동성애자들을 위한 특별한 법의 보호를 무효화시킨다고 연방대법원은 판단하였다.

특히 '수정 2조'는 사적인 영역에서 뿐 아니라 콜로라도 주정부 차원의 차별로부터 동성애자들을 특별히 보호하도록 제정된 모든 법과 정책을 폐기하거나 금지

---

16   Justice John Marshall Harlan(1833~1911) 켄터키주 출신 미국 연방대법원 대법관
17   *Plessy v. Ferguson*, 163 U.S. 537(1896)

시키는 역할을 하며 조문 자체가 매우 넓게 해석될 여지가 있어서 동성애자들에게 특별한 보호를 제공하는 법뿐만 아니라 공적이나 사적인 영역에서의 자의적인 차별을 금지하는 모든 일반적인 법과 정책의 보호조차 박탈하는 것으로 유추될 여지가 있다고 하였다.

또한 콜로라도주가 다른 '의심계층'에 대한 법 앞에서의 일반적인 불평등과 차별에 대항하기 위한 주정부의 자원을 보존하기 위해 '수정 2조'를 제정하였다고 주장한데 대하여는 동성애자들에 대한 일반적인 법 앞에서의 평등이 제대로 이루어지지 않고 있다고 의심되는 상황에서 '수정 2조'가 동성애자들에 대한 특별보호만을 박탈하고 일반적인 보호는 그대로 유지시켜주고 있다는 주장은 받아들이기 어렵다고 하였다.

오히려, '수정 2조'는 다른 사람들이 아무런 제약없이 즐기고 누리는 법의 보호막으로부터 동성애자들을 제외시키고 있는데 이는 동성애자들의 경우, 콜로라도주 시민들이 주 헌법을 수정하지 않고는, 또한 자신들의 이익을 위해 적용될 수 있는 법을 통과시키기 위한 특별한 노력을 하지 않고서는, 차별에 대한 특별한 보호를 받을 수 없기 때문이라고 하였다.

연방대법원은 '어떤 사람도 법의 평등한 보호를 거부당해서는 안된다'는 연방수정헌법 제14조는 대부분의 입법부가 어떤 목적을 위하여 특정 집단이나 사람들에게 불이익을 줄 수 밖에 없다는 실제적인 필요와 함께 존재하기 때문에 이러한 법의 유효성을 인정받기 위해서는 그러한 법이 인간의 근본적인 권리를 침해하지 않고, '의심계층'을 대상으로 하지도 않으며, 어느 정도 합법적인 정부의 목적과 관련이 있어야 하는데 '수정 2조'는 이러한 전통적인 검토기준도 만족시키지 못했다고 판결하였다.

왜냐하면 연방대법원의 입장에서는 '수정 2조'가 단 하나의 집단인 동성애자들에게 예외적으로 광범위하고 무차별적인 불이익을 주는 특징을 지니고 있고 동성애에 대한 적대감 이외에는 합법적인 주의 이해관계에 대한 합리적인 관련성을 찾기 어렵다고 판단했기 때문이었다.

연방대법원은 헌법상 평등보호조항이 어떤 의미가 있으려면 최소한 단순히 정치적으로 인기가 없는 집단에게 해를 끼치려는 욕망, 즉 적대감을 주정부가 합법적으로 추구하는 이해관계라고 할 수는 없으며 '수정 2조'가 동성애자들에 대한 법의 특별한 보호를 박탈하고 즉각적이고 지속적이며, 실제적인 피해를 입힌다는 것은 어떠한 이유에서든 합법적인 정당성을 넘어서는 것이라고 하면서 법은 반드시 합법적인 정부의 목적과 합리적인 관련성이 있어야 한다고 재확인 하였다.

이에 대하여 주정부는 '수정 2조'가 다른 시민들, 특히 개인적으로 또는 종교적으로 동성애에 반대하는 집주인이나 고용인의 '결사의 자유'를 보장하기 위한 합법적인 목적이 있다고 주장하였으나 연방대법원은 '수정 2조'에 구체적이고 합법적인 목적이나 선한 목적이 있다고 말할 수 없고 단순히 지위에 근거한 차별적인 법으로써 합법적인 주정부의 이해관계와 관련성을 찾을 수 있는 사실 관계에서 벗어나 있으므로 헌법상 평등보호조항이 보호하고자 하는 대상에 대하여 차별을 하고 있는 법이라고 판결하였다.

이에 대하여 스칼리아 대법관은 강하고도 확고한 어조로 다음과 같이 반대의견을 피력하였다.

스칼리아 대법관은 '수정 2조'의 본질은 동성애자들을 해하려고 하는 민낯을 명백히 보여준 것이라기보다는 참을성 있는 콜로라도주 시민들이 법을 이용해서 전통적인 성관습을 뒤집으려는 정치적으로 막강한 소수의 노력을 저지하고 전통을 지키려는 온건한 시도라고 하였다.

그러한 목적을 달성하기 위해 콜로라도주 시민들이 선택한 방법, 즉 '주민투표'는 어떠한 헌법적인 원칙하에서도 탄핵될 수 없을 뿐만 아니라 미국 연방의회와 연방대법원에 의해 승인된 방법이라고 하면서, 로머사건은 10년 전, 동성애를 반대했던 보어즈사건의 판결[18]을 파기하고 동성애에 반대하는 것은 인종적 편견이나 종교적 편견만큼이나 비난받을 만한 것이라는 명제에 연방대법원의 명성을 걸고 있는 것이라고 하였다.

스칼리아 대법관은 미국 연방헌법이 이 문제에 대해 아무런 언급을 하고 있지 않기 때문에 이 문제는 주 헌법에 민주적으로 조항을 채택하는 것을 포함한 보편적인 민주주의 절차와 방법에 의해 해결되도록 남겨두어야 한다고 하면서 로머사건에서 연방대법원이 동성애에 대한 혐오를 운운하면서 연방대법원의 엘리트 판사들이 선호하는 방식으로 모든 미국인들에게 이 문제를 해결하도록 강제할 수는 없다고 하였다.

그는 특히 '수정 2조'가 동성애자들에 대한 특별대우를 금지하는 것이지 그 이상도 그 이하도 아니며 동성애자들은 여전히 일반적인 법 하에서 평등한 대우를 받고 있다고 주장하였다.

---

18   제3장 보어즈사건 참조

'수정 2조'에도 불구하고 동성애자이든 아니든 모든 은퇴하는 주 공무원들은 일정 기간을 일하면 연금이 지급된다는 점에서 동일한 혜택을 받을 수 있고 동시에 '수정 2조'는 주나 시정부가 피고용인의 장기 룸메이트에게는 유족보상금을 지급하지 않는 것과 마찬가지로 동성애자의 '생활동반자'에게 이러한 유족보상금을 지급하는 것을 금지하고 있다는 점에서 평등하며,

'수정 2조'는 주의 일반적인 보험법이 적용되는 질병의 범위 내에서라면 동성애자나 이성애자나 차별없이 보험금을 지급하도록 하는 것에는 영향을 미치지 않기 때문에 동성애자라고 해서 자동차 사고 보험과 관련하여 보험금 지급이 거부된다든지 더 많은 보험료를 내야 하는 것도 아니라고 하였다.

동성애자들이 고통받고 있다고 주장하는 유일한 불평등은 주의 헌법을 수정하지 않고는 그들이 특혜를 받을 수 없다는 것인데 로머사건의 판결은 어떤 사람이 일반적으로 법 앞에서 평등하다 할지라도 다른 사람들이 법 앞에서 특혜를 받는 방식으로 특혜를 받을 수 없다면 그들의 법 앞의 평등보호는 박탈된 것으로 보고 있는 것으로서 이는 어떤 집단이 유리한 혜택을 얻거나 불리한 점을 피하려고 할 때 그들이 다른 사람들보다 더 어려운 정치적 결정단계를 거쳐야만 되는 경우, 그들의 대한 평등한 보호가 박탈되었다고 판단함으로써 다양한 수준의 민주주의가 제대로 구현될 수 없도록 만드는 이상한 원칙, 즉, 민주적으로 결정된 사안이 특정 집단에게 불이익이 되거나 이익을 박탈하는 경우, 영향을 받는 집단의 평등보호는 거부된 것이라고 보는 새로운 헌법적 원칙을 만들어 내었다고 하였다.

스칼리아 대법관은 연방대법원의 판결을 적용한 예로서 정부의 조달 계약에 시장의 친척 또는 시의원이 입찰하는 것을 금지하는 주 법이 있다고 가정하는 경우,

시장의 친척들로 구성된 집단은 시의 조달계약에 참여하기 위하여 시정부만 설득하면 되는 다른 사람들과는 달리 주의회를 설득해서 법 자체를 개정해야 하는데 이런 경우, 로머사건의 판결의 관점에서 보자면 문제가 되는 법이 시장의 친척들에 대한 법 앞의 평등한 보호를 박탈한 것이고 이들을 차별대우했다고 판단할 수밖에 없는데 이러한 헌법적 원칙은 상식적으로 생각해 보더라도 말이 되지 않는 억지라고 하였다.

한편, 스칼리아 대법관은 연방수정헌법 제14조와 관련된 사건은 '엄격 검토기준'을 적용해서 판단할 것이 아니라 '합리적 근거 검토기준'을 적용하여야 한다고 주장하였다.

왜냐하면 연방대법원은 동성애자들이 '의심계층' 또는 '유사 의심계층quasi-suspect class'이 아니라고 판단함으로써 콜로라도주 대법원의 판결 즉 '수정 2조'가 동성애자들이 평등하게 정치적인 과정에 참여할 수 있는 기본적인 권리를 침해했다는 것을 암묵적으로 거부하고 있기 때문이었다.

스칼리아 대법관은 10년 전 연방대법원이 동성애를 범죄로 규정한 주의 형법을 유효하다고 판결[19]한 바 있다는 점을 지적하면서 연방대법원이 동성애를 범죄로 규정한 한 주의 형법을 합헌이라고 판결하였다면 또 다른 주정부가 동성애자들에 대하여 단순히 추가적인 혜택을 더 주지 않도록 별도의 법을 제정하는 것은 헌법적으로 아무런 문제가 없으며 한 걸음 더 나아가 주정부가 동성애자들에게 일반적으로 다른 사람들에게 부여되는 혜택을 주지 않겠다는 것이 아니라 단순히 동

---

19   제3장 보어즈사건 참조

성애 행위에 대하여 더욱 특별하게 보호해 주는 것을 금지하는 법을 채택하는 것은 헌법적으로 당연히 인정되어야 한다고 주장하였다.

또한 '수정 2조'가 동성애 행위를 실제적으로 하는 사람뿐 아니라 그러한 성적 지향을 가지고만 있는 사람들에게도 적용되는 등 지나치게 적용범위가 넓다는 주장에 대하여 이런 종류의 법에 있어서 이러한 구별은 의미가 없다[20]고 보았다.

콜로라도주 대법원에 따르면 '수정 2조'가 4가지 특성, 즉, 성적지향, 행위, 습관, 그리고 관계 등을 가진 사람을 대상으로 하고 있다고 하면서 이러한 특성은 각각 게이, 레지비언, 또는 양성애자 집단을 구별할 수 있는 수단을 제공해 주고 있지만 이러한 4가지 특성은 동일한 집단 내의 사람을 구별하는 다른 방식에 불과하기 때문에 진정으로 분리될 수는 없는 것이라고 하였고 실제로도 사건의 기록상 어느 누구도 성적지향만 있을 뿐 동성애 행위는 하지 않는다고 한 경우는 없었다고 하였다.

스칼리아 대법관은 단순히 주의 법이 그 대상으로 하는 집단을 완벽하게 구별해 낼 수 없다고 해서 연방수정헌법의 평등보호조항을 위반하였다고는 볼 수 없다고 하면서 마약류인 메타돈 사용자를 교대 근무자로 고용하는 것을 전적으로 금지한 정책이 단순히 어떤 메타돈 사용자는 승객의 안전에 아무런 위협을 주지 않는다[21]는 이유로 평등보호조항을 위반한 것은 아닌 것과 같다고 하였다.

---

20 *Steffan v. Perry*, 41 F. 3d. 677(1994)
21 *New York City Transit Authority v. Beazer*, 440 U.S. 568(1979)

따라서 '수정 2조' 또한 단순히 실제로 동성애 행위를 하는 사람과 동성애적 성적지향을 가지고 있기만 하는 사람들을 구별하여 특별한 법의 보호를 박탈한 것이 아니기 때문에 이 법이 헌법에 위배된다는 주장은 받아들일 수 없다고 하였다.

스칼리아 대법관은 해군에서 동성애자를 해고하는 문제와 관련한 사건[22]에서 그 사건의 특정 원고를 해고하는 것은 '최소 검토기준minimal scrutiny'하에서 합리적인 것이었다고 한 판결을 인용하였는데 이는 이 특별한 사건이 해군의 정책을 정당화할 만한 위험을 보여주기 때문이 아니라 모든 동성애자들을 해고하는 일반적인 정책이 최소한의 합리성을 가지고 최소한의 법원의 검토기준을 통과하였기 때문이었다는 점을 강조하였다.

스칼리아 대법관이 '수정 2조'의 합헌을 지지한 이유는 다음과 같이 요약될 수 있다.

첫째, 어떤 사람이나 어떤 집단을 이유없이 증오해서는 안된다는 것이 미국사회의 도덕적 전통임에도 불구하고 여전히 살인이나 중혼, 동물학대 등의 행위에 대해서 혐오스럽다고 말할 수 있다.

로머사건에서 '혐오'라고 한다면 단지 동성애 행위에 대한 도덕적인 불인정인데 연방대법원은 보어즈사건을 통해 동일한 도덕적 불인정에 바탕을 둔 수백 년간 이어 온 주의 형법을 인정한 바 있다. 보어즈사건과 마찬가지로 로머사건 역시 동성애는 역사적으로나 전통적으로 미국 사회 어느 곳에서도 용인될 수 없는 도덕

---

22   *Beller v. Middendorf*, 623 F. 2d. 788(CA9 1980)

적 타락이고 이러한 도덕적 타락을 콜로라도주 시민들이 용인할 수 없다고 의사를 표시한 '수정 2조'는 헌법적인 정당성을 지니고 있다.

둘째, 콜로라도주의 '수정 2조'는 정확하게 말하면 동성애자들의 '소수자의 지위' 또는 '의심계층의 지위'를 헌법적으로 인정하지 않는다는 것이다. 왜냐하면 동성애자들은 그들의 성적지향을 근거로 하지 않더라도 노약자라든지 인종적 소수자라는 이유로 여전히 보호와 혜택을 받을 수 있기 때문이다. 다만 '수정 2조'는 동성애 행위에 대하여 특별한 혜택을 주도록 하는 것을 금지하는 것이고 동성애라는 성적지향을 이유로 특별한 혜택을 받는 것을 금지하는 것일 뿐이다.

실제로 엄밀히 말하면 콜로라도주 시민들은 동성애 행위에 대해 혐오할 수 있는 권리를 가지고 있다고 말할 수 있지만 '수정 2조'에 반영된 혐오의 수준은 사실상 가장 최소한에 불과함으로 콜로라도주 시민들을 증오에 가득 찬 동성애자 학대자로 묘사한 것은 정말 말이 안된다. 콜로라도주는 '소도미금지법'을 폐기한 25개 주 중 하나일 뿐 아니라 가장 첫 번째로 폐지한 주이고 시민들이 '소도미금지법' 폐지에 찬성한 것은 단순히 그러한 형법을 집행하는 것이 시민들의 사생활을 지나치게 침해할 소지가 있다고 생각했기 때문이지 동성애가 도덕적으로나 사회적으로 해롭다고 생각하는 관점까지 폐지하는 것을 의미한 것은 아니었다.

문제는 로머 판결에서도 알 수 있듯이 동성애를 형법으로 금지하는 것을 폐지하면서 도덕적 사회적으로 용인하지 않는 것은 새로운 문제를 야기시킨다는 것이다. 예를 들면 학교에서 동성애를 하나의 선택권으로서, 또한 온전히 받아들일 수 있는 삶의 한 형태로 가르치는 것에 대해서 여전히 뜨거운 논쟁이 있을 수 있는데 로머사건은 콜로라도주 시민들이 주민투표를 통해 이러한 움직임에 제동을 건 한 사례에 불과한 것이다.

스칼리아 대법관은 최근 동성애 확산운동에 대하여 다음과 같이 진단하고 있다.

오늘날 동성애 확산운동이 급속도로 퍼져나가는 이유는 동성애자들의 권리에 대한 이슈들이 일반 대중들이 가지고 있는 다른 문제들보다 훨씬 더 적극적으로 강조되고 동성애자들이 그들의 숫자보다 훨씬 더 큰 정치적인 권력을 지역적으로나 국가적으로 가지고 있기 때문이다.

동성애자들은 이러한 정치권력을 단순히 사회가 자신들을 참아 내주는 정도의 목적으로 사용하는 것이 아니라 동성애를 정상적인 삶의 형태 중 하나로 사회가 온전히 받아들이도록 하는데 헌신하고 있다. 동성애자들은 자신들의 성적지향의 문제를 대중적 논의의 중심부로 이동시켜 반감의 수사학에서 관용의 수사학으로, 그리고 마침내 온전한 승인에 이르기까지 노력을 계속하고 있다[23].

콜로라도주에서 '수정 2조'에 대한 투표를 할 무렵 동성애자들을 사회적으로 용인해 달라는 압력은 뉴욕, 로스엔젤레스, 그리고 키이스트 등으로부터만 온 것이 아니었다.

3개의 콜로라도주의 시정부인 아스펜Aspen, 불더Boulder, 덴버Denver, 역시 성적지향은 결코 차별의 근거가 될 수 없다고 하면서 동성애 행위를 도덕적으로 승인하

---

23   72 Neb. L. Rev. 723 724(1993)

지 않는 것을 인종적, 종교적 편견과 동일시하는 조례를 통과시킨 바 있고 콜로라도주 주지사는 콜로라도주는 사회 내에서의 다양성을 인식하고 모든 형태의 차별을 끝내고자 한다며 특히 '주정부의 부처와 에이전시들에서 성적지향을 근거로 고용이나 승진에 차별받는 일이 없도록 해야 한다'는 행정명령에 서명한 바 있다.

이러한 상황에 대하여 스칼리아 대법관은 동성애자들의 입법적인 성공에 대해 비판할 생각도 없고 동성애자들도 미국 사회의 다른 사람들과 마찬가지로 그들의 도덕적 감성을 강화시키기 위해 법적인 시스템을 이용할 권리가 있다고 인정하지만 그들 역시 법적이고 민주적인 반대 조치에는 굴복해야 한다고 하였다.

스칼리아 대법관은 '수정 2조'의 의미는 동성애에 대한 주 차원에서의 논쟁을 해결하고자 주 전역에서 실시된 주민투표를 논쟁을 해결하는 방법으로 사용함으로써 동성애자들의 지역적 편중과 비율에 맞지 않는 정치적인 권력에 대응하고자 한 것에 있다고 하였다. 이 주민투표는 콜로라도주 시민들에게 동성애자들이 법 앞에서 보다 특별한 보호를 받아야 하는가라는 질문을 직접적으로 던진 것인데 이에 대한 시민들의 대답은 '아니오'였다고 하면서 로머사건의 판결을 통해 연방대법원이 주민투표라는 가장 민주적인 절차를 통해 결정된 사안을 연방헌법에 위배된다고 판결한 것에 대해 강한 유감을 표명하였다.

이러한 자신의 관점을 지지하기 위한 예로 아리조나, 아이다호, 뉴 멕시코, 오클라호마, 그리고 유타 주의 헌법에는 오늘날까지 '중혼은 영원히 금지된다'라는 조항을 포함하고 있다는 점을 지적하였다.

이들 주의 헌법은 중혼자 또는 중혼적 지향을 가진 사람들을 단순히 혜택을 받는 지위에서 제외하는 것보다 훨씬 더 심각한 차별 대우를 하고 있는데 그러한 차별대우는 주의 헌법을 개정하지 않고는 변경시킬 수 없다.

로머사건의 법정의 성향으로 볼 때 '중혼금지법'은 완전히 헌법에 위배되는 것이지만 미국 연방의회는 이러한 '중혼금지법'을 아리조나, 뉴 멕시코, 오클라호마, 유타 등의 주가 연방의 일원으로 들어오기 위한 전제조건으로 내걸었었다. (Enabling Acts는 '미국 연방정부의 동의없이 그리고 주의 시민들의 동의없이는 이러한 중혼금지 규정은 결코 취소될 수 없다'고 규정하고 있다.)

심지어 비슨사건[24]에서 아이다호주의 법 §501은 중혼이나 복혼을 가르치거나, 지지하거나 상담해주거나 하는 등에 관련된 사람은 투표조차 하지 못하게 하였다. 이렇게 단순히 중혼을 옹호한다는 사실만으로 투표를 하지 못하게 한 것은 훗날 폐기되었지만 중혼을 범죄로 규정하여 그러한 범죄에 당사자로 가담한 사람으로부터 투표권을 빼앗는 것은 여전히 유효한 법으로 남아 있다는 사실을 지적하였다.

스칼리아 대법관은 로머사건에서 연방대법원이 전통적인 미국의 도덕적 가치를 지키고자 하는 콜로라도주 시민들의 합리적인 노력을 좌절시키는 듣도 보도 못한 헌법 이론을 들이대고 있다고 하면서 다음과 같이 로머사건에 대한 판결을 신랄하게 비판하고 있다. 이 장은 그의 말을 그대로 옮기면서 마무리하고자 한다.

"나는 개인적으로 이성애적 일부일처제를 옹호하지는 않지만 일부일처제와 중

---

24   *Davis v. Beason*, 133 U.S. 333(1890)

혼간의 문화전쟁에 어느 한쪽의 편을 드는 것은 사법부가 할 일은 아니라고 생각한다.

오늘 본 법정이 한 일이 바로 그런 일인데 전통적인 집단으로부터 승리를 빼앗기 위해 새롭고 어처구니 없는 헌법 이론을 발명하였을 뿐 아니라 이러한 전통적인 태도에 집착하는 것을 편견이라는 언어로 폄하함으로써 말이다.

'수정 2조'가 단순히 정치적으로 비인기 집단을 해하려는 의도에서 발현된 것에 불과하다는 것은 모욕이다.(미국의 언론과 정치에 엄청난 영향력을 즐기고 있는 집단을 정치적으로 비인기 집단이라고 부르는 것은 정말 말도 안되는 일이다. 1심 재판부가 말했듯이 전체 인구의 4%밖에 안되지만 '수정 2조'에 대한 주민투표에서 46%의 지지를 얻은 이 집단을 말이다.)

사법부가 이러한 문화전쟁에 편을 들기 시작하면 이들은 농노들과 함께 하기보다는 기사들과 함께 하게 된다. 특히 연방대법원의 구성원으로부터 나온 법률가 계층의 관점과 가치를 반영하는 템플 기사단과 함께 하게 되는 것이다.

이 계층이 동성애에 대해서 어떻게 느끼느냐 하는 것은 거의 모든 미국의 로스쿨에서 취업 희망자들을 인터뷰하기 원하는 사람들에게서 더욱 명백해진다. 사실 인터뷰 담당자는 지원자가 공화당이란 이유로 일자리를 주지 않을 수 도 있고, 간통을 저질렀거나, 수준이 낮은 프렙스쿨을 나왔거나, 좋지 않은 컨트리 클럽의 멤버라는 이유로도 채용을 하지 않을 수 있다. 그러나 만약 인터뷰 담당자가 자신이 지원자의 동성애적 성향을 싫어하기 때문에 그런 지원자와는 동료가 되기를 원하지 않는다고 하면 그는 미국 법과대학연합의 모든 소속 학교가 요구한 선언, 즉

'동성애자들을 고용하고자 하는 의지의 확인[25]'을 위반하게 되는 것이다. 동성애자에 대한 편견은 법학대학의 관점에서는 반드시 뿌리 뽑아야 할 것이지만 여전히 미국 의회에서 우세한 평범한 사람들의 생각, 즉 연방 인권법의 보호를 동성애자들에게까지 확대하려고 하는 지속적인 시도에 반응하지 않는 그런 생각과는 대조되는 것일 것이다.

오늘날의 판결은 미국의 헌법 철학에 뿌리를 둔 것이 아니라 그냥 그런 척 한 것이다. 콜로라도주 시민들은 지극히 합리적인 법조문을 채택한 것이다. 그 법은 실질적으로 동성애자들에게 불이익을 주는 것이 아니다. 단순히 그들에 대한 특혜를 거부한 것이다. '수정 2조'는 다수의 콜로라도주 시민들이 선호하는 성적 도덕성을 손상시키는 것을 막기 위한 지극히 미미한 조치일 뿐이다.

주민투표는 그러한 합법적인 목적을 위한 적절한 수단일 뿐만 아니라 미국인들이 이전부터 사용하던 수단이다. 이러한 '수정 2조'를 파기하는 것은 사법적인 판결이 아니라 정치적인 의지를 가진 입법으로 해야 하는 것이다. 따라서 나는 다수의견에 반대하는 바이다."

---

25   1995년 핸드북 Executive Committee Regulations of the Association of American Law Schools §6.19

종교의 자유와 동성결혼은
동시에 보장될 수 있는가?

Baehr v. Mike(1996)

"The free exercise clause of the first amendment to the
United States Constitution prohibits the government from
imposing burdens on persons because of their religious beliefs.
Likewise, it prevents the government from interfering with the
tenets and principles of a religious entity." *_Justice Nakayama (HW)*

Baehr v. Mike, 910 P.2d. 112 [1996]

연방수정헌법 제1조는 그 유명한 종교의 자유, 언론의 자유, 집회 결사의 자유, 청원의 자유 등이 망라되어 있는 조문이다.

연방수정헌법 제1조[26]는 다음과 같다.

> 의회는 종교를 창설하거나, 자유로운 종교 활동을 금지하거나, 연설의 자유 또는 출판의 자유를 제한하거나, 평화롭게 집회를 할 수 있는 권리와 정부에 탄원할 수 있는 권리를 제한하는 어떠한 법도 만들 수 없다.

2014년 10월, 미국 아이다호주에 거주하는 목사 부부가 코들레인Coeur d'Alene 시 관계자들을 상대로 "동성결혼식 주례 강요를 금지해 달라"는 소송을 연방법원에 제기했다는 보도가 있었다.[27]

보도에 따르면 히칭포스트 웨딩채플을 운영 중인 도날드 냅과 그의 아내 이블

---

26 First Amendment of the US Constitution: *"Congress shall make no law respecting an establishment of religion, or prohibiting the free exercise thereof; or abridging the freedom of speech, or of the press; or the right of the people peaceably to assemble, and to petition the Government for a redress of grievances."*
27 강혜진, 〈동성결혼 주례 거부한 美 목사, 투옥과 벌금 위협받아〉, 크리스천 투데이, 2014.10.21, http://www.christiantoday.co.kr/articles/275896/20141027

린 냅은 2013년에 시 관계자들로부터 동성결혼식 주례를 서 달라는 요구를 받았고 시 관계자들은 이들에게 "주례를 서지 않을 경우 교도소에 수 개월 동안 투옥되거나 수천 달러의 벌금을 물게 될 것"이라고 하면서 "전통적인 개념의 결혼을 인정하는 주의 법을 법원이 기각했기 때문에, 차별금지법에 따라 두 사람이 동성결혼식의 주례를 서야 한다."고 했다고 한다.

이 사건은 시당국이 60세인 냅 목사 부부에게 자신들의 신념과 양심 및 성직 서약에 배치되는 동성결혼식을 강제적으로 주례하도록 요구하는 것은 '비 헌법적인 강요'라는 비판을 불러 일으켰고, 헌법의 영역에서 많은 논란을 야기시켰다.

그 중 가장 핵심적인 문제는 연방수정헌법 제1조에서 보장하고 있는 종교의 자유, 언론의 자유, 표현의 자유 등과 동성결혼 소송의 근거가 되는 연방수정헌법 제14조의 평등보호의 원칙 사이의 갈등을 어떻게 해소할 수 있는가 하는 것이었다.

이 장에서 다룰 베이어사건은 바로 이 문제에 대한 하와이주 대법원의 판결이다.

베이어사건은 두 가지 사건이 서로 얽혀있다.

첫째는 동성결혼을 한 부부에게 혼인관계증명서를 발급해 주는 것을 금지한 하와이주의 법 HRS §572-1이 연방헌법상 유효한 법인가? 하는 문제를 다룬 본안소송('베이어사건')[28]이고, 두 번째는 이러한 본안소송에 개입하기를 청원한 제3자 개입청원 사건(이하 '베이어 2사건'이라 한다)[29]이다. 이 장에서는 베이어 2사건을 주로 다루기로 한다.

본안소송의 사실관계는 매우 단순하다.

1990년 12월 17일, 니니아 베이어를 포함한 3쌍의 동성결혼 부부들은 하와이 주 보건당국에 혼인관계증명서를 신청하였으나 그들이 모두 동성커플임을 이유로 발급을 거부당했다.

이에 1991년 5월, 이들 동성결혼 부부들은 하와이주의 개정법 HRS §572-1을 동성커플에게 혼인관계증명서를 발급하는 것을 금지하는 것으로 해석하는 것은 헌법에 위배된다고 주장하며 주정부를 상대로 소송을 제기하였다.

1991년 10월 1일, 1심 재판부는 주정부에 대하여 승소 판결을 내렸으나 이에 대하여 동성결혼 부부들이 제기한 항소심에서 1993년 5월 5일, 하와이주 대법원은 하급심 판결을 파기 환송하였다.

사건을 하급심 재판부로 돌려보내면서 하와이주 대법원은 사건의 판결 범위를 명확히 할 것과 본 사건의 입증책임은 주정부에 있음을 명시하였다. 또한 이 사건에는 동성결혼 부부에게 혼인관계증명서 발급을 금지하고 있는 HRS §572-1을 지

---

28   *Baehr v. Lewin*, 852 P.2d 44(Hawaii 1993)
29   *Baehr v. Mike*, 910 P.2d. 112(1996)

지하기 위한 주정부의 강력한 이해관계가 있어야 법안의 효력이 유지될 수 있다고 하는 '엄격 검토기준'을 적용하여 판결할 것을 명하였다.

이에 따라 사건을 새롭게 심리하게 된 하와이주 순회법원은 HRS §572-1이 하와이주의 헌법이 보장하는 평등보호조항을 위반하였다고 판단하고 동성커플이라는 이유로 혼인관계증명서의 발급을 거부할 수는 없다고 판결하였다.

사태가 여기까지 이르게 되자 하와이주 의회의 상원과 하원은 결혼을 오직 서로 다른 성별의 커플들에게로만 한정할 수 있게 하는 헌법 수정안을 1997년 4월 29일 통과시켰고 이러한 헌법 수정안은 69%의 찬성률로 주민투표를 통하여 1998년 11월 승인되었다.

결혼의 정의에 대한 헌법 개정안이 HRS §572-1을 하와이주 헌법의 평등보호조항의 적용범위에서 벗어날 수 있게 하자 주정부는 다시 하와이주 대법원에 동성결혼에 대한 혼인관계증명서 발급에 관한 문제를 제기하였고 이에 하와이주 대법원은 HRS §572-1이 주 헌법에 합치한다는 최종 판결을 내렸다.

이러한 판결의 근거는 '결혼은 서로 다른 성별을 가진 두 사람의 결합이다.'라고 한 수정헌법이 주민투표에 의해 승인되었다는 점에 사법부가 주목하면서 주의 정책 결정에 대해 사법부가 주민들의 역할과 의견을 빼앗을 수는 없다는 것을 인정한 것이었다.

그런데 베이어사건의 문제는 본안소송이 진행되고 있던 당시에, 이 사건에 제3자 개입 청원을 요청하는 베이어 2사건이 제기되었다는 것이다.

베이어 2사건에서 제3자로서 개입하기를 요청한 사람들은 말일성도 예수 그리스도 교회 소속의 3명의 성직자와 교회로서 그들은 1994년 말, 베이어사건에서 하와이주를 대리한 주 법무부장관이 본안소송에서 주정부의 강력한 이해관계 및 HRS §572-1의 정당성을 법정에서 충분히 주장하고자 하는 의지가 없음을 법무부장관실에서 제공한 보고서를 읽어보고는 처음으로 알게 되었다.

이를 확인한 이들은 1995년 3월, 제3자 개입을 위한 청원서를 제출하였고 1995년 4월 12일, 순회법원은 이러한 청원을 거부하였다. 이에 1995년 4월 12일에 이들은 즉각 항소하였다.

항소심에서 청원인은 순회법원이 하와이 민사소송 절차법 규정 HRCP Rule 24(a)(2)에서 보장한 제3자 개입의 '권리by right'를 거부하는 잘못을 저질렀으며 추가적으로 또 다른 민사소송 절차법 규정인 HRCP Rule 24(b)(2)에서 보장한 '허용적 개입by permission'을 거부함으로써 순회법원의 재량권을 남용하는 잘못을 저질렀다고 주장하였다.

이에 하와이주 대법원은 HRCP Rule 24(a)(2)에서 요구하는 4가지 요소를 고려하여 청원인의 사건 개입 권리를 판단하였다.

하와이주 민사소송 절차법상, 제3자들의 사건 개입 청원이 받아들여지는 조건은 다음과 같다. 1) 청원신청서는 제때 접수되었는가? 2) 청원인은 사건의 주제가 되는 재산이나 거래와 관련하여 자신이 이해관계가 있음을 주장했는가? 3) 사건의 성격상 청원인의 이해관계를 보호할 수 있는 청원인의 능력이 손상되었거나 방해받았는가? 4) 청원인의 이해관계는 기존의 피고들에 의해서는 충분히 대변되지 못했는가?

하와이주 대법원은 이상의 4가지 기준 중, 2번째 요소인 '청원인은 사건의 주제가 되는 재산이나 거래와 관련하여 자신이 이해관계가 있음을 주장했는가?'를 중점적으로 검토하였다.

왜냐하면 본안소송의 판결이 청원인들의 이해관계를 침해하거나 손해를 끼치지 않는다면 본안소송의 당사자가 아닌 청원인들에게는 사건에 끼어들 아무런 권리도 없기 때문이었다.

베이어 2사건에서 제3자 개입 청원소송의 청원인들은 성직자들이다. 이들이 베이어사건의 본안소송에서 주장하는 이해관계는 다음과 같았다.

결혼과 관련된 하와이주 법 HRS §572-11에 따르면 자신들은 결혼식을 거행하기 위해 주정부로부터 성직자의 자격증을 받으므로 결혼식을 거행하는 것을 거부하는 것은 또 다른 법 조문인 HRS 572-13.5에 의거하여 자격증이 취소되는 결과를 초래한다.

그러므로 만약 동성애자들이 하와이주에서 결혼을 할 수 있게 된다면 성직자로서 동성간의 결혼식에 주례를 하는 것을 거부한다는 사실로 인해 자신들은 주정부가 발행한 자격증을 잃게 된다.

이렇듯 베이어사건의 본안소송의 판결 결과는 자신들에게 자격증 상실이라는 직접적인 피해를 줄 우려가 있으므로 자신들은 HRCP Rule 24(a)(2)에 의거하여 제3자로서 베이어사건에 개입할 권리가 있다.

이러한 하와이주 성직자들의 주장에 대하여 하와이주 대법원은 다음과 같은 논리로 이들의 주장을 반박하고 하급심 재판부의 판결을 확정하였다.

하와이주 대법원은 먼저 결혼식을 거행할 수 있는 자격증에 대한 하와이주 법 HRS §572-12 중 연관된 부분을 인용하였다.

> 결혼식을 거행할 수 있게 해 주는 자격증은 성직자나 목사 또는 모든 종교분파의 관계자로서 그 종파의 관습에 따라 결혼식을 거행하도록 안수를 받거나 권위가 주어진 사람에게 주어지며 그 종파의 규정이나 관습에 따라 결혼식을 거행하기만 한다면 성직자가 없는 종파에서도 모두 결혼식을 거행할 수 있다. 또한 본 법안에서 기술된 것처럼 결혼을 원하는 사람이 주법원이나 연방법원에서 현직에 있거나 은퇴를 한 판사나 행정판사 앞에 결혼허가증을 제시하면 이들 판사들도 결혼식을 진행할 수 있다.

이 법의 조문을 해석함에 있어서 하와이주 대법원은 HRS §572-12가 각 종교의 분파 출신의 성직자, 목사, 또는 종교 관계자에게 그들의 종교나 종파의 관습과 규정에 따르지 않는 결혼식을 거행할 것을 요구하지는 않으며 마찬가지로 특정 종교나 종파의 관습이나 규정에 따른 결혼식이라 할지라도 반드시 그 종교나 종파의 성직자나 목사나 관계자가 결혼식을 거행해야 할 의무를 가지는 것도 아니라고 하였다.

또한 하와이주 대법원은 이 법이 특정 종교나 종파의 성직자, 목사, 또는 종교

관계자가 모든 결혼식을 거행해야만 하도록 헌법에 위배될 정도로 강제적으로 요구하는 것이 아니며 단지 성직자나 목사나 종교관계자에게 그들의 종교적 규정과 관습에 따라 결혼식을 거행할 수 있도록 승인해 준 것에 불과하다고 해석하였다.

따라서 HRS §572-12하에서, 청원인들이 동성간의 결혼식이나 그밖에 어떤 결혼식이든 그것을 꼭 거행하도록 강제되는 것도 아니고 그러한 결혼식을 거부한다고 해서 자격증을 잃을 위험에 처하는 것도 아니라고 판결하였다.

한편, 성직자들은 만약 하와이주가 향후 동성결혼을 허가하게 된다면 동성결혼식의 주례를 거부하는 것은 '성에 근거한 차별'이라는 이름으로 성직자들에 대한 소송에 이르게 될 것이라고 주장하였다.

이에 대해, 하와이주 대법원은 동성결혼식의 주례를 거절하는 것으로 인해 향후 성직자들에 대한 무차별적인 소송이 제기될 수 있다는 가능성에는 동의하였으나 이러한 소송 가능성만으로는 베이어사건에 제3자로서 개입을 요구하기에 충분한 이해관계가 존재한다고 할 수는 없다고 하였다.

장래에 소송을 당할 수도 있다는 가능성을 근거로 현재 사건에서 요구되는 이해관계를 보여주기 위해서는 잠재적인 소송이 실제로 있을 수 있다는 것을 구체적으로 보여주어야 하는데 성직자들이 동성결혼식의 주례를 거부하는 것이 실제로 성 차별과 관련된 소송에 이를 수 있다는 점에 대해서는 하와이주 대법원이 동의하지 않았다.

하와이주 대법원은 연방수정헌법 제1조의 종교의 자유조항이 정부가 개인에게

종교적인 신념을 이유로 부담을 지우는 것을 금지하고 있으며 또한 정부가 종교
단체의 교리와 원칙에 개입하는 것을 금지하고 있다고 해석하였다.

"종교적 행위의 측면에 대해 어떤 방식으로도 연방정부나 주정부가 입법을 통
해 제한하거나 부담을 지워서는 안된다."[30]

"종교의 자유조항의 문은 종교적 신념에 대한 정부의 규제에 강력하게 반대하
도록 닫혀있다."[31]

하와이주 대법원은 베이어 2사건에서 성직자들이자 청원인들이 동성간의 결혼
식을 진행하거나 또는 동성결혼을 승인하는 것을 거부하는데 모두 한 목소리를
내고 있다고 하면서 만약 하와이주가 동성결혼을 허용하였으나 청원인의 종교적
신념이 동성결혼식을 거행하는 것을 금지한다면, 국가가 그들에게 자신의 종교적
양심에 반하여 그러한 결혼식을 거행하도록 강제할 수 없고 그러한 요구는 정부
와 종교가 서로 과도하게 얽히게 만듦으로써 결과적으로 종교의 자유조항을 침해
하게 될 것이라고 판결하였다.[32]

이로써 하와이주 대법원은 제3자로서 본안소송에 개입하고자 했던 성직자들에
게 그들이 만족시켜야 할 4가지 요건 중, 2번째 요건을 충족시키지 못하였으므로
제3자로서 사건에 개입하는 것을 허가하지 않았다.

---

30   *Braunfeld v. Brown*, 366 U.S. 599(1961)
31   *Sherbert v. Verner*, 374 U.S. 398(1968)
32   Religious Freedom Restoration Act §116 of 1993, 107 Stat. 1488, 42 U.S.C. § 2000bb(1993)

하와이주 대법원은 청원인들의 주장을 배척하는 또 다른 근거로 하와이주 민사소송 절차법 규정 HRCP Rule 24(b)(2)를 지적하였다. 이 규정에는 제3자 개입의 요건으로 청원인의 주장이나 방어내용 그리고 사건의 주요부분에서 공통적인 법적 또는 실체적 의문이 있는 경우를 명시하고 있다.

이러한 민사소송 절차법에 따른 제3자 개입을 '허용적 개입'이라고 하는데 이때, 개입을 허용하거나 거부하는 것은 법원의 재량에 달려있고 청원인은 법원이 재량권을 남용하였다고 생각되는 경우에 한해서만 항소할 수 있다.[33]

따라서 '허용적 개입'을 거부한 것에 대한 검토를 하는 경우, 주 대법원은 HRCP Rule 24(b)(2)의 요소가 존재하느냐 하지 않느냐를 결정하는 것이 아니라 이러한 청원을 거부함에 있어서 1심 재판부가 자신의 재량권을 남용했느냐 하지 않았느냐의 여부를 판단해야 한다[34].

이 문제에 있어서 하와이주 대법원은 1심 재판부의 재량권의 범위가 매우 넓다는 점을 강조하였다. 실제로 '허용적 개입'을 거부한 사례에 대해서 항소심에서는 단 한 번도 그러한 하급심의 판결을 무효화한 적이 없었다.

베이어 2사건에서 청원인들은 법원이 '허용적 개입'을 허가하는 것이 적절하다고 주장하였다. 왜냐하면 (1) 본안소송에서 하와이주 대법원에 제출된 기록들이 매우 부실하였고, (2) 문제가 되는 모든 쟁점들의 적절한 해결을 위해 전체적이고

---

33 7A Wright & Miller & Kane, Federal Practice and Procedure §1913(1972)
34 Worlds v. Department of Health & Rehab. Services, 929 F.2d. 591, 595(11th Cir.1991)

완전한 기록을 확보해야 하며, (3) 법무부 장관을 통해 대리되는 보건부가 시간적, 재정적, 정치적 제약과 한계 속에 있다는 것은 부인할 수 없는 사실이기 때문이었다.

이러한 청원인들의 주장에도 불구하고 하와이주 대법원은 청원인의 제3자로서의 개입이 사건 당사자간의 문제를 정의롭게 해결하는데 도움이 될 것이라는 것을 충분히 보여주지 못하였고 앞서 설명했듯이 청원인들은 본 사건의 재산과 거래와 관련하여 자신들이 충분한 이해관계를 가지고 있다는 것을 보여주는데도 실패했다고 판단하였다.

즉, 청원인들은 그들이 주장하는 이해관계와 본안소송 간에 공통된 법적, 실체적 문제가 존재한다는 것을 증명하는데 실패하였을 뿐 아니라 순회법원이 '허용적 개입'을 거부했을 때 재량권을 남용했다는 사실을 증명하지도 못했다고 판결하였다.

베이어 2사건은 하와이주의 성직자들이 베이어사건에서 주 법무부장관이 충분히 자신들의 입장과 우려를 대변하지 못하였고 또 그럴만한 의지도 없는 상황에서 향후 발생할 수 있는 동성결혼과 종교적 양심을 지키는 문제에 선제적으로 간섭하고 대응하고자 하였으나 이런 시도가 법원의 제동으로 실패한 사건이다.

연방수정헌법 제1조는 자신의 종교적 양심에 어긋나는 말이나 표현을 하도록 강요당하는 것을 인간의 근본적인 권리의 침해로 보고 있다. 또한 정부가 종교인들에게 그들의 신념에 반하는 행위를 강제할 수 없도록 하고 있다.

만약 동성결혼식의 주례를 거부하는 성직자에게 자신의 종교적 양심에 반하여 동성결혼을 축복하는 결혼식의 주례사를 하도록 법으로 강제하는 상황이 온다면 앞으로 종교의 자유, 표현의 자유 등을 보장한 연방수정헌법 제1조와 동성간에 결혼할 수 있는 자유, 선택의 자유에 대한 평등한 보호를 보장하고 있는 연방수정헌법 제14조와의 치열한 공방은 피할 수 없게 될 것이다.

그리고 이 장을 시작할 때 언급한 아리조나주의 사건에서 보듯이 이미 이러한 전쟁의 서막은 미국 전역에 오르고 있다.

생활동반자법의 도입은 동성결혼 인정을 위한 관문인가?

Baker v. State(Vermont)(1999)

"When a democracy is in moral flux, courts may not have the best or the final answers. Judicial answers may be wrong. They may be counterproductive even if they are right. Courts do best by proceeding in a way that is catalytic rather than preclusive and that is closely attuned to the fact that courts are participants in the system of democratic deliberation."

_Justice Amestoy (VM)

Baker v. State(Vermont), 744 A.2d. 864 (1999)

2014년부터 새정치민주연합(현 더불어민주당)의 진선미 의원이 우리나라 최초로 '생활동반자법Domestic Partnership Act'을 제정하기 위해 지속적인 노력을 하고 있다. 몇 번의 좌절에도 불구하고 시대의 흐름에 따라 점점 더 생활동반자법의 필요성에 대한 공감대는 넓어질 것이라는 것이 중론이다.

법안의 주요 내용은 혈연 및 혼인 관계로 얽혀 있지 않은 동거가족 구성원들도 기존의 가족관계와 마찬가지로 법률적 보호를 받을 수 있도록 하는 것이다. 법적 보호를 받는 '생활동반자관계'는 당사자의 주소지 등을 관할하는 가정법원에 당사자 쌍방이 연서한 서면으로 신고하면 효력이 발생하며 가족으로서의 권리와 함께 부양의 의무, 가사로 인한 채무의 연대 책임 등도 생긴다.

2014년 8월, 진선미 의원이 한겨레신문과 한 인터뷰 내용을[35] 살펴보면 대한민국이 앞으로 가지게 될 '생활동반자법'의 입법목적에 대해 보다 구체적으로 알 수 있다.

'생활동반자법'을 제정하려는 첫 번째 이유는 급속하게 가족구성 방식이 달라지

---

35 허재현, 〈법률로 동거가족 보호하는 '생활동반자법' 기대하시라〉 한겨레신문, 2014.09.14, http://www.hani.co.kr/arti/politics/politics_general/654953.html

고 있는 현대사회에서 결혼하지 않는 사람들을 '열등시민'으로 방치해 둠으로써 사회적 통합을 해치고 사회적 재생산을 어렵게 하지 않도록 국가가 나서서 이러한 변화를 뒷받침할 수 있는 제도를 만들어야 하며 국민은 누구나 '삶을 함께 할 특별한 한 사람'을 가질 권리가 있는데 이 '특별한 한 사람'을 법률적으로 꼭 '결혼한 배우자'에 한정해서는 안된다는 것이다.

두 번째 이유는 아동의 인권을 보호하기 위해서라고 한다. 부모의 결합 형태(결혼 또는 동거)와 무관하게 모든 아동은 동등하게 보호받을 권리가 있으므로 동성 부부이든, 여성 부모 가정이든, 혼외 자식이든 구분하지 않고 새로 태어난 아이들은 모두 법적으로 동등한 조건에서 자라야 한다는 것이다.

이러한 취지를 살펴보면 시대가 바뀌어 결혼을 부담스러워하는 사람들이 많이 늘어나고 있음에 따라 그들에게 배우자가 아닌 대체적이고 보완적인 사회적 지위로서 생활동반자의 지위를 부여하고 결혼한 사람들과 법적으로 동일한 혜택을 주자는 것이 '생활동반자법'의 핵심이다.

그리고 이것은 곧 세상을 살아가면서 누구나 특별한 한 사람, 자신이 선택한 그 사람과 부담없이 살아갈 수 있도록 해 줌으로써 헌법이 보장하는 '행복추구권'을 확대해주며, 결혼관계 밖에서 태어나는 아이들이 사생아로 또는 혼외자로 질시받지 않고 떳떳하고 안정적인 환경에서 살아갈 수 있도록 해 주자는 것이다.

언뜻 들어보면 지극히 합리적이고 좋은 법 같아 보이지만 결혼이 아닌 다른 가족관계를 모두 인정하면서 사회와 국가가 치루어야 할 혼란과 손실에 대해서는 신중한 고려가 결여되어 있는 것 같다.

특히, 생활동반자와 민법상 결혼한 배우자와의 실질적인 차이가 무엇인지 명확하지 않다. 생활동반자는 결혼 배우자에 비해 쉽게 헤어질 수도 만날 수도 있고, 결혼처럼 가족이나 가문에 얽히지 않는다는 점 이외엔 배우자와 별반 차이점이 없다. 이는 결혼제도에서 차지하는 가족과 공동체에 대한 책임은 상당부분 회피하면서 결혼제도가 주는 법적인 혜택은 모두 누릴 수 있는 매우 편리하고 이기적인 제도인데 이를 국가가 정책적으로 지원해야 하나 싶기도 하고 사실상 결혼제도와 이름만 다를 뿐 아무런 차이도 없는 별도의 제도를 굳이 만들어야 하나 싶기도 하다.

특히 부모와 자녀와의 관계에 있어서 부모가 상대적으로 쉽게 만나고 헤어질 수 있는 상황이 된다는 것이 아이들에게 안정적인 성장환경을 제공해주고 아이들의 인권을 보호하기 위한 최선의 방책인지 의문이다.

'생활동반자법'으로 가장 혜택을 누리게 될 집단은 동성결혼을 하고자 하는 사람들이다. 이들은 전통적인 민법상 결혼을 할 수 없기 때문에 '생활동반자법'을 통해 자신들의 관계에 대한 법적인 인정을 꾀할 것이다. 그런데 외국에서처럼 동성결혼 또는 동성동거 커플들에게 아이들을 키울 수 있도록 법적으로 허용하는 것이 과연 아이들의 성장에 어떤 영향을 미칠지, 그래서 '생활동반자법'이 진정한 의미에서 아이들의 인권을 보호할 수 있는 제도적 장치인지 여전히 의문을 가지게 된다.

이미 동거라는 사회 현상이 대세이니 이에 대처하기 위한 법이 마련되어야 한다는 주장과 그럼에도 불구하고 국가는 사회가 건전하고 안정적인 방향으로 갈 수 있도록 정책으로 지원해야 할 의무와 이해관계가 있으니 동거보다는 결혼을 할 수 있도록 정책의 방향을 잡아야 한다는 당위성 간에 발생하는 충돌은 또 어떻게 해결해야 할 것인지 많은 논란의 여지가 있다.

이 장에서 다룰 베이커사건은 1990년대 말 동성결혼에 대한 사회적인 공감대가 무르익었을 무렵 동성결혼을 제도적으로 인정하고 뒷받침하기 위한 전 단계로서 버몬트주가 '생활동반자법'을 제정하도록 계기를 마련한 중요한 사건이다.

이 사건의 당사자들은 3쌍의 동성결혼 부부로서 4년에서 25년 정도의 결혼생활을 유지하고 있었으며 이들 중 2쌍은 자녀를 양육하고 있었다.

오랜 시간동안 파트너로서 함께 해 온 이들 동성결혼 부부들은 각각의 거주지에서 혼인관계증명서 발급을 신청하였으나 거부당하였다. 이들은 동성결혼 부부들에게 혼인관계증명서 발급을 거부하는 것은 버몬트주의 결혼법과 주 헌법의 '공통의 혜택 조항Common Benefits Clause'에 위배된다고 주장하면서 소송을 제기하였다.

1심 재판부는 "버몬트주의 결혼법이 동성커플에게 혼인관계증명서를 발급해 주는 것을 허용한다고 해석될 수 없다."고 판결하면서 버몬트주는 결혼을 통하여 출산과 양육 사이의 관계를 증진시켜야 할 이해관계를 가지고 있다고 하였고 이에 원고들이 즉각 항소함으로써 최종적으로 주 대법원에서 하급심의 판결을 뒤집고 동성결혼 부부들에게 승리를 안겨 주었다.

문제가 되었던 버몬트주 헌법 제7조 '공통의 혜택' 조항[36] 중 주요부분은 다음과

---

36   Chapter I of the Vermont Constitution of 1777, entitled

같다.

> 정부는 사람, 국가, 공동체의 공통의 혜택과, 보호, 그리고 안전을 위해 성립되었
> 고 성립되어져야 하며 그러한 공동체의 일부분에 불과한 어떤 한 사람이나 가족,
> 또는 어떤 단체의 사람들에게만 특별한 보상이나 혜택을 주기 위한 것은 아니다.

버몬트주의 결혼법상 결혼의 정의는 '한 남자와 한 여자의 결합'이었고 이에 대해서는 동성결혼 부부들도 이의를 제기하지 않았다. 그러나 이들 동성결혼 부부들은 결혼의 목적 이면에는 서로 헌신하기로 한 커플들의 결합을 보호하고 격려하기 위한 배경이 있으며 명시적으로 법이 금지하지 않는 한 결혼의 카테고리 내에 서로 헌신된 동성커플도 포함하는 것으로 넓게 법을 해석해야 한다고 주장하였다.

또한 동성결혼 부부들은 버몬트주 대법원의 판례 In re B.L.V.B사건[37]을 인용하여 입양법의 예외조항과 같이 결혼법에도 예외조항을 두어 자신들의 결혼을 인정해 줄 것을 주장하였다.

이들 동성결혼 부부들이 인용한 In re B.L.V.B사건에서 버몬트주 대법원은 여

"A Declaration of Rights of the Inhabitants of the State of Vermont," the Common Benefits Clause as originally written provided: *That government is, or ought to be, instituted for the common benefit, protection, and security of the people, nation or community; and not for the particular emolument or advantage of any single man, family or set of men, who are a part only of that community; and that the community hath an indubitable, unalienable and indefeasible right, to reform, alter or abolish government, in such manner as shall be, by that community, judged most conducive to the public weal.*

37 *In re B.L.V.B*, 160 Vt. 368, 628 A.2d 1271(1993)

성이 생모로서 친권을 유지한 채로 동성파트너의 아이를 입양할 수 있다고 판결한 바 있는데 이러한 판결의 배경에는 버몬트주의 입양법에 아이가 입양됨과 동시에 생부나 생모의 법적인 친권을 박탈하도록 하는 조항이 있어서 이 조항이 동성결혼 부부의 자녀들에게 불리하게 작용했기 때문이었다.

따라서 버몬트주에서는 입양이 생부나 생모의 배우자에 의해 이루어지는 아주 협소한 예외 조항에 해당하는 경우에는 이 예외조항에 따라 생부나 생모가 친권을 유지할 수 있게 하고 있다. 이 때 법원은 배우자의 카테고리 속에 생모의 동성 파트너까지도 포함하는 것으로 인정함으로써 아이들을 보호하려는 입양법의 취지를 손상시키지 않도록 배려하고 있다.

예를 들면 두 여자 A와 B가 동성결혼을 하기로 했다고 하고 A에게는 딸 C가 있다고 가정하는 경우, AB 부부가 C라는 딸을 입양하기로 결정하면 일반적으로는 입양법에 따라 A는 친권을 상실하고 대신 양부모로서의 법적인 권리를 가지지만 이 경우는 예외조항에 해당되기 때문에 A는 생모로서의 친권을 유지하면서 양부모로서의 법적권리도 누릴 수 있게 되는 것이다. 이렇게 동성결혼 관계에 있는 사람들의 입양인 경우, 아이들을 보호할 목적으로 예외적인 경우를 두고 있다.

그러나 버몬트주 대법원은 결혼법과 입양법을 동일 선상에 놓고 자신들을 예외적으로 인정해 달라고 하는 동성결혼 부부들에게 대하여 결혼법은 입양법과는 달리 법 자체에 결혼법의 입법 취지를 훼손하지 않도록 하기 위한 예외조항을 두고 있지 않다고 판시하면서 버몬트주의 결혼법상 결혼이란 남과 여의 결합으로 구성된다는 법적 구성 요건에 대하여 다시 한 번 명확하게 법원의 입장을 밝혔다.

그러나 동성결혼 부부들이 자신들에게 혼인관계증명서의 발급을 금지한 것은 버몬트주 헌법 제7조 '공통의 혜택' 조항에서 보장한 법 앞에서의 공통의 이익과 보호에 대한 권리를 위반한 것이라고 주장한 것에 대하여는 주 대법원도 이들의 주장을 받아들였다.

버몬트주의 '공통의 혜택'에 깃들여 있는 법철학에는 공적으로 제공되는 혜택이나 보호에서 누군가를 법적으로 소외시킬 때는 반드시 합리적이고 정당한 주정부의 이해관계와 목적이 있어야 하는데 이는 버몬트주 대법원이 채택한 법적 검토 기준으로서 본질적으로 명시된 목적상에 나와 있는 주정부의 이해관계와 공통의 이익과 보호 그리고 안정에서 소외된 집단 간의 이익의 균형을 맞추어 보아 무게 중심이 기우는 쪽으로 우호적인 판결을 내리는 것이다.

버몬트주 대법원은 연방수정헌법 제14조와 버몬트주 헌법 제7조가 내용상 유사하기는 하지만 동일한 검토기준을 적용하지 않고 자체적으로 정한 기준을 적용했다.

이에 따르면 우선 그렇게 소외되는 계층을 특정하여 기술한 다음, 그러한 계층을 구별해 놓은 주정부의 목적이 무엇인지 파악하고 그렇게 계층을 구별한 것이 주정부가 주장하는 목적을 달성하기 위해 합리적으로 필요한 것이었나를 살펴보아서 마지막으로 법이 제공하는 이익과 보호 그리고 안정으로부터 공동체의 일부를 소외시키는 것이 주정부의 목적과 합법적이고 올바른 관련성이 있는지를 판단하는 것이다.

이상의 테스트를 적용하면서 버몬트주 대법원은 우선 소외되는 계층을 '동성과 결혼을 원하는 모든 사람'이라고 정의하였다. 그 다음 '출산과 양육 사이의 관계성을 증진함'이라는 주정부의 목적을 파악하였고 이러한 목적이 동성결혼 부부들을 결혼제도로부터 파생되는 혜택으로부터 소외시킴으로써 합리적으로 증가되었는지를 살펴보고 이 둘 간에 상호 합법적이고 올바른 관련성이 있는지를 보았다.

이러한 검토과정을 거친 후, 버몬트주 대법원은 주정부가 동성커플들을 결혼이 주는 혜택으로부터 소외시킨 진정한 목적이 '출산과 양육의 관계성 증진'때문이었다고 한다면 그러한 주정부의 목적은 결혼을 장려하기 위한 것으로 정당화하기엔 지나치게 그 범위가 협소하다고 하였다.

왜냐하면 많은 이성커플들 중에도 아이를 갖는 것 이외에 다른 목적으로 결혼을 하는 경우가 많고 실제로 많은 이성커플들이 아이를 갖지 못하기 때문이다. 또한 많은 동성커플들이 아이들을 양육할 뿐만 아니라 주정부 역시 명시적으로 동성커플들의 입양을 허가하였다는 사실을 보면 결혼을 통해 출산이나 양육을 장려하고자 하는 주정부의 목적은 주정부가 동성커플들을 여러 가지 법적인 공통의 혜택으로부터 소외시키는 것을 정당화시키기에는 부족함이 있으며 이는 이성결혼을 한 부부와 동성결혼을 한 부부처럼 유사한 상황, 즉 동일하게 결혼한 사람들을 달리 대우하는 차별에 해당한다고 판결하였다.

주정부가 결혼제도로부터 동성커플들을 법적으로 제외시킨 이유가 그들이 아이를 갖지 못하기 때문이라면 이는 엄마와 아빠의 지위를 출산과 양육에 관한 것으로만 축소시키는 것이라며 버몬트주 대법원은 이러한 개념을 배척하였고 궁극적으로 동성커플을 결혼의 혜택으로부터 소외시키는 것이 어떠한 측면의 공적 이익에도 실효성 있는 도움을 주지 못했다고 판단하였다.

따라서 동성결혼 부부들을 결혼에서 파생되는 공통의 이익으로부터 법적으로 소외시키는 것은 버몬트주 헌법의 '공통의 혜택 조항'의 원칙을 위반한 것이라고 판결하였다.

그러나 버몬트주 대법원은 승소한 동성결혼 부부들에게 혼인관계증명서의 발급이라는 구제책을 직접 제시하는 대신 입법부가 법 개정을 통해 무엇인가를 하도록 판결의 집행을 연기해 주었다.

베이커사건에서 내린 사법부의 판결을 준수하기 위하여 버몬트주 하원과 상원 양원은 의원 개인의 신념 표명, 다양한 청문회 개최, 타운미팅에서 실시된 주민투표 및 사회 구성원간의 동의 등 버몬트주 사회 내의 공공의 관점을 고려하면서 '생활동반자법' 제도를 통과시키기로 결정하였다. 이후 오랜 논쟁 끝에 버몬트주는 '시민결합법Civil Union Bill'도 통과시켰고 나중에는 상원 법사위원회에서 결혼을 남과 여의 결합으로 정의한 헌법을 개정하는 것까지 고려하게 되었다.

베이커사건에 대한 버몬트주 대법원의 판결은 결국 동성결혼 부부가 이성결혼 부부들이 누리는 것과 동일한 결혼제도의 법적 혜택들을 누릴 자격이 있는가에 대한 질문에 사법부가 '그렇다'라고 대답함으로써 생활동반자의 법적 지위와 그들이 배우자로서 누리게 될 다양한 권리의 종류와 범위에 대한 새로운 논쟁에 불을 지폈다.

도덕은 더 이상
입법의 근거가
될 수 없는가?

Lawrence v. Texas(2003)

"**C**ountless judicial decisions and legislative enactments have relied on the ancient proposition that a governing majority's belief that certain sexual behavior is 'immoral and unacceptable' constitutes a rational basis for regulation."

_Justice Scalia

오래 전 EBS 다큐멘터리 '아이의 사생활 2'가 방영되었다. 이 프로그램에서는 인간의 행동을 규율하는 메커니즘으로서 도덕성을 조명하면서 인간이 얼마나 쉽게 도덕성을 포기할 수 있는지, 또한 그럼에도 불구하고 도덕성을 지키기 위해 노력하는 것이 얼마나 중요한지, 그리고 나아가 우리 아이들이 살아가야 할 세상에서는 이제 지능지수나 감성지수가 아닌 도덕지수가 얼마나 중요하게 될 것인지를 보여줌으로써 엄청난 반향을 불러일으켰다.

한동안 '정의란 무엇인가?'라는 책으로 센세이션을 일으켰던 하버드대학 정치철학과의 마이클 샌델 교수도 '왜 도덕인가'[38]라는 책을 통해 정의의 한계를 이야기하면서 개인을 넘어서 공동체가 함께 살아가는 사회를 위해 근본적인 가치인 도덕성이 얼마나 중요한가를 역설하였다.

그럼 도덕이란 무엇인가?

'유명한 독일의 철학자이자 윤리학자인 칸트는 이 세상에는 두 개의 세계, 즉 존재의 세계와 당위의 세계가 있다고 하였다.

---

38   Michael J. Sandel, 안진환·이수경 역, 〈왜 도덕인가?〉, 한국경제신문, 2010

존재의 세계는 자연법칙이 지배하는 세계로서 우리의 순수이성이 인식의 대상으로 삼는 과학의 세계이다. 반면에 당위의 세계는 '있어야 할 세계', 즉 도덕의 세계, 가치의 세계이다. 인간은 주어진 환경에 적응해 갈 뿐인 비이성적인 존재자와 달리 자신의 목적을 실현하기 위해서 의지적으로 행위하면서 살아가며 어떤 행위를 하기에 앞서, 그 행위가 옳은가를 생각하고 선택하는데, 이것은 인간이 도덕법칙의 존재를 부정할 수 없는 사실로 받아들이고 있다는 뜻이다'[39]

인간 내면에 존재하는 도덕법칙에 대한 칸트의 생각은 서양의 법철학인 '자연법사상'에서부터 발견된다.

자연법 사상은 고대 그리스와 로마시대로 거슬러 올라가는데 이 시대 사람들은 이 세상에는 시대와 장소를 초월하는 자연질서나 우주적 이성, 즉 로고스가 있다고 믿었다. 이것이 바로 그들이 생각하던 자연법이었으며 로마의 만민법은 이러한 자연법 사상을 계승한 것이었다.

이후, 중세 서구사회에서는 유대-기독교에서 말하는 하나님의 섭리와 질서를 자연법Natural Law이라고 하였는데 중세로부터 근대 서구사회의 근간을 이루게 된 자연법 사상에 따르면 이 세상에는 인간의 이성과 경험을 초월하는 도덕법칙이 존재하며 이러한 도덕법칙에 따른 '옳고 그름'에 대한 절대적인 기준이 존재한다는 것이다. 따라서 이러한 '옳고 그름에 대한 절대적인 기준'인 자연법은 모든 실정법의 기초가 되어야 하며 성경에서 말하는 십계명은 이러한 자연법이 현실에서 실정법으로 구체화된 가장 극명한 예라고 이해하였다.

---

39   송하석, 〈도덕 형이상학의 기초놓기/칸트〉, classic.ajou.ac.kr/SEA/201302/8EE44C876292F17.pdf

그리고 미국의 연방헌법 및 각 주 헌법의 근본 토대가 되는 것이 바로 자연법 사상이다.

미국이 추구하는 자본주의 정신, 천부인권, 삼권분립 등의 철학적 배경에는 자연법 사상에 입각한 성경적 원리가 있고 미국의 대통령은 취임식 때 성경에 손을 얹고 취임선서를 함으로써 국민들 앞에서 이 자연법의 준수를 엄숙히 선언한다.

이런 법철학적 배경을 가진 미국사회가 오늘날에는 절대적인 도덕과 윤리기준의 존재를 부인하고 상대주의적 윤리관을 믿으며, 공동체의 선보다는 개인의 자유를 강조하게 됨으로써 사회적으로 많은 변화를 겪고 있다.

이 장에서 다룰 로렌스사건은 10년 전, 미국 연방대법원에서 조지아주의 '소도미금지법'에 대하여 내린 합헌 판결을 뒤집고 텍사스주의 '소도미금지법'을 위헌으로 무효화시킴으로써 미국 전역에서 동성애를 더 이상 형법으로 처벌할 수 없도록 하고 동성애를 범죄의 범주에서 분리시킨 역사적인 사건이다.

로렌스사건의 사실관계와 연방대법원의 논리는 지금까지 동성애 옹호 또는 동성결혼 합법화 운동가들이 지속적으로 주장하는 일관된 논리들이지만 궁극적으로 이 사건의 판결은 인간의 도덕률, 즉 자연법이 더 이상 미국에서 입법의 근거로 인정될 수 없다는 미국 법조계의 새로운 시각을 반영한 것이다.

이 엄청난 사건의 발단은 3명의 남자 동성애자들의 삼각관계에서 비롯되었다.

1998년 9월 경, 텍사스주 해리스 카운티 경찰은 누군가가 무기를 거래하려고 한다는 정보를 듣고 55세의 백인 남성 존 게데스 로렌스가 살고 있는 집에 침투하였다. 이때 경찰은 현장에서 로렌스와 31세의 다른 흑인 성인남성 타이론 가너가 동성애 성행위를 하고 있는 것을 보고 그 둘을 체포하여 법정에 기소하였다.

이들의 동성애 성행위를 신고한 사람은 다름아닌 타이론 가너의 오랜 연인이자 남자 동성애자였던 로버트 유방크스였다. 그는 로렌스와 가너가 서로 욕정에 불타 눈길을 주고 받는 것을 보자 질투로 화가 치밀어서 '왠 흑인이 로렌스의 집에서 무기를 들고 뭔가를 하고 있다'고 하는 거짓 신고를 경찰에 한 것이었다.

고소장에는 이들이 '비정상적인 삽입' 소위, 남성간 항문성교를 하고 있었다고 기술되어 있었고 이러한 동성애 성행위는 텍사스주 형법 §21.06(a)[40]에 의하여 처벌하도록 되어 있었다.

텍사스주 형법 §21.06(a)의 내용은 다음과 같다.

> 동성간 비정상적인 성행위(삽입)를 하는 자는 범죄를 저지른 것이다. 그리고 '비정상적인 삽입'이란 (a) 다른 사람의 생식기, 입, 또는 항문의 어느 부분 사이에 접촉을 하거나, 또는 (b) 다른 사람의 생식기나 항문에 무언가를 집어넣는 것이다.

그러나 고소장 내용에도 불구하고 로렌스와 가너는 하룻밤 만에 풀려난 후, 100달러의 벌금형에 처해졌고 유방크스는 경찰에 허위신고를 한 죄로 30일간의 구류형을 선고 받았으나 그 역시 얼마 지나지 않아 풀려났다.

---

40   Tex. Penal Code Ann. §21.06(a)(2003)

사건은 이렇게 조용히 마무리되는 듯 하였으나 동성애 확산운동을 주도하던 '람다 리걸Lambda Legal'이라는 단체에서 로렌스를 설득하여 이 사건을 연방수정헌법 차원의 소송으로 확대시켜 나가기로 하였다.

로렌스가 이미 납부한 벌금 금액으로는 항소를 위한 최소 요건을 갖추지 못하였기 때문에 로렌스측 변호사는 판사 및 검사와 합의하여 벌금을 200달러로 올리고 법원에 내는 소송비용도 141.25달러로 올려서 항소할 수 있는 권리를 확보한 후 동성애를 금지하는 텍사스주 형법이 연방수정헌법 제14조의 평등보호조항 및 텍사스주 헌법 제1조 §3a를 위반하였다고 주장하면서 항소하였다.

이러한 동성애 확산운동세력의 시도에 대하여 텍사스주 항소법원은 1986년 연방대법원에서 판결한 보어즈사건[41]을 기준으로 검토한 후, 이들의 주장을 배척하고 기소를 확정하였다. 이에 연방대법원은 '사건이송명령'을 내려서 로렌스사건에 대한 연방대법원의 입장을 밝혔다.

로렌스사건에서는 첫째, 동성커플간의 특정 형태의 은밀한 성행위는 범죄로 규정한 반면 동일한 성행위가 이성커플 사이에 행해졌을 때는 범죄로 규정하지 않은 텍사스주 형법이 연방수정헌법 제14조가 보장한 평등보호조항을 위반하였는지, 둘째, 사적인 공간인 '집 안에서' 성인간에 서로 합의한 성행위를 범죄로 기소한 것이 연방수정헌법 제14조의 공정절차조항에서 보호하고 있는 개인의 자유와 사생활권을 침해하였는지, 그리고 결론적으로 동성애를 불법적인 범죄라고 판단했던 연방대법원의 보어즈사건 판결은 이제 파기되고 동성애가 미국 전역에서 합

---

41   제3장 보어즈사건 참조

법화되어야 하는지 등이 핵심 쟁점이었다.

이 질문에 대답하기 위하여 연방대법원은 연방수정헌법 제14조의 공정절차조항에 대한 논의로 판결문을 시작하였다.

연방헌법상 공정절차조항에 대한 해석에는 '절차적 공정절차procedural due process'와 '실체적 공정절차substantive due process'라는 개념이 늘 함께 등장한다.

원래 공정절차조항이 연방수정헌법에 도입되었을 때는 국가가 개인으로부터 생명이나 자유, 또는 재산을 취할 때에는 공정한 법적 절차에 따라 이루어져야 한다는 절차적 공정절차를 말하는 것으로 이해되었다.

그러나 이 조항이 여러 사건에서 인용되면서 절차적으로, 또는 형식논리상으로도 공정해야 할 뿐 아니라 그러한 자유와 생명과 재산을 취하는 것이 실체적으로 내용적으로도 정의로와야 한다는 '실체적 공정절차'라는 개념이 법원에 의하여 제시되었다.

이에 대하여 법조계 내에서도 많은 저항이 있었지만 그럼에도 불구하고 '실체적 공정절차'라는 개념은 광범위하게 적용되고 있으며 이러한 '실체적 공정절차'의 개념은 로렌스사건에서 연방대법원이 텍사스주 형법을 무효화시키는 근거를 제공하고 있다.

우선 연방대법원은 개인의 자유나 사생활권을 침해한 사례에 대해 실체적 공정절차 개념을 적용했던 판례들을 소개하였다.

그리스울드사건[42]에서 연방대법원은 피임약이나 피임기구를 사용하거나 피임약 사용에 대해 상담해주거나 이를 돕거나 사주하는 것을 금지하는 주법을 무효화한 바 있다.

이때 연방대법원은 법원이 보호하고자 하는 이익을 헌법상 보장된 사생활권이라고 묘사하면서 특히 결혼관계 및 그러한 결혼관계를 유지하는 사적인 침실이라는 공간에서 이루어지는 일에 대하여 국가가 간섭할 수 없다는 것을 강조하였다. 그리스울드사건에서 사생활권이란 결혼을 했든, 혼자 살든, 한 개인이 자신의 삶에 근본적인 영향을 주는 문제, 즉 아이를 가질 것인가 말 것인가를 결정할 때 정부의 부당한 간섭으로부터 벗어날 수 있는 권리라고 하였다.

그리스울드사건 이후, 연방대법원은 성행위와 관련한 결정을 내릴 수 있는 권리를 결혼이라는 범위를 넘어서까지 확대하였는데 에이젠스타트사건[43]에서는 결혼하지 않은 사람들 사이에 피임약을 유통시키는 것을 금지한 법을 무효화시킨 바 있다. 따라서 이제 사생활권, 특히 성과 관련된 사생활권의 범위는 결혼의 범위를 넘어서 모든 성관계에도 적용될 수 있게 되었다.

이후 그리스울드사건과 에이젠스타트사건은 그 유명한 로우사건[44] 판결의 배경이 되었다. 잘 알려진대로 이 사건은 낙태를 금지하는 택사스주 법을 무효화시킨 사건이다.

---

42   *Griswold v. Connecticut*, 381 U.S. 479(1965)
43   *Eisenstadt v. Baird*, 405 U.S. 438(1972)
44   *Roe v. Wade*, 410 U.S. 113(1973)

이 사건에서 연방대법원은 여성의 권리를 절대적인 것으로 인정하지는 않았지만 낙태를 선택할 수 있는 권리는 공정절차조항 하에서 헌법이 여성에게 보장한 자유권으로서 실질적이고 실체적인 보호를 누린다고 판결하였다. 로우사건은 자신의 운명에 영향을 미치는 근본적인 결정을 할 수 있는 여성의 권리를 인정하였고 다시 한 번 공정절차조항이 보호하는 자유는 한 사람의 권리를 정의하는데 있어서 근본적인 중요성을 가지는 실체적인 차원이 있다는 것을 확인시켜 주었다.

이상의 사건들은 그리스울드사건에서 내린 법원의 논리, 즉 사생활권이 결혼한 성인들의 권리를 보호하는 데에만 한정되지 않는다는 것을 확인해 주었다.

한편, 로렌스사건과 직접적인 관련이 있는 사건으로는 보어즈사건이 있다.

로렌스사건과 마찬가지로 보어즈사건 역시 소도미에 가담하는 것을 형법상 범죄로 규정하는 주 형법과 관련이 있다.

로렌스사건과의 차이점이라면 보어즈사건의 조지아주 형법은 행위 그 자체를 처벌하는 것으로서 금지된 성행위가 동성간에 이루어졌든지 이성간에 이루어졌든지 상관없이 행위자를 처벌하는 반면, 텍사스주 형법은 이러한 행위가 동성간에 이루어졌을 때에만 그 행위자를 처벌한다는 사실이었다.

연방대법원은 보어즈사건이나 로렌스사건이나 문제가 된 형법은 특정 성행위를 금지하고자 하는 목적이 있는데 이 법은 가장 사적인 인간 행위인 성행위와 가장 은밀한 공간인 집에 대하여 매우 광범위한 영향력을 미치고 있다고 판단하면서 이러한 법이 통제하려고 하는 인간관계는 범죄자로 처벌되지 않고 자발적으로 선택할 수 있는 개인의 자유의 영역에 해당하는 것으로서 미국의 연방헌법은 동성애자들로 하여금 이러한 선택을 할 수 있는 자유를 보장하고 있다고 판결하였다.

또한 연방대법원은 그동안 미국의 역사와 전통에서 동성애는 오랫동안 사회적으로 용인될 수 없는 범죄행위였다는 주장에 대해 근거가 없다고 하면서 동성애를 금지했던 법들의 역사적인 연원을 다시금 되짚어 보았다.

연방대법원에 따르면 '소도미금지법'은 식민지 시대의 시작 무렵인 1533년 개혁의회Reformation Parliament에 의해 처음으로 통과된 영국 형법으로부터 파생되었다고 한다. 당시 영국법은 소도미의 금지 대상이 '남과 여' 및 '남과 남' 사이를 모두 포함하는 것으로 이해되었다.[45]

연방대법원은 19세기 미국의 주석가들도 미국의 '소도미금지법', '항문성교 금지법', '자연에 반하는 법' 등을 남과 여 및 남과 남 사이의 어떤 행위를 범죄로 규정하는 것으로 해석하였다는 사실과 그때까지도 동성간의 성행위만을 특별히 강조하여 금지하는 법은 없었다는 사실 등이 동성애자를 하나의 구별된 집단으로 보는 개념이 19세기 후반까지 없었다는 것을 반증하는 것이라고 하였다.

따라서 초기 미국의 '소도미금지법'은 동성애자들을 겨냥한 것이 아니라 일반적으로 출산과 관련없는 성행위를 금지하는 것을 목적으로 하였다고 볼 수 있다고 하면서 '소도미금지법'이 상호 합의한 성인간에 사적으로 저지른 행동에 대해 집행된 예는 별로 없다는 점 또한 지적하였다.

---

45   *King v. Wiseman*, 92 Eng. Rep. 774, 775(K.B. 1718)

실제로 '소도미금지법'으로 기소가 되거나 유죄가 확정된 사건의 상당수는 동의할 수 없는 상황에서 벌어진 것을 처벌한 것이었다. 예를 들면, 성폭행 사건이 났는데 그것을 형법상 규정된 강간으로 처벌할 수 없을 때 '소도미금지법'으로 기소하여 처벌했다는 것이다.

19세기 논문에 나타난 '소도미금지법'으로 기소된 사건의 모델을 보면 주로 성인 남자가 미성년 여자아이나 소년들을 대상으로 한 성행위, 또는 성인 사이에 강압에 의한 성행위, 지위상의 차이가 있는 관계에 의한 성행위, 또는 사람과 동물 사이의 성행위 등과 관련이 있다는 것이다.

이러한 모든 경우를 고려했을 때 동성간 성행위에 대한 처벌 횟수가 적은 것은 사회가 사적인 장소에서 성인들간의 합의하에 이루어진 성행위를 열정적으로 그리고 조직적으로 처벌하기로 허용했다고 말하기는 어렵다고 하였다.

연방대법원은 '소도미금지법'이 '오래된 뿌리'를 가지고 있다는 보어즈사건에서의 주장과는 달리 오히려 1970년대에 들어서야 비로소 동성간의 성관계를 범죄로 구별하기 시작하였으며 그것도 단지 9개 주에서만 그리하였다고 하였다.

또한 보어즈사건 이후에도 수십 년 동안 각 주들이 동성애를 금지하는 법을 폐지하는 쪽으로 방향을 전환한 정황 등을 보아 결국 보어즈사건에서 근거로 삼는 역사적인 배경 또는 전통이라는 것이 다소 의심스럽기도 하고 최소한 좀 과장된 측면이 있다고 해야 할 것이라고 하였다.

연방대법원은 동성애에 대한 사회적, 종교적 비판에 대해서는 다음과 같이 변론하고 있다.

첫째, 수백 년 동안 동성애를 부도덕한 것으로 비난하는 강력한 소리들이 있어 온 것은 사실이나 이러한 비난은 주로 개인의 종교적인 신념 및 옳고 받아들여질 만한 행위에 대한 개념 즉 옳고 그름에 대한 개인적인 생각들, 그리고 전통적인 가족에 대한 존경 등으로부터 형성되었을 뿐이고, 사법부의 임무는 모든 사람을 위한 자유가 무엇인지를 정의하는 것이지 판사 개인의 도덕적 기준을 강제하는 것이 아니기 때문에 이러한 입장을 견지하고서는 오늘 로렌스사건에서의 질문, 즉 다수가 정부의 힘을 빌어 형법을 이용하여 전체 사회에 자신들의 관점을 강제할 수 있는가? 하는 것에 답을 줄 수 없다.

최근 헌법상 보장하고 있는 개인의 자유가 성인이 성생활과 관련하여 자신의 사적인 삶을 어떻게 살 것인가를 결정하고 선택하는 것을 보호하는 것이라는 깨달음이 점점 일어나고 있으므로 "역사와 전통은 출발점은 될 수 있지만 실체적 공정절차의 문제를 다루는 마지막 지점이 될 수는 없다."[46]

이러한 새로운 각성은 1995년 미국 법학회가 모델 형법을 만들었을 때 사적인 장소에서 동의하에 이루어진 성관계에 대해서는 형법으로 다스리지 말 것을 권고[47]하는데서 명백해진다.

---

46   *County of Sacramento v. Lewis*, 523 U.S. 833(1998)
47   American Law Institute(ALI) Model Penal Code 213.2 Comment 2, p. 372(1980)

미국 법학회는 다음 3가지 권고 이유[48]를 밝혔다. (1) 이미 많은 사람들이 하고 있는 행동을 범죄로 규정함으로써 법에 대한 존경심을 잃게 한다. (2) 이러한 법은 타인에게 해를 끼치지 않는 사적인 행위를 규정하고 있다. (3) 그 법들은 자의적으로 집행되었기 때문에 협박의 위협을 내제하고 있다.

이러한 시대적 상황과 의식의 변화는 보어즈사건이 있기 약 5년 전 유럽인권법정에서 '동성애금지법'이 유럽 인권조약하에서 무효라고 판결한 것에서도 알 수 있다.[49] 이 판결은 유럽의회의 모든 국가(1981년 당시 21개국, 1996년 현재 45개국)에게 공통으로 적용되었다.

또한 미국에서도 보어즈사건 당시에는 25개 주에 '소도미금지법'이 있었지만 로렌스사건 발생 시에는 13개 주에 불과하며 '소도미금지법'이 있는 주에서 조차도 사적인 공간에서 상호 합의한 성인간에 이루어진 소도미행위에 관해서는 법을 집행하는 경우가 거의 없었고 텍사스주 역시 1994년까지 이러한 경우를 처벌한 적이 없었다[50].

보어즈사건 이후에 결정된 두 사건 중, 플랜드 페어런트후드사건[51]에서 연방대법원은 미국의 법과 전통은 결혼, 출산, 피임, 가족관계, 양육, 교육 등에 관련한 개인적인 결정을 헌법적으로 보호한다고 판결하였고 이상과 같은 헌법적 보호를 동성애자들도 이성애자들과 마찬가지로 동일하게 추구하고 있는데 보어즈사건은

---

48   ALI Model Penal Code, Commentary 277-280
49   *Dudgeon v. United Kingdom*, 45 Eur. Ct. H.R(1981)
50   *State v. Morales*, 869. W.2d. 941(1992)
51   *Planned Parenthood of Southeastern Pa. v. Casey*, 505 U.S. 833(1992)

이러한 그들의 권리를 부인한 것이라고 비판하였다.

보어즈사건 이후 로렌스사건과 관련된 주요 사건으로 로머사건[52]이 있다. 그 사건에서 연방대법원은 동성애자들을 별도의 집단으로 구분한 법이 평등보호조항을 위반하였다고 적시하였다.

로머사건이 중요한 이유는 성적지향, 행위, 습관 또는 관계를 근거로 동성애자, 레지비언 또는 양성애자들을 고립된 집단의 사람들로 명명하고 주의 차별금지법 하의 보호를 박탈한 콜로라도 주 헌법 개정을 무효화한 것에 있다.

로머사건에서 연방대법원은 그러한 조항들이 일단의 사람들을 향한 적개심의 발로에 불과하며 합법적인 정부의 목적과는 어떠한 합리적인 관련성도 없다고 판단하였다. 로머사건으로 인해 성적지향을 근거로 차별을 하는 법은 주정부의 강력한 이해관계가 증명되지 않는 한 헌법에 위배된 것으로 판명되게 되었다.

연방대법원은 공정절차조항 하에서 법 앞의 평등과 자유를 실질적으로 보장하기 위해서는 헌법이 보장하는 개인의 선택이나 행위가 범죄로 규정되어서는 안된다고 하면서 비록 그러한 선택이나 행위를 범죄로 규정한 형법이 집행된 경우도 없고 집행되지 않을 것이라 할지라도 그런 법의 존재 자체가 그 대상자에게 낙인을 찍는 효과를 가져오기 때문이라고 하였다.

연방대법원은 주의 형법이 부여하는 낙인효과는 사소한 것이 아니라고 주장하였다.

동성애 자체는 C등급의 경범죄여서 텍사스주 법 체계상 경미한 범죄에 불과하지만 여전히 형법상 범죄이고 기소된 사람은 인간으로서의 존엄성에 상처를 입게 되며, 텍사스주가 사적으로 상호 합의하에 이루어진 동성애 행위를 주법에 따라 기소하면 기소된 사람은 적어도 4개 주의 '성범죄자 등록법'에 따라 성범죄자로 기록된다. 이러한 처벌은 결과적인 성질을 지니는 것으로 형법으로 처벌될 뿐 아니라 강도 높은 사회적인 비난도 함께 받게 한다. 더구나 텍사스주에서는 형법으로 기소되면 구직 신청서에 기소 여부를 표시해야 하는 등 다른 부수적인 불이익까지 발생한다.

즉, 텍사스주나 조지아주에서 동성애를 범죄로 규정하는 것은 그 행위 자체에 대한 처벌이나 주 내부에서의 사회적 비난뿐 아니라 주 경계를 넘어서는 영향력을 미치고 결혼이나 가족관계와 상관없는 다른 사회활동의 영역에서도 동성애자들을 심각하게 위축시키는 결과를 가져온다는 것이다.

연방대법원은 보어즈사건이 1992년의 플랜드 페어런트후드사건과 1996년의 로머사건에 의해 판례로서의 효력을 점점 상실하고 있고 이미 5개 주 대법원에서 공정절차조항과 관련한 주 헌법을 해석하는데 보어즈사건을 따르는 것을 거부하였다는 점과 유럽인권법정 및 기타 다른 많은 나라에서도 동성애자들이 은밀하게 상호 동의하에 성행위를 할 권리가 있다는 것을 인정하고 있다는 사실 및 로렌스사건을 통해 동성애 옹호론자들이 구하고자 하는 권리는 이미 다른 나라에서 인간 자유의 통합된 부분으로서 널리 받아들여 지고 있다는 점 등을 상기시켰다.

이러한 변화를 고려하여 연방대법원은 판례주의doctrine of stare decisis는 중요하지만 영원불변의 원칙은 아니기 때문에 보어즈사건의 판결을 파기하고 보어즈사건에서 반대의견을 개진했던 스티븐스 대법관의 결론을 따르기로 한다고 하였다.

보어즈사건에서 반대의견을 피력한 스티븐스 대법관은 한 주의 주도적인 대다수가 어떤 특정행위를 비도덕적으로 여긴다는 것이 그러한 행위를 금지하는 법을 유지하기 위한 충분한 이유가 될 수 없고, 결혼한 사람들이 자신의 육체적인 관계의 친밀성에 대한 결정을 내릴 수 있는 것은 연방수정헌법 제14조 공정절차조항에서 보호하고 있는 자유이며, 이러한 헌법이 보장하는 자유는 결혼한 사람들 사이에서만 아니라 결혼하지 않은 사람들 사이에서의 자유에까지 미쳐야 한다고 주장하였다.

연방대법원에 따르면 로렌스사건은 미성년자가 관여해 있거나 협박이나 강압에 의해 이루어진 것이 아닌 완전한 상호 동의하에 두 성인이 동성애자들의 라이프 스타일에서는 일상적인 성행위를 한 것에 불과한 것으로서 그들은 자신들의 사생활을 존중받을 권리가 있고 주정부는 그들의 사적인 성행위를 범죄로 규정하여 그들의 존재감에 모욕을 주고 그들의 운명을 통제할 수는 없다고 하면서 공정절차조항 하에서 보장하는 자유권과 사생활권은 동성애자들에게 정부의 간섭을 받지않고 자신들이 선택한 행위를 할 수 있는 완전한 권리를 보장한다고 판결하였다.

한편, 오코너 대법관은 연방수정헌법 제14조의 평등보호조항을 근거로 로렌스사건 판결에 동의하는 보충의견을 내었다.

오코너 대법관에 의하면 연방수정헌법 제14조의 평등보호조항은 본질적으로 '유사한 상황에 있는 사람은 유사하게 취급해야 한다'는 의미라는 것이다.

이를 판단하기 위하여 일반적으로는 '합리적 근거 검토기준'을 적용하여, 특정한 법의 유효성은 법이 적용대상으로 하는 집단과 주정부의 합법적인 이해관계가 합리적으로 연관되어 있을 때 헌법상 인정된다고 하였다.

그러나 어떤 법이 단순히 정치적으로 인기가 없는 집단을 해치고자 하는 의도를 보일 때, 평등보호조항 하에서 그러한 법을 폐기하기 위해서는 '합리적 근거 검토기준'의 보다 심화된 형태를 적용해야 한다고 하였다.

예를 들면 농림부사건[53]에서 연방대법원은 친척이 아닌 사람을 포함한 가구는 푸드스템프를 받을 수 없도록 한 법에 대하여 그 법이 히피들을 차별하는 것을 목적으로 한다는 것을 이유로 무효화시킨 바 있다. 이는 푸드스템프 사기를 막고자 한 주정부의 이해관계가 '합리적 검토 기준'을 만족시키는데는 부족하다고 판단하였기 때문이었다.

이와 유사하게 클레번사건[54]에서는 정신지체 장애자를 위한 집은 특별사용 허가를 받도록 한 주의 법이 불합리하다고 판결하였는데 왜냐하면 조합 하우스나 아파트 같은 다른 주거공간의 경우에는 그런 별도의 허가가 필요 없었고 이러한 특별사용 허가를 받도록 하는데 대한 주정부의 이해관계가 충분히 증명되지 못했

---

53 *Department of Agriculture v. Moreno*, 413 U.S. 534(1973)
54 *Cleburne v. Cleburne Living Center*, 473 U.S. 432(1985)

기 때문이었다.

이상의 판례들을 적용해 본다면 텍사스주의 '소도미금지법'은 어떤 형태의 법적 기준을 적용하던지 간에 평등보호조항 하에서의 검토기준을 통과하지 못했을 것이라는 것이 오코너 대법관의 판단이었다.

오코너 대법관은 로렌스사건에서 문제가 되고 있는 '소도미금지법'은 동성간의 일탈적인 성행위만을 범죄로 규정할 뿐 이성간의 동일한 일탈행위는 문제삼고 있지 않다며 이것은 텍사스주가 동일한 행위를 행위자를 근거로 차별하고 있는 것이라고 하였다. 특히 이 법에 의해 피해를 입는 사람들은 주로 동성애적 성적지향을 가진 사람들이기 때문에 그들은 자신들의 성적지향으로 인하여 더더욱 §21.06에 의해 금지된 행동을 할 가능성이 높다고 하였다.

또한 텍사스주의 '소도미금지법'은 사실상 집행되는 경우도 드물고 처벌도 상대적으로 가벼운 경범죄에 해당하지만 이 법의 영향은 단순히 기소되거나 기소된 이후의 결과에만 그치지 않고 텍사스주의 모든 동성애자들을 범죄자라고 명명함으로 동성애자들이 다른 사람들과 평등한 방식으로 대우받는 것을 더욱 어렵게 한다고 하였다.

'소도미금지법'이 시민들의 도덕성 증진이라는 주정부의 이익을 고취시키는데 기여한다는 주장에 대해서는 이성애자들의 소도미는 범죄로 규정하지 않으면서 동성애자들간의 소도미만을 범죄로 규정하는 것은 평등보호조항 하에서 인정될 수 없으며 어떤 특정 집단을 도덕적으로 인정하지 않는 것은 입법의 합리적인 근거가 되지는 못한다고 판결하였다.

특히 오코너 대법관은 헌법의 평등보호조항 하에서 '도덕적 불인정'을 합법적인 정부의 이익 또는 주정부가 달성해야 할 목적이나 이해관계로 볼 수 없다고 하였다. 왜냐하면 법적으로 어떤 집단을 구별하고 차별하는 것은 그러한 법으로 인해 부담을 지게 될 집단에게 해를 끼치고자 하는 것을 목적으로 해서는 안되기 때문이다.

텍사스주가 '도덕적 불인정'을 정당하고 합법적인 주정부의 이해관계라고 주장하는 것은 텍사스주가 동성애를 범죄로 규정하고자 하는 의도를 가지고 있다는 것을 증명하는 것 이외에는 아무 것도 아니며 텍사스주가 이러한 '소도미금지법'을 사적이고 합의된 행위에는 거의 적용하지 않는 것을 볼 때 이 법은 범죄행위를 근절시키기 위한 도구라기보다는 동성애자들에 대한 혐오와 거부감을 표현한 것에 불과하다고도 하였다.

또한 텍사스주가 '소도미금지법'이 동성애자들을 차별하는 것은 아니라 오직 동성애적 행위만을 처벌한다고 주장한 것에 대해서는 법이 행위에만 적용되는 것이 사실이지만 이 법의 규제대상이 되는 행위는 동성애자로서 존재하는 것과 밀접한 상호연관성이 있기 때문에 단순히 행위를 처벌하기 위한 것이 아니라 동성애자라는 집단을 규제대상의 목표로 하고 있다고 보았다.

결론적으로 텍사스주에서는 '동성애'라는 단어 자체가 범죄를 저지른다는 의미가 되기 때문에 '소도미금지법'의 또 다른 조항에 따르면 어떤 사람이나 집단을 동성애자라고 부르는 것 자체를 모욕죄로 규정하고 있다는 점을 지적하면서 이처럼 텍사스주의 '소도미금지법'은 동성애자들을 일평생 처벌과 낙인에 시달리게 하면서도 '도덕적 불인정'이라는 것 이외에는 주정부의 어떠한 합리적인 목적이나 이해관계와도 연관성이 없는 법이며 이에 어떠한 법적 검토기준을 적용한다고 하더라도 헌법상 평등보호조항의 가치와는 배치된다고 판결하였다.

다음은 로렌스사건에 대한 스칼리아 대법관의 반대의견이다.

스칼리아 대법관은 로렌스사건의 판결을 지난 17년간 보어즈사건을 뒤집으려던 쪽의 지속적인 십자군 전쟁에 연방대법원이 응답한 결과라고 말했다.

그는 로렌스사건에서 연방대법원이 '근본적인 입장fundamental proposition'이라거나 '근본적인 결정fundamental decisions' 이라는 수사를 동원하기는 하였으나 판결문 어디에도 동성간의 소도미가 공정절차조항 하에서 보장되는 인간의 '근본적인 권리'라거나 동성애가 기본권이라면 이에 합당한 '엄격 검토기준'으로 텍사스주 형법을 검토해야 한다는 등의 법적인 분석이 없다는 점을 비판하였다.

연방대법원은 보어즈사건의 판결을 뒤집으면서도 핵심적인 법적 결론, 즉 동성애자들의 성행위인 소도미가 기본권이라고 선언하지 않았고 대신 로렌스의 행위를 '자유권의 행사'라고 묘사하면서 본 사건의 의미를 훨씬 뛰어넘는, 소위 '보다 심화된 형태의 합리적 근거 검토기준'을 적용하였다고 주장하고 있다고 하였다.

그는 너무나도 쉽게 보어즈사건의 판결을 파기하려는 법원의 태도에 대하여 자신 역시 융통성없는 판례주의자는 아니지만 그럼에도 불구하고 법적으로 정교하지 않은 논리를 들어서 판례를 쉽게 뒤집는 것보다는 신중함과 지속성을 가지는 편이 더 낫다고 하였다.

특히 로렌스사건에서 보어즈사건의 판례를 번복할 것을 주장했던 3명의 대법관들은 플랜드 페어런트후드사건에서는 판례주의에 대해 찬가를 보냈던 사람들이었고 로우사건에서도 연방대법원이 사법부가 발명해 낸 '낙태권(여성이 낙태를 선택할 자유)'을 지지하기 위해서 판례주의에 대해 적극적인 지지를 보냈다는 사실을 비추어 볼 때 보어즈사건의 판례를 파기한 로렌스사건은 상대적으로 판례주의에 대한 진지한 논의가 제대로 이루어지지 않았다고 비판하였다.

스칼리아 대법관은 잘못된 판례들을 파기하기 위한 조건은 (1) 판례의 근거가 연이어 나온 판결에 의해 침식되었거나, (2) 그 판례가 상당하고 지속적인 비판을 받아왔거나, (3) 판례를 뒤집는 것에 반대하는 개인이나 사회적인 열망이 없는 경우라고 하면서 연방대법원이 여전히 판례로서 기판력을 인정하고 있는 로우사건이 오늘 연방대법원이 파기하고자 하는 보어즈사건만큼이나 이상의 기준에 부합함에도 불구하고 로우사건의 판결은 여전히 유효하다고 하면서 보어즈사건은 폐기한 것에 대하여, 보어즈사건이 이상의 판례 파기의 조건들에 부합되는지 검토하였다.

우선, 보어즈사건이 이후의 플랜드 페어런트후드사건이나 로머사건에 의해 판결의 근거가 침식당했다고 하는 연방대법원의 논리에 대하여 플랜드 페어런트후드사건은 보어즈사건이 결정될 당시 이미 교과서에 기록되기까지 한 로우사건의 경우에서보다 '낙태권', 즉 여성의 자유권에 대하여 더욱 좁게 해석하고 있는 사건이라면서 만약 연방대법원이 플랜드 페어런트후드사건의 판결 논리 중 자유의 핵심이 자신의 존재에 대한 개념과 의미, 그리고 인생의 미스터리를 정의할 수 있는 권리라고 했던 것이 결국 보어즈사건의 판결 근거를 약화시킨 것이라고 한 것이라면 그것은 단지 법철학에 대한 의문을 제시한 것에 불과한 것이라고 하였다.

또한 보어즈사건이 로머사건에 의해 판결의 근거가 약해졌다고 하는 연방대법원의 주장에 대해서는 연방대법원이 인용하고 있는 플랜드 페어런트후드사건이나 로머사건 역시 실체적 공정절차의 원리하에 '합리적 근거 검토기준'을 만족시켜야 한다는 논리보다는 국가의 역사와 전통에 깊게 뿌리박고 있는 기본권만이 헌법에서 보장되는 근본적인 권리로서의 자격이 있다고 했던 워싱턴사건[55]에 의해 판결의 근거가 상당히 침식당했다는 사실을 기억해야 할 것이라고 하였다.

두 번째, 해당 판례가 지속적으로 비판을 받아왔는지에 대한 물음에 대하여 연방대법원은 보어즈사건이 모든 측면에서 지속적이고 실질적인 비판을 받아왔다고 했지만 구체적으로 어떤 역사적인 비판이 있었는지, 법원이 그 비판에 동의하는지 또는 동의하지 않는지를 제대로 언급하지 않았으며 이 기준에서 본다면 로우사건 역시 현재까지 끊임없는 비판을 받아왔으나 여전히 판례로서 유효하게 영향력을 미치고 있다는 사실을 기억해야 할 것이라고 하였다.

세 번째, 보어즈사건을 파기하는 것을 반대하는 개인적 또는 사회적 열망이나 의지가 없다는 연방대법원의 주장에 대해서는 로렌스사건을 통하여 이제는 폐기되어 버린 보어즈사건에서의 원칙들에 대한 사회적인 의지는 엄청난 것이라고 하였다.

스칼리아 대법관은 실로 수많은 사법적인 판단과 입법활동이 다음과 같은 오랜 주장에 근거하여 이루어졌는데 그것은 어떤 특정한 성행위에 대하여 주도적인 다수가 비도덕적이라고 생각하여 수용할 수 없다고 할 때 그러한 믿음은 그 행위를 규제

---

55   *Washington v. Glucksberg*, 521 U.S. 702 721(1997)

하기 위한 법을 제정할 수 있는 합리적인 근거가 된다는 주장이었다[56]고 하였다.

　이러한 믿음과 주장은 보어즈사건을 근거로 그 이후의 수많은 사건에서 인용되었는데 그 중 하나가 보어즈사건을 근거로 연방대법원이 인디애나주의 공공 성추행관련 법안은 질서와 도덕을 보호하고자 하는 상당한 주정부의 이익을 증진시킨다고 판결[57]한 바 있었음을 상기시켰다.

　스칼리아 대법관은 중혼, 동성결혼, 성인 근친혼, 매춘, 자위, 간통, 포르노, 수간, 그리고 외설을 금지한 주법은 도덕적 선택을 근거로 한 법을 유효하다고 인정한 보어즈사건에 의해서만 유지될 수 있는데 이제 이 모든 법이 로렌스사건의 판결로 인해 의문에 붙여지게 되었다며 연방대법원이 로렌스사건의 판결로부터 도덕을 근거로 제정된 법들을 보호하기 위하여 판결의 범위를 한정하고자 하는 어떠한 노력도 하지 않았다는 점에 대해 강도 높게 비난하였다.

　실체적 공정절차라는 개념에 대해 스칼리아 대법관은 텍사스주 법 §21.06(a)이 개인의 자유에 제약을 가하는 법이라는 것을 인정하였다. 마찬가지로 매춘이나 오락을 위한 헤로인의 사용을 금지하는 것도 자유에 제약을 가하는 것이고, 빵집에서 주당 60시간 이상 일하는 것을 금지하는 법도 자유를 제약하는 법이라고 하면서 연방수정헌법 제14조의 공정절차조항은 법적으로 공정한 절차를 통하는 한은 주정부가 시민의 자유를 박탈할 수 있다는 것을 명시적으로 기술한 것이라고 하였다.

56　*Liam v. Pryor*, 240 F.3d 944, 949(CA11 2001)
57　*Barnes v. Glen Theatre Inc.*, 501 U.S. 560, 569(1991)

그런데 실체적 공정절차라고 알려진 원칙을 적용함에 있어서 연방대법원의 로렌스사건 판결은 '공정절차조항 하에서는 상당한 주정부의 이익을 증진하기 위해 법의 적용이 제한적으로 추진되지 않는 한 주정부는 기본적인 자유권을 침해할 수 없다'[58]고 해석한 것이 문제라고 주장하였다.

한편, 스칼리아 대법관은 보어즈판결의 또 다른 중요점은 법적 검토기준에 대한 것인데 동성애적 성행위를 할 수 있는 권리, 즉 소도미를 할 수 있는 권리는 공정절차조항상 기본권에 해당하지 않기 때문에 강화된 검토 기준에 따라 검토하지 않아도 된다고 했던 것에 있다고 하였다.

보어즈사건에서는 소도미 행위가 미국 연방헌법이 보장하는 근본적인 권리에 해당하지 않는다는 주장을 뒷받침 하기 위하여 그러한 행위가 관습법상으로도 형사적 범죄였고 권리장전이 승인될 당시에도 미국의 최초 13개 주의 법에 의해 금지되었으며 이후에도 많은 주들이 소도미를 금지하는 법을 유지하였다는 사실을 지적하였다.(1868년 수정 헌법 제14조가 승인될 당시, 37개 주 중 5개 주를 제외하고 모든 주에서 형법상 '소도미금지법'이 존재했었고, 실제적으로 1961년까지 50개 주 전체가 소도미를 불법화했으며 2003년 현재, 24개 주와 DC가 여전히 사적이며 상호 동의한 성인 간의 소도미를 형사적으로 처벌하도록 하고 있다.)

스칼리아 대법관에 따르면 보어즈사건의 핵심은 소도미를 할 수 있는 권리가 미국의 역사와 전통에 깊이 뿌리박혀 있지 않다고 결론 내린 것인데 로렌스사건을 판결하면서 연방대법원은 헌법상 보호되는 권리와 법적 검토기준과의 연관성

---

58   *Washington v. Glucksberg*, 521 U.S. 721(1997)

을 도외시 한 채, 보어즈사건의 판결을 무효화시켜버리고 말았다는 것이다.

로렌스사건에서 연방대법원은 스스로도 소도미를 할 수 있는 권리가 헌법상 기본권이라거나 기본적인 자유권이라고 말하지 않았으면서도 소도미가 근본적인 권리가 아니라고 판단한 보어즈사건을 배척하였고, 동성애가 헌법이 보장하는 근본적인 권리라면 당연히 '엄격 검토기준'을 적용하여 더욱 강화된 기준으로 문제가 되는 법의 헌법적 유효성을 판단했어야 함에도 불구하고 텍사스주 형법에 대해서는 단순히 합리적 검토기준을 적용하는 등 사건을 판단함에 있어서 씻을 수 없는 법리적인 오류를 범했다고 비판하였다.

또한 '소도미금지법'이 오직 동성간의 소도미만을 대상으로 했든지, 보다 일반적으로 동성이나 이성간 소도미에 모두 적용되었든지 간에 그것은 전부 범죄로 규정되었고 미국의 역사와 전통에 깊이 뿌리를 둔 헌법이 보장하는 근본적인 권리가 아니라는 것은 확실하다고 하였다.

한편 '소도미금지법'이 상호 합의한 성인간에 사적으로 벌어진 일에 대해서는 거의 집행된 적이 없으므로 이 법을 유지하는 것이 아무런 의미가 없다는 연방대법원의 논리에 대하여 '사적으로 행해진'이란 것이 무엇을 의미하는 것인지에 대한 명확한 정의가 없다고 하였다.

스칼리아 대법관은 이성간의 성행위와 마찬가지로 상호 합의하에 이루어지는 동성간의 성행위가 무대 위에서 공개적으로 공연되는 경우는 매우 드물다고 하면서 만약 연방대법원이 말하는 '사적으로 행해진'이라는 의미가 개인의 사적 공간 즉 문이 닫히고 창문이 내려진 공간이라고 해석되는 것이라면 향후, 법 집행을 위한 증거를 수집하는 것이 매우 어려워질 것이며 집 밖에서 이루어지는 다른 모든 종류의 상호 합의한 소도미는 범죄로 규정하면서 사적 공간에서 이루어진 소도미는 기본권으로 간주해 달라고 하는 주장을 할 수 있는 것인가에 대한 의문이 제기될 것이라고 예상하였다.

스칼리아 대법관은 역사적으로 1880년부터 1995년까지 웨스트 리포팅 시스템[59]과 각 주의 공식적인 법원 기록에 203건의 상호 동의한 성인 동성간 소도미 사건이 기록되어 있고 식민지 시대에도 20건의 소도미 기소사건과 4건의 사형집행이 기록되어 있다는 사실로 비추어 볼 때, 소도미가 미국의 역사와 전통에 뿌리를 둔 기본권이 아니라는 보어즈사건의 판결은 난공불락의 결정임에도 불구하고 연방대법원은 이러한 사실을 인정하기보다는 최근 자유에 대해 더욱 실질적인 보호를 보장해야 한다는 인식이 증가하고 있다는 사실에만 주목하고 있다고 하였다.

그러나 새롭게 대두되는 인식이 헌법상 보장되는 근본적인 권리를 확립해주지는 않으며 또 그것과는 별도로 '자유에 대해 더욱 실질적인 보호를 보장해야 한다'는 선언 자체도 잘못된 것이라고 하였다.

스칼리아 대법관은 주정부는 여전히 성과 관련된 성인들간의 모든 종류의 범죄, 예를 들면 매춘, 성인간 근친혼, 간통, 음란, 아동 포르노 등을 처벌하고 있고 '소도미금지법'도 지난 반세기 동안 지속적으로 집행되었으며 이 중에는 134건의 상호 합의한 동성의 성인들 사이의 소도미가 포함되어 있다고 하였다.

---

59   West Reporting System, 미국 법원의 기록을 보관하고 제공하는 민간 서비스

이런 사실에도 불구하고 새로운 인식의 출현을 증명하기 위해 연방대법원은 1955년 미국 법학회가 '사적으로 합의하에 이루어진 성관계를 처벌하지 말 것을 권고한 내용'을 근거로 내놓았는데 바로 이 부분 때문에 많은 주들이 미국 법학회의 모델 형법을 적용하는 것에 거부감을 가졌었다는 역사적 사실은 무시하였다고 하였다.

스칼리아 대법관은 '새로운 인식'이라는 그 자체가 '근본적인 권리'의 인정에서 요구되는 역사와 전통에 깊이 뿌리를 두고 있어야 한다는 요건과는 거리가 멀다는 사실을 반증하는 것이고 헌법적 기본권이란 몇 개의 주가 어떤 행위에 대해 형사적 처벌을 약화시키거나 없애주기로 결정하기 때문에 생기는 것이 아니며, 다른 나라에서 그러한 행위를 범죄로 규정하지 않는다고 해서 생기는 것도 아니라고 하면서 미국의 사법부가 자국의 국민들에게 외국법이 정하는 어떤 가치를 강요해서는 안된다고 주장하였다.

스칼리아 대법관은 보어즈사건의 판결이 더 넓은 문명적 관점에 기대어 이루어진 것도 아니었으며 연방대법원이 여전히 수많은 국가에서 소도미에 대한 형사적 금지 규정을 유지하고 있다는 것은 무시한 채 외국법에 대해 논의하는 것은 의미가 없을 뿐 아니라 위험한 금언에 불과하다고 하였다.

스칼리아 대법관에 따르면 텍사스주 법은 특정 형태의 성행위는 부도덕하고 수용할 수 없다는 시민들의 믿음에 근거한 법이며 이는 포르노, 중혼, 간통, 성인 근친혼, 수간, 그리고 음란을 형사적으로 금지하는 모든 법이 추구하는 바라고 하였다.

그런데 로렌스사건에서 연방대법원이 보어즈사건에서 반대 의견을 개진했던 스티븐스 대법관의 말을 인용하면서 "한 주의 지배적인 다수가 특정 행동양식을 부도덕하고 비전통적으로 간주하는 것은 그러한 행동양식을 금지하는 법을 유지시키기에는 충분한 이유가 될 수 없다."고 한 이 선언은 모든 도덕적 입법의 끝을 선포하는 것이며 만약 대다수 시민들의 성적 도덕성을 증진시키는 것이 정당한 주정부의 이익으로 인정될 수 없다면 앞서 언급한 도덕에 근거한 모든 법들은 '합리적 근거 검토기준'에서조차 살아남지 못할 것이라고 하였다.

마지막으로 평등보호조항에 대한 연방대법원의 의견에 대해서 스칼리아 대법관은 다음과 같이 반박하였다.

텍사스주 '소도미금지법'은 남자든, 여자든, 동성애자든, 이성애자든 누구든지 같은 성별을 가진 사람과 일탈적인 성관계를 가지는 것을 금지하고 있다. 이는 §21.06(a)가 성관계의 파트너와 관련하여 차별을 하고 있다고 볼 수 있다. 왜냐하면 남자가 남자와 성행위를 했을 때, 또는 여자가 다른 여자와 성관계를 했을 때만 문제가 되기 때문이다.

이런 차별은 그 자체로 평등보호조항에 위배되는 것은 아니다. 이것은 오직 서로 다른 성별의 사람과의 결혼만을 인정하는 주법들이 결혼 관계에서의 파트너와 관련하여 차별하고 있는 것과 동일한 차별이기 때문이다.

'인종간 출산금지법'을 위헌이라고 판결한 러빙사건에서 연방대법원이 일반적인 '합리적 근거 검토기준'을 적용하지 않고 보다 강화된 검토기준을 적용한 이유는 버지니아주 법이 명백히 백인 우월주의를 유지하는 것을 목적으로 설계된 것이기 때문이었다.

  헌법이 법 앞에 평등을 보장하고 있는 인종과 관련된 차별 사건은 표면적으로 중립적인 법에 대해서도 항상 '엄격 검토기준'을 적용한다. 그러나 텍사스주 형법은 헌법에서 보호하는 성별을 근거로 차별하려는 의도가 보이지 않았기 때문에 '합리적 근거 검토기준'을 적용해야 하며 '합리적 근거 검토기준' 하에서 텍사스주의 '소도미금지법'은 주정부의 정당한 목적과 합리적인 연관성이 있으므로 헌법상 유효한 법이다.

  이러한 검토기준은 보어즈사건과 동일한 기준으로서 한 사회가 어떤 특정 성행위를 비도덕적이고 수용 불가한 것으로 여길 때 적용하며 그와 동일한 정당성이 파트너의 정체성을 기준으로 성행위를 차별하는 다른 많은 법들을 지지하고 있다.

  한편, 오코너 대법관이 새롭게 고안한 '합리적 근거 검토기준의 다소 심화된 형태의 기준'의 적용을 주장한 것에 대해서 스칼리아 대법관은 오코너 대법관 스스로도 자신이 주창한 이 새로운 기준이 정확하게 무엇인지 설명하고 있지 않으며 다만 어떤 법이 정치적으로 인기 없는 한 집단을 해하고자 하는 목적을 보일 때는 비록 인지할 만한 수준의 합리적 근거가 있다 하더라도 그 법은 무효가 된다는 정도의 설명밖에 제시하고 있지 못하다면서 이는 법원의 법적근거로서는 현저히 부족하다고 비판하였다.

  스칼리아 대법관은 이러한 논리가 결혼을 오직 이성간의 결합으로만 제한한 주법을 흔들 위험이 있다고 하면서 모순되게도 오코너 대법관 자신은 결혼을 보호하기 위해 전통적인 결혼 제도를 유지하는 것은 정당한 주의 이익이라고 인정하고 있지만 실제로 전통적인 결혼제도를 유지하는 것 자체가 동성커플에 대한 주정부의 도덕적 불인정을 선언하는 다소 친절한 방식에 불과하다고 하였다.

스칼리아 대법관은 로렌스법정의 판결 논리는 법조인이라는 직업군의 문화적 산물이라고 보았다.

이는 소위 법조인들이 '동성애 문제'에 적극적으로 관여하기로 한 것인데 이는 동성애를 찬성하는 운동가들이 동성애에 전통적으로 가해진 맹비난을 없애기 위해 노력한 결과라고 하였다.

이러한 결과의 하나로 모든 명망있는 법학전문대학원들이 가입하고 싶어하는 미국 로스쿨협회가 공개적으로 동성애를 하고 있다고 커밍아웃 한 사람에 대해 고용을 꺼리는 로펌에게는 취업 인터뷰 장소를 제공하지 않기로 한 것을 예로 들었다.

스칼리아 대법관은 로렌스사건을 통해 연방대법원이 동성애를 범죄로 규정하는 것은 동성애자들을 공적 및 사적인 영역에서 차별하는 것이라고 선언하게 되면서 민주적인 규칙을 수호하는 중립적인 관찰자가 되기보다는 이 문화 전쟁에서 한 쪽 편을 들고 있다고 비판하였다.

그는 많은 미국인들이 그들의 사업상 파트너로, 아이들의 스카우트 사범으로, 학교 선생님으로, 혹은 자신의 집 하숙생으로 공개적으로 동성애를 하는 사람을 원하지 않는다는 사실을 지적하면서 이런 사람들은 동성애자들을 기피하는 것이 부도덕하고 파괴적인 라이프 스타일로부터 자신과 가족들을 보호하는 것이라고 생각하고 있는 데 반해 연방대법원은 이러한 것을 막아야 할 차별로 여기고 있다고 하였다.

스칼리아 대법관은 연방대법원이 법조인들의 '동성애 찬성 문화'에 지나치게 고취되어 명백한 주류 문화에 대해서는 인식이 없는 것 같다고 하였다.

그는 연방대법원이 동성애에 대한 차별이라고 지적하는 대부분의 주정부의 정책들은 완벽하게 합법적이며 연방의회 역시 동성애자들에 대한 차별을 금지하자는 시도에 대해서 지속적으로 거부해 왔다고 했다. 심지어 어떤 경우에는 그러한 차별이 연방법에 의해 의무화 된 사례도 있고(예를 들면 군대에서 소도미를 하려고 시도했거나 실제로 소도미를 한 사람을 반드시 내보내게 한 것[60]) 또 어떤 경우에는 그러한 차별이 헌법이 보장하는 권리[61]이기도 하다고 하였다.

스칼리아 대법관은 자신이 동성애자들에 대해 개인적인 반감도 없고 그들이 정상적이고 민주적인 절차를 통해 그들의 아젠다를 홍보하는 것에 대해서도 반대하지 않으며 성적 도덕 또는 기타 다른 도덕적 기준에 대한 사회적 인식이 세월에 따라 변할 수 있다는 것도 알고 있고, 모든 사람들은 자신들의 관점을 다른 시민들에게 설득할 권리가 있다는 것도 인정하지만 다른 시민들을 설득하는 것과 민주적인 다수결의 원칙에 의하지 않고 강제로 자기들의 주장이나 관점을 받아들이도록 압력을 가하는 것은 다른 문제라고 하였다.

---

60   10 U.S.C. §654(b)(1)

61   *Boy Scouts of America v. Dale*, 530 U.S. 640(2000)

텍사스주는 전통적인 민주적 방식을 통해 이 문제를 해결하려고 하고 있는데 이러한 의도가 민주적인 변화를 참고 기다리지 못하는 연방대법원이 발명해 낸 신개념의 '헌법적 권리'에 의해 흔들려서는 안된다면서 참으로 미래 세대는 한때 필요하고 적절하다고 생각했던 법이 이제는 억압의 도구에 불과하다고 생각할지도 모르지만 그런 일이 발생하면 그것은 미래 세대가 법개정을 통해 바꾸어야 할 문제라고 하였다.

스칼리아 대법관은 로렌스사건의 판결에서 연방대법원은 '합리적 근거 검토기준'에 관한 법철학에 쓰레기 같은 논리들을 들이 대고 난 후에 그럼에도 불구하고 오늘의 사건이 향후 동성애자들이 원하는 관계를 공식적으로 주정부가 인정해야 하는 것은 아니라고 말하는 모순을 보여준다고 하였다.

실제 이러한 애매모호한 논리들 뒤에는 '헌법이 보장하는 자유는 결혼, 출산, 피임, 가족관계, 양육 및 교육에 관한 개인의 결정을 보호한다. 고로 동성애자들도 이성애자들과 마찬가지로 이러한 목적으로 자율권을 추구할 수 있다'고 선언함으로써 궁극적으로 결혼을 공식적으로 인정함에 있어서 동성간의 결합과 이성간의 결합을 구별할 수 있도록 한 헌법의 구조를 와해시켜버렸다고 하였다.

이상은 로렌스사건에 대한 연방대법원의 판결 요지를 정리한 것이다.

로렌스사건에서 나타난 것처럼 연방대법원 내 9명의 대법관들 사이에서도 '도덕'에 대한 인식이 서로 다르고 도덕을 근거로 한 '법'의 유효성에 대한 태도도 매우 다르다.

한 가지 분명한 것은 오늘날 미국의 사법부가 동성애 문제에 관한 한 일반 대중의 눈높이와는 거리가 있다는 것이다.

미국 법조계에는 자신이 진보적이고 인권친화적인 인사라는 사실을 '동성애 지지'를 통해서 표현할 수 있다고 생각하는 사람들이 많은 것 같다.

이들은 전통적인 도덕이 더는 사람들을 얽어매거나 개인의 삶에서 선택의 자유를 제한하는 억압의 기재가 될 수 없다고 생각하며 선과 악, 옳고 그름에는 절대적인 기준이 있는 것이 아니라 새로운 시대에는 새로운 인식이 생기고 이를 반영하는 새로운 도덕이 생긴다는 진화론적, 진보적 사고 방식을 견지하고 있다.

이러한 그들의 수사학은 특히 자유로운 사회에서 풍요롭게 자라 성을 윤리의 차원에서가 아니라 권리의 차원에서 향유하도록 배운 젊은 세대들에게 많은 공감을 얻고 있다.

하지만 이런 전세계적인 현상에도 불구하고 이 장의 시작에서 살펴보았듯이 오늘 날 우리사회에는 오히려 더 절대적인 선의 기준, 또는 도덕성에 대한 목마름이 있고 도덕성이란 단어에 사람들이 새롭게 열광하고 있다.

왜 그럴까?

결혼과 출산, 그리고 자녀양육은 아무런 관련이 없는가?

Hillary Goodridge v. Department of Public Health(2003)

"**P**aramount among its many functions, the institution of marriage has systematically provided for the regulation of heterosexual behavior, brought order to the resulting procreation, and ensured a stable family structure in which children will be reared, educated, and socialized."

_Justice Cordy (MA)

Hillary Goodridge & another v. Department of Public Health & another, 440 Mass. 309

1990년대 말, 딩크족DINK - Double Income No Kids이란 말이 유행한 적이 있었다. 세상살기도 빡빡한 이 때에 부담스럽게 아이를 낳아 기르기보다는 결혼은 하되 아이는 없이 살면서 부부가 맞벌이해서 벌어들이는 돈은 오직 두 사람의 즐거운 인생을 위해 쓰자는 캐치프레이즈 같은 것이었는데 당시엔 그 말이 정말 멋지고 합리적인 듯이 보였다.

그런데 그 이후 그 단어가 슬그머니 사라져 버렸다. 오히려 우리 주변에는 아이를 낳고 싶지만 여러 가지 이유로 아이를 낳지 못해 애태우는 부부가 눈에 많이 띈다. 비단 경제적인 이유뿐만 아니라 의학적으로 난임, 불임 부부들이 늘면서 그들은 많은 경제적 손실과 육체적 고통을 감수하고서라도 자신들의 결혼 생활에 새로운 생명이 찾아오기를 염원한다.

왜 그럴까?

리차드 도킨스와 같은 진화생물학자들은 인간의 유전자는 자체적인 생존을 위한 이기적인 목적으로 개체를 복제한다고 하고 다른 많은 생물학자들도 생물의 생존 목적은 자손을 남기는 것에 있다고 말한다. 식물조차도 죽음의 위협을 느낄 때 꽃을 피워 씨앗을 보존하려고 필사적으로 노력한다고 하니 생명체에게 있어서 종의 보존이란 운명을 거는 일인 것 같다.

그러나 인간에게 있어서 성 그리고 성행위를 통한 자녀의 출산 및 이러한 성을 제도적인 테두리 안에서 보호하는 결혼제도란 단순히 생물학적인 번식 이상의 의미를 가진다.

성경은 하나님께서 태초에 이 세상과 인간을 창조하신 후에 인간을 축복하시며 말씀하시기를 '생육하고 번성하여 땅에 충만하라'[62]고 하셨고 이후 인류의 죄로 인하여 홍수로 심판하신 후에도 새로운 인류의 대표자격인 노아와 그 아들들에게 똑같이 '생육하고 번성하여 땅에 충만하라'[63]고 하셨다고 기록하고 있다.

이것은 명령이기보다는 인간에게 주어진 가장 큰 축복이었고 이러한 축복을 누리기 위해 하나님께서 허락하신 유일한 방법이 바로 결혼을 통하여 '한 남자와 한 여자가 서로 한 몸이 되어'[64] 가정을 이루고 이 가정 안에서 아이들이 태어나 대를 이어가는 것이었다.

결혼제도를 통해 태어난 아이들은 아빠와 엄마라는 두 성별의 서로 다른, 그러나 상호 보완되는 역할 모델을 배우면서 안정적으로 성장하고 나아가 건강한 사회의 구성원으로 공동체에 기여하는 일원이 된다. 인류의 문명은 이렇게 결혼과 가정이라는 기초 위에 든든히 세워지게 된 것이다.

이렇게 보면, 결혼과 자녀의 출산 및 양육은 떼려야 뗄 수 없는 관계이다.

---

62   창세기 1장 28절
63   창세기 9장 1절
64   창세기 2장 24절

물론 아이를 낳기 위한 목적만을 가지고 결혼하는 사람은 없다. 그럼에도 불구하고 아이들은 결혼생활에 가장 큰 의미를 부여하는 존재이며 문명 사회의 미래이다. 그래서 아이들의 성장에 최적의 환경을 제공하는 것이 바로 어른들의 책임이자 국가의 의무이기도 하다.

이 장에서 다룰 구드리지사건은 미국 연방 최초로 메사추세츠주에서 동성결혼을 합법화시킨 사건이며 이 사건을 계기로 미국 전역에서 동성결혼 합법화가 이루어지는 계기가 된 역사적인 사건이다.

이 사건 역시 다른 사건들과 마찬가지로 주정부로부터 혼인관계증명서 발급을 거부당한 동성결혼 부부들이 제기한 소송사건이다.

구드리지사건에서는 미래 세대의 출산과 양육의 증진이라는 국가의 의무를 이행하기 위해 전통적인 결혼, 즉 이성간의 결혼을 지원하고자 하는 주정부와 결혼이 자녀의 출산과 양육을 위한 유일한 매커니즘은 아니며 결혼과 출산, 그리고 자녀양육은 더 이상 커다란 상관관계가 없으므로 동성결혼을 포함한 다양한 가족관계의 인정이 필요하다는 동성결혼 옹호론자들의 주장이 팽팽하게 맞서고 있다.

이러한 점을 부각시키기 위하여 구드리지사건의 동성결혼 부부들은 모두 오랜 기간 동성결혼 관계를 유지하고 있으며 대부분 자녀를 양육하고 있는 사람들로 구성하는 소송전략을 취하고 있다.

이들 동성결혼 부부 원고들의 면면을 구체적으로 살펴보면 다음과 같다.

글로리아 베일리(60세)와 린다 데이비스(55세)는 30년간 결혼생활을 유지하고 있는 레지비언들이다. 모린 브로도프(49세)와 엘렌 웨이드(52세)는 20년간 결혼생활을 하고 있으며 12세 된 딸과 함께 살고 있는 레지비언들이다.

원고의 대표자격인 힐러리 구드리지(44세)와 줄리 구드리지(43세) 역시 13년간 결혼생활을 유지하고 있으며 5세 된 딸과 함께 살고 있는 레지비언 커플이며, 게리 칼머스(35세)와 리차드 린넬(37세)은 13년간 결혼생활을 하고 있으며 8세 된 딸과 리처드의 어머니를 함께 모시고 살고 있는 게이 커플이다.

하이디 놀턴(36세)과 지나 스미스(36세)는 11년간 결혼하였고 각각 5세와 1세 된 두 아들과 살고 있는 레지비언 커플이며, 마이클 호르간(41세)과 에드워드 발멜리(41세) 역시 7년간 결혼 생활을 유지하고 있는 게이 커플이며, 데이빗 윌슨(57세)과 로버트 콤션(51세)은 4년간 결혼생활을 유지하고 있고 함께 데이빗의 어머니를 임종 때까지 모신 게이 커플이다.

이들 모두는 사업가, 변호사, 투자은행가, 교육자, 치료사 그리고 컴퓨터 엔지니어 등으로 구성되어 있고 각각 교회, 지역공동체, 그리고 학교 활동에 활발히 참여하고 있으며, 이미 공동입양, 위임, 부동산의 공동 소유 등 그들이 활용할 수 있는 법적인 도구들을 활용하여 자신들의 관계를 보호하고 있는 사람들이다.

이 사건은 이런 동성결혼 부부들이 서로에 대한 헌신을 공개적으로 확증하기 위하여 자신의 파트너들과 결혼할 수 있고 그들 역시 이성결혼 부부들 및 그들의 자녀들과 동일한 법적인 보호와 혜택을 보장받고자 소송을 제기한 것이었다.

구드리지사건은 2001년 4월 11일, 원고인 동성결혼 부부들이 주 보건당국을 상대로 1심 법원에 소송을 제기하면서 시작되었다. 소장에서 원고들은 "원고 커플을 비롯한 다른 자격있는 동성커플들에게 혼인관계증명서를 발급해주지 않고 민법상 결혼이 부여하는 법적, 사회적 지위, 또는 보호, 혜택, 의무 등을 부여하지 않는 것은 메사추세츠주 헌법의 위반"이라고 주장하였다.

1심 재판부는 피고인 주 보건당국의 손을 들어주면서 혼인관계증명서 발급과 관련된 메사추세츠주 법 G.L.c. 207[65]에서 말하는 결혼의 일반적인 의미는 동성 커플에게 결혼을 허가하는 것으로 해석되지 않는다고 판결하였다.

또한 동성애자들을 결혼제도에서 제외시키는 것이 메사추세츠주 헌법 조항이 보장하는 자유, 평등 그리고 공정절차 등을 위반하는 것은 아니며 메사추세츠주의 권리장전[66] 역시 동성커플이 결혼할 수 있는 권리를 보장한 것은 아니라고 판단하였다.

1심 재판부는 동성결혼을 금지하는 것은 '출산'이라는 결혼의 주요 목적을 보호하기 위한 입법부의 정당한 이익을 합리적으로 증진시키는 것이라고 결론지으면서 "입법을 통해 주정부는 합법적으로 결혼을 이성커플간의 결합으로만 제한할 수 있다. 왜냐하면 이들 커플만이 이론적으로 출산이 가능하고 그들은 본질적으로 생식기를 통하지 않은 보다 까다로운 출산방법에 기대지 않기 때문이며 동성커플보다는 아이들을 가질 확률이 더 높기 때문이다."라고 하였다.

---

65   General Laws c. 207
66   A Declaration of the Rights of the Inhabitants of the Commonwealth of Massachusetts.

1심 재판부의 판결이 있은 후, 양측 모두의 요청에 의해 주 대법원에서 이 문제가 다루어지게 되었고 주 대법원은 결국 원고인 동성결혼 부부들의 손을 들어주면서 다음과 같은 논리를 전개하였다.

메사추세츠주 대법원은 로렌스사건[67]에서 미국 연방대법원이 텍사스주 형법상의 '소도미금지법'을 위헌으로 판결한 사건을 인용하면서 이 사건에서는 미 연방 수정헌법 제14조에서 말하는 인간의 존엄성에 대한 핵심 개념을 '지극히 개인적인 영역에서 상호 합의한 성인간에는 자신들이 원하는 방식으로 사랑을 표현할 수 있고 이는 스스로 원해서 사랑의 대상을 선택하는 것에 대해서 정부가 개입할 수 없음'을 말한다고 하였다.

그런데 메사추세츠주 헌법은 연방헌법보다 개인의 자유와 평등을 더욱 강력하게 보호하고 있기 때문에 동성간의 은밀하고 배타적인 관계를 원하는 사람들이 결혼이 제공하는 보호와 이익, 그리고 의무에 접근할 수 없도록 막는 것은 그들로부터 공동체의 가장 가치있고 소중한 기관의 구성원이 되고자 하는 것을 자의적으로 박탈하는 것이며 이러한 소외는 개인의 자율권과 평등권을 보호하려는 헌법적 가치와 양립할 수 없다고 판결하였다.

구드리지사건에서 문제가 된 G.L.c. 207은 혼인관계증명서를 발급받을 수 있는 최소한의 자격요건과 각 도시나 타운의 서기 또는 보건당국이 결혼에 관한 기록을 보관하도록 규정하고 있다.

---

67   제7장 로렌스사건 참조

이 법은 근친간의 결혼 및 18세 미만인 자의 결혼을 금지하고 있으며 결혼이 오직 공인된 자격이 있는 사람(예를 들면 각 종교의 성직자 등)에 의해 확정되어질 것을 요구하고 있다.

메사추세츠주에서는 예비 신혼부부들이 도시 또는 타운 서기의 사무실에 비치된 표준정보양식과 의료 증명서를 작성하고 신청비를 내면 서기가 예비적인 혼인관계증명서를 발급해 준다. 결혼식이 끝난 후, 결혼을 확정할 수 있는 자격이 갖추어진 사람이 이러한 양식에 추가 정보를 기입하여 서기에게로 다시 돌려보내면 소위 혼인관계증명서라고 하는 것이 완성된다.

구드리지사건에서 동성결혼 부부들은 G.L.c 207이 동성커플 사이의 결혼을 명시적으로 금지한 바가 없기 때문에 자격있는 동성커플에게 혼인관계증명서를 발급하는 것을 허용하는 것으로 해석해야 한다고 주장하였으나 주 대법원은 법 해석의 원칙, 즉 언어의 일반적인 용례와 입법의도에 따라 해석되어야 한다는 원칙에 따라 이러한 주장을 배척하였다.

대신 주 대법원이 더욱 관심을 갖고 해결하고자 했던 쟁점은 동성커플의 결혼을 금지한 주정부의 행위가 그러한 행위를 규제하기 위한 정부의 정당한 권리의 행사에 해당하는지, 또는 원고가 주장하듯 이렇게 사회의 한 집단을 차별적으로 결혼제도에서 소외시키는 것이 매세추세츠주 헌법상 유효한가 하는 것이었다.

먼저 결혼을 규제하고 결혼에 대해 관여할 수 있는 주정부의 권리에 대하여 주 대법원은 다음과 같이 설명하고 있다.

메사추세츠주에서는 결혼이란 식민지시대 이전부터 완전히 세속적인 제도였고 결혼의 당사자는 두 배우자와 그것을 확증해 주는 주정부, 이렇게 3자로 구성되어 있다.

결혼을 할지 말지를 결정할 수 있는 사람은 오직 결혼생활을 할 당사자들이지만 결혼의 조건 즉, 누가 결혼을 할 수 있으며 결혼에는 어떤 의무와 권한과 책임이 따르는지는 주정부에 의해 정해지는 것이다.

달리 말하면, 당사자들만이 결혼을 끝내는데, 즉 이혼에 동의할 수 있지만 그러한 이혼에 대한 출구조건은 주정부가 정하는 것으로서 주정부의 경찰권police power 의 범위 내에 속한다. 이는 결혼에 대한 입법부의 권한이 인정됨을 의미하는 것이다.

메사추세츠주 대법원은 결혼에 대한 결정들, 예를 들면 결혼을 할지 말지, 누구랑 결혼할지 등을 결정하는 것은 자신의 정체성을 규정짓는 기념비적 행위이며 혼인관계증명서를 소유해야만 접근할 수 있는 결혼제도의 혜택은 삶과 죽음에 영향을 줄 만큼 엄청난 것이라고 하면서 보건당국이 인정한 것처럼, 수백가지의 법이 결혼 및 결혼의 혜택과 관련되어 있다고 하였다.(상속권, 세법상 이익, 퇴직금 관련, 법적 증언거부권, 의료 휴가, 양육권 등)

결혼할 권리, 더 정확하게는 결혼을 선택할 수 있는 권리가 없다면, 인간 경험의 전체 범위에서 제외되는 것이고 개인의 은밀하고 지속적인 인간관계에 공식적으로 선언한 헌신에 대하여 법의 온전한 보호를 박탈당하는 것[68]이라고 하면서 메사추세츠주 헌법은 결혼이 개인의 삶과 공동체의 복지에 절대적이기 때문에 부당한 정부의 간섭으로부터 연방헌법보다 더욱 열정적으로 결혼을 보호해왔다고 주장하였다.

메사추세츠주 헌법에 따르면 최소한 결혼에 대한 정부의 규제는 자의적이거나 변덕스럽지 않아야[69] 하며 평등과 자유의 보장하에 반드시 최소한의 합리적인 방법으로 합법적인 입법 목적달성[70]을 위한 것이어야 한다고 하였다.

메사추세츠주 대법원은 어떤 사건에서 문제가 되는 법이 인간의 '근본적인 권리' 또는 '의심 계층'과 관련이 있으면 '엄격 검토기준'을 적용하고 그밖의 모든 법에 대해서는 '합리적 근거 검토기준'을 적용한다고 명확히 밝히면서 구드리지사건은 결혼을 할 수 있는 인간의 근본적인 권리를 다루고 있으므로 '엄격 검토기준'을 적용한다고 하였다.

피고였던 보건당국은 구드리지사건에서 동성결혼을 금지하는 3가지 합리적인 입법 논리를 폈는데 (1) 출산에 우호적인 환경조성, (2) 자녀 양육을 위한 최적의 환경조성(각각의 성을 가진 엄마, 아빠 가정이라는 측면에서), (3) 부족한 주정부와 사적인 재정자원의 보존 등이었다.

---

68   제6장 베이커사건 참조
69   *Commonwealth v. Henry's Drywall Co.*, 366 Mass. 539, 542(1974)
70   *Ruthworth v. Registrar of Motor Vehicles*, 413 Mass. 265(1992)

이에 대해 주 대법원은 지난 수 세기 동안의 변화로 인해 이제 평균적인 미국의 가정이라는 것이 어떤 것인지 정의하기 어려울 정도로 다양화되었다는 점을 지적하였다.

특히 주 대법원은 동성결혼을 금지하는 것이 이성결혼의 숫자를 늘렸다는 증거도 없고 동성커플들도 훌륭한 부모가 될 수 있다고 하면서 구드리지사건의 원고를 포함하여 많은 동성애자들 역시 다른 사람들이 아이를 가지는 것과 같은 이유로 아이를 낳고, 사랑하고 보살핌에도 불구하고 동성커플이 자녀를 양육하는 것은 결혼법의 아웃사이더라는 그들의 법적 지위 때문에 무척 힘든 일이 되었다고 주장하였다.

주 대법원은 아이들이 자랄 수 있는 최적의 환경은 동성결혼 부모들이 아이들과 친자관계를 가능한 빨리 성립하여 안정적인 가정환경을 제공하는 것인데 동성결혼 부부들은 공동 친자권을 성립하기 위해 두 번째 부모 입양이라는 길고 거슬리는 과정을 겪어야 할 뿐 아니라, 아이들의 안전과 안정에 중요한 원천이 되는 가정수입의 증대를 위해 결혼이 주는 여러 가지 혜택에서도 제외된다고 하였다.

주 대법원은 결혼제도로부터 동성커플을 제외시킴으로써 이성결혼 부부의 아이들에게 더 많은 혜택이 주어지는 것이 아니라 동성결혼 부부의 자녀들이 보육과 교육, 그리고 안정적인 가족구조로부터 파급되는 셀 수 없이 많은 혜택들을 누리지 못하도록 가로막는 것이라고 하였다.

이것은 법리적으로 합리적이지도 않고 실제적으로 부모의 성적지향을 이유로 동성결혼 부부의 아이들에게서 주정부가 줄 수 있는 혜택을 빼앗음으로써 아이들을 처벌하고 있는 것과 마찬가지라고 하였다.

결혼을 동성커플에게까지 확대하는 것은 결혼제도를 경시하게 하거나 파괴시키게 될 것이라고 한 보건당국의 주장에 대하여 주 대법원은 자신들의 결정이 관습법이나 수백 년간 많은 사회에서 이해되어 온 결혼의 정의에 심각한 변화를 가져다 줄 것이기는 하나 사회에서 결혼의 가치를 근본적으로 흔들지는 않을 것이라고 하면서 구드리지사건의 원고인 동성결혼 부부들은 결혼제도를 약화시키고자 하거나 폐지하려는 의도를 가진 것이 아니라 오히려 결혼을 동성간으로까지 확장시킴으로써 개인과 공동체에 결혼의 중요성을 더욱 강화시킬 것이라고 하였다. 즉 동성커플들이 결혼의 엄숙한 배제성의 의무와 상호 지원, 그리고 서로에 대한 헌신을 기꺼이 감당하려고 하는 것은 법과 인간 영혼에 있는 결혼의 영원한 지위에 대한 증거라고 하였다.

주 대법원은 동성결혼 문제를 주민투표로 해결할 수 있음을 시사하였으나 주민투표로 법이 승인될 때에도 그 법이 어떤 헌법적 기준을 만족시켜야 하는지를 결정하는 것은 사법부에 달려있다고 하였다. 그러므로 사회적 정책을 결정함에 있어 사법부가 입법부를 존중해야 하지만 헌법적 이슈를 결정하는 것은 법원의 전통적이고 인정된 역할임을 자임하였다.

한편, 메사추세츠주 대법원은 결혼을 진화라는 패러다임으로 바라보았다.

주 대법원에 따르면 관습법은 여성에 대해 지나치게 가혹했고 여성의 법적 정체성은 남편의 정체성 속에서 증발해 버렸으며 19세기 초만 해도 노예와 여자는 거의 비슷한 처지였으나 19세기 중반부터 가혹한 관습법 체제를 개선하기 위해 많은 노력을 한 결과, 여러 가지 경보음이 울렸음에도 불구하고, 결혼은 이 모든 변화 속에서도 건재하였으며 앞으로도 계속해서 생생하고 존중받는 기관으로 남아 있을 것을 의심하지 않는다고 하였다.

타 주와의 법 적용의 형평성에서 대해서는 다른 주에 대한 예의를 지키느라 메사추세츠주 시민들이 헌법상 가능한 온전한 보호조치를 누리는데 방해가 되도록 해서는 안되며 연방제의 우수성은 각 주의 헌법이 자신들의 전통에 따라 생동감을 가진다는 사실에 있으므로 연방수정헌법 제14조의 최소 요건만 지킨다면 각 주는 자유롭게 자신들의 헌법이 요구하는 방식으로 개인의 자유라는 어려운 문제에 대한 의지를 펼 수 있다고 하였다.

또한 결혼을 원하는 동성커플들을 결혼제도에서 완전히 배제하는 것과 공공의 건강과 안전 및 일반적인 복지와는 아무런 합리적인 관련성이 없다는 사실을 지적하면서 이는 동성결혼 금지가 동성애자들에 대한 뿌리 깊은 편견에 기인한다는 사실을 보여주는 것에 불과하며 메사추세츠주의 헌법은 그러한 편견을 좌시할 수 없다고 하였다.

메사추세츠주 대법원은 한 개인이 동성과 결혼하고자 한다는 이유로만 결혼이 주는 보호, 혜택, 그리고 의무로부터 그 개인을 소외시키는 것은 메사추세츠주 헌법을 위반한 것이라고 판결하였고 입법부가 그러한 판결에 부응하는 적절한 조치를 취할 수 있도록 180일간 판결의 집행을 연기하였다.

구드리지사건을 통해 내려진 사법부의 결정에 대해 입법부는 동성애자들에게 '결혼' 대신 '시민결합' 제도를 만들어 주어서 결혼과 동일한 혜택을 누리게 하는 것이 어떤지 논의하였으나 사법부는 '결혼'을 대체하는 그 어떤 것도 결혼과 동일한 사회적 혜택을 줄 수 없다고 하면서 메사추세츠주에서 동성결혼을 완전히 합법화하였다.

구드리지사건에서 메사추세츠주 대법원은 '성적지향이나 결혼상태에 관계없이 아이를 낳고, 입양하고, 위탁부모가 될 수 있는 권리가 메사추세츠주에 이미 잘 확립'[71]되어 있음에도 불구하고 주정부가 동성커플의 결혼을 법적으로 인정을 하지 않는 것은 동성커플의 자녀들이 이성부모의 가정에서 자라는 아이들이라면 당연히 받아야 할 법적인 보호와 사회적인 혜택을 받지 못하도록 구조화하는 것이라고 비판하였다.

이것을 카스트제도와 같은 시스템으로 표현하면서 아이들에 관한 한 '아이들의 이익을 최우선으로Best Interest of Child' 하는 가족법의 맥락에서 볼 때에도 결코 용인되어서는 안된다고 주장하였다.

구드리지사건의 본질은 역사적으로 받아들여져 왔던 가족 안에서 남녀의 역할에 대한 뿌리 깊은 생각들이 메사추세츠주의 최고 헌장에 부합하는 것인지를 재점검하는 것이라고 하면서, 헌법에 관한 한 전통에 대한 요구도, 개인적인 신념도, 동성커플과 그 가족들을 이성커플과 그 가족들보다 사회적으로나 법적으로 열등하게 대우하는 영속적인 위계질서를 만드는 것을 정당화할 수 없다고 하였다.

오히려 동성커플을 인정할 수는 없다고 믿는 사려 깊은 시민들이 구드리지사건

---

71   *E.N.O v. L.M.M*, 429 Mass. 824, 829. crt. denied, 528 U.S. 1005(1999)

의 판결을 통해 기꺼이 동성애자들을 사회 공동체의 구성원이자 이웃이며, 동료이자 친구로 받아들임으로써 '옳음'에 동참해야 한다고 주장하였다.

다음은 메사추세츠주 대법원의 동성결혼 합법화 판결에 대한 반대의견이다.

반대론자들은 구드리지사건의 핵심 쟁점을 메사추세츠 권리장전 art 30에 의거하여 '법원의 간섭없이 사회적 변화를 이끌 수 있는 입법부의 권한'에 관한 문제라고 보았다.

이들은 '결혼을 규제할 수 있는 권한은 사법부가 아니라 입법부에게 있다'[72]고 하면서 구드리지사건으로 주 대법원은 개인적 권리의 보호자로서의 법원의 역할을 권리의 창조자로 변화시켰다고 비판하였다.

반대론자들은 문제가 되는 결혼법 G.L.c 207은 성별뿐 아니라 성적지향에 대해서도 차별하지 않는다고 하였다. 왜냐하면 헌법적 보호는 개인에게 주어지는 것이지 커플에게 주어지는 것이 아니고, 결혼법은 성적지향에 근거하여 개인들의 결혼할 수 있는 자격을 박탈하는 것도 아니며, 성적지향과 관련이 없지만 결혼할 수 없는 다른 예외사항들이 존재함에도 불구하고 모든 사람들에게는 결혼할 수 있는 자유가 있기 때문이라고 하였다.

메사추세츠주 헌법 제10조가 보장하고 있는 공정절차에 대한 논의에서는 '실체

---

72   *Commonwealth v. Stowell*, 389 Mass. 171, 175(1983)

적 공정절차란 부당한 정부의 간섭으로부터 개인의 권리를 보호하는 것'[73]에 불과함에도 불구하고 구드리지사건의 판결은 공정절차라는 법조문을 사용하여 결혼을 재정의하고 있다고 비판하였다.

실제로 주 대법원이 구드리지사건에서 동성결혼에 대한 권리가 헌법이 보장하는 인간의 근본적인 권리라고 인정하지도 않았고 이러한 권리가 미국 역사에 깊이 뿌리박힌 근본적인 권리도 아니라고 하면서도 판결로 결혼법 내의 성별을 규정하는 용어를 바꾸려고 시도하는 것은 입법부가 유지하고자 의도했던 '한 남자와 한 여자의 결합'이라는 결혼의 정의를 바꾸려는 시도이며 이는 법 조문의 용어를 바꿈으로써 사법적인 기능의 한계를 넘어서서 입법에까지 개입하려고 하는 명백한 의도를 보여주는 것이라고 하였다.

지금까지 사법부는 미국의 전통과 헌법 정신에 깃들인 권력분립의 원칙에 따라 자신들의 개입이 실제로 매우 바람직하고 정당하다고 여겨지는 결과를 가져올 수 있다고 확신하는 경우에라도 입법의 영역을 침범하는 것을 자제하여 왔다는 점을 상기시키면서 법원은 헌법이 지지하는 권리를 인정할 수 있는 권위는 있지만 새로운 권리를 만들어 내는 힘은 민주적이고 입법적인 절차에 따라 시민들에게 유보되어 있다고 하였다.

아이들에게 최선의 성장 환경을 제공하기 위하여 동성결혼을 합법화시켜야 한다는 주 대법원의 주장에 대해 반대론자들은 많은 사람들이 현재 전통적인 결혼의 테두리 바깥에서 아이들을 키우고 있으며 '정의'라는 관점에서 볼 때 이러한 아

---

73 *Aime v. Commonwealth*, 414 Mass. 667, 673(1993)

이들이 결혼한 부모의 가정에서 자라면 받을 수 있는 다양한 혜택에서 소외되어 있는 것은 사실이라고 인정하였다.

그러나 그렇다고 입법부가 아이들을 키우고 있는 모든 가구에게 결혼의 지위가 주는 모든 혜택을 반드시 다 주어야 할 의무가 있는 것은 아니라고 하였다. 오히려 입법부는 수 세기 동안 성공적인 모델로서 성립되어 온 결혼 가족구조와 새롭게 대두되고 있는 대안 가족구조가 대등하지 않다는 것을 보여주는 약간의 합리적인 근거만 있다면 현재의 결혼법을 그대로 유지, 집행할 수 있다고 하였다.

즉, 아이들에게 해를 끼치지만 않는다면 사람들은 다양한 가족구조 속에서 아이들을 양육할 자유를 가지지만 그렇다고 주정부가 자유사회가 허락하는 무한대로 다양한 가족구조 모두에게 동일한 형태의 격려와 지지와 지원을 제공해야 할 의무가 있는 것은 아니라는 것이다.

또한 동성커플의 가정에서 자녀를 양육하는 것이 아이들에게 어떤 영향을 미치는지에 대한 과학적 연구가 이제 막 시작 단계에 불과하고 아직까지는 어떠한 결론도 없다고 하면서 상호 대립하는 연구결과만을 도출해 내고 있다는 사실을 인정한다 할지라도 부모의 성이나 성적지향이 자녀 양육이라는 과업의 성공에 별다른 영향이 없을 것이라는 믿음과는 달리 오히려 오늘날까지의 여러 연구는 이성커플과 동성커플이 양육하는 아이들 사이에는 눈에 띄는 차이점이 나타나고 있음을 밝히고 있다고 하였다.

반대론자들은 사회의 핵심적인 요소에 근본적인 변화를 주기 전에 입법부가 그러한 변화의 결과에 대한 높은 수준의 정확도와 확실성을 요구하는 것, 그리고 그

변화가 전체 사회체계의 구조적 완전성에 일시적이든 지속적이든 해를 입히지 않고 안전하게 이루어질 수 있도록 하는 것은 명백히 합리적인 주정부의 이해관계라고 하면서 구드리지사건을 통해 동성결혼을 합법화시키는 것이 결혼 제도에 아무런 해가 되지 않을 것인가, 아니면 사회에서 결혼이 담당해 온 결정적인 역할에 부정적인 영향을 미치게 될 것인가에 대한 판단을 유보하는 것이 주정부의 입장에서 얼마나 합리적인지 따져보아야 한다고 하였다.

반대론자들은 현재까지 이 문제에 관한 한, 사회적인 공감대도 형성되지 않았고, 과학자들 사이에 일치된 의견도 없으며, 동성결혼 가정이라는 새로운 가족구조에 대해 오랜 기간 관찰해 보지도 않은 상태에서는 결혼을 동성커플도 포함하는 것으로 재정의하는 것이 의도하지 않은 결과나 바람직하지 않은 사회적 결과를 초래하지 않는다는 것이 확실해질 때까지 동성결혼 합법화를 입법적으로 연기한 것은 합리적인 일이라고 보았다.

메사추세츠주의 결혼법은 자녀를 낳고 기르기에 최적화된 사회구조를 보호하고 증진하고 지원하고자 하는 합법적인 주의 목적을 증진시킨다고 할 수 있기 때문에 법의 유효성을 인정할 만한 합리적인 근거가 존재하며, 이는 합법적인 주정부의 경찰권police power 행사의 일환임과 동시에 공공의 이익을 보장하기 위해 제정된 것이지, 종교적 목적이나 개인의 신념이나 열망을 추구하기 위한 것이 아니라고 하였다.

반대론자들은 구드리지사건에서 메사추세츠주 대법원이 개인이 민법상 결혼이라는 제도를 누구와 함께 공유할 것인가를 자유롭게 선택할 수 없다면 결혼의 근본적인 중요성에 대한 의미가 없어질 것이라는데 동의함으로써 동성결혼을 원하는 개인에게 혼인관계증명서 발급을 거부할 수 없다고 결론지었고 이렇게 결론을 내리는 과정에서 '결혼할 수 있는 권리'를 '결혼제도 자체를 변경시킬 수 있는 권리'로 변질시켜버렸다고 비판하였다.

동성과 결혼할 수 있는 근본적인 권리를 '결혼의 중요성'에 대한 연방대법원의 판례들에서 근거를 찾고 있는 것에 대하여 이러한 모든 판례들은 미국에서 존재해왔고 이해되어 온 결혼제도의 근본적인 성격에 대해 논의하고 있는 것이지 구드리지법정에서처럼 결혼제도를 재정의 하는 것에 대해 논의하고 있는 것은 아니라고 하였다.

결혼할 수 있는 근본적인 권리를 주장하기 위해 원고인 동성결혼 부부들이 인용한 연방대법원의 판례들에 대해서도 이들 판례들이 오직 역사적으로 합법적인 결혼제도 안에서만 이루어질 수 있는 자녀의 출산에 중점을 두고 있다고 하면서 그 이유는 결혼제도 바깥에서 이루어지는 모든 성적 결합은 범죄행위로 간주되었기 때문이었다고 하였다.

반대론자들은 동성결혼 옹호론자들이 인용한 판례 중에 결혼을 근본적인 권리라고 처음으로 규정했던 스키너사건[74]에서 연방대법원이 불임법을 무효화시키면서 불임수술을 받은 인간은 영원히 기본적인 자유를 박탈당한 것이라고 결론지을 때 법원이 명백하게 결혼보다는 출산에 더 강조점을 두었다는 점과 자블록키사건 [75]에서도 연방대법원은 출산에 대한 권리와 결혼에 대한 권리를 연결시키면서 원

---

74 *Skinner v. Oklahoma*, 316 U.S. 535(1942)
75 *Zablocki v. Redhail*, 434 U.S. 374(1978)

고들의 출산에 대한 권리가 의미를 가지려면 주정부가 합법적으로 성관계를 허락한 유일한 관계에 들어갈 수 있는 권리 즉, 결혼할 수 있는 권리가 반드시 함축되어있어야 한다고 결론지었던 것을 예로 제시하였다.

반대론자들은 동성커플은 자체적으로 출산을 하지 못하기 때문에 그들이 소유한 결혼에 대한 권리는 연방대법원에서 근본적인 권리로 인정하는 결혼, 즉 출산이 전제되는 되는 결혼이 아니라고 하였다.

따라서 연방대법원에서 근본적인 권리로서 인정한 이성간의 결혼제도는 미국 전역과 메사추세츠주의 역사와 전통에 깊이 뿌리박혀 있지만 동성과 결혼하고자 하는 개인적이고 은밀한 결정이 어떠하던지 간에 그것은 개인의 자율권이나 사생활권에 의해 헌법적으로 보장되는 인간의 근본적인 권리는 아니라고 주장하였다.

마지막으로 아이들에게 안정된 가족구조를 제공하고 사회적 편견이나 불이익을 당하지 않게 해 주기 위해 동성결혼을 합법화시켜 주어야 한다는 주장에 대해서는 아이들에 대한 문제는 결혼법과 연관되어 있거나 결혼법에 의해 훼손되는 것이 아니라고 하였다.

왜냐하면 원고들이 결혼할 수 없다는 사실은 헌법에서 독립적으로 보장하고 있는 부모의 권리와는 아무런 상관이 없고, 동성애자들이 가지는 부모로서의 권리는 이성애자 부모의 경우와 마찬가지로 단순히 그들이 부모로서 지속적으로 적합한지와 아이들에게 최선의 이익을 보장하느냐 마느냐 하는 사실에 의해서만 제한될 뿐이기 때문이라고 하였다. 따라서 원고들에게는 주정부에 의해 '결혼하였음'을 공인받을 수 있는 근본적인 권리가 없다고 하였다.

어떤 관습이 오랜 역사를 가졌고 그러한 관습이 미국이란 나라와 메사추세츠주의 전통에서 논쟁의 여지가 없는 부분으로 받아들여졌다는 사실은 그러한 관습을 무효화시킬 때 법원이 매우 세심한 주의를 기울여야 한다는 것을 의미한다고 하면서 지금까지 미국의 어떤 주에서도 동성결혼을 허용하는 법을 제정한 적이 없고 오히려 미 연방의회는 연방법상 어떤 목적으로도 동성결혼을 인정할 수 없도록 법을 제정한 바 있다는 점 또한 상기시켰다.

역사적 전통과 시민들이 선출한 대표자들의 행동에 반영된 시민들의 의견을 볼때, 동성결혼에 대한 권리가 시민들의 전통과 집단적 양심에 너무도 깊이 뿌리박혀 있어서 그것을 인정해 주지 않는 것은 문명과 정치적 제도의 토대가 되는 자유와 정의라는 근본적인 원리를 위반하는 것이라고는 말할 수 없으므로 동성결혼에 대한 법은 입법의 과정에 맡겨두어야 하며 법원이 자유와 공정절차조항을 사용하여 더 나은 사회정책에 대한 자신의 관점을 강요해서는 안된다고 하였다.

반대론자들은 결혼이 단순히 두 개인간의 사적인 관계를 법적으로 정의해 주기 위한 계약이 아니라고 하였다. 오히려 제도적 차원에서 결혼이란 문명화된 사회의 전체 틀의 가장 기초가 되는 것이며 결혼은 정치적, 경제적, 사회적, 교육적, 미래세대의 출산 및 개인적인 기능에 관한 중요한 목적을 수행한다고 보았다. 그리고 이러한 많은 기능 중 가장 중요한 것이 바로 결혼제도가 이성간의 행위를 규제하고 결과적으로 출산을 하기 위한 질서를 부여하며 아이들이 자라고 교육받고 사회화되기 위한 안정된 가족구조를 체계적으로 보장한다는데 있다고 주장하였다.

오늘날 효과적인 피임약이나 광범위한 사회보장 프로그램 등으로 인해 이성간의 성관계와 출산 및 자녀양육이 꼭 결혼과 연관되는 것은 아니라고 할지라도 정상적인 사회라면 임신과 출산으로 이어지는 성관계에 대한 제도가 필요하며 결혼이 바로 그 제도라고 하였다.

반대론자들의 주장에 따르면 결혼제도는 이성간의 성관계와 출산을 한쪽 편에 그리고 가족의 책임을 다른 쪽 편에 두고 그사이에 중요한 법적이고 규범적인 연결고리를 제공한다. 결혼한 배우자는 배타적인 성관계를 유지할 것으로 기대되며 그 결과로 자녀의 부모가 될 것이 예상된다. 아이가 태어나기 전 9개월 동안 한 아이의 부모가 될 남자와 여자 사이에 공식적인 관계를 창조할 어떤 과정도 없는 상황에서 결혼제도는 남편이자 아버지를 그의 아내 및 아이와 법적으로 묶어 줌으로써 이러한 간격을 메워 주며 그에게 아버지로서의 책임을 부과한다.

반대론자들은 이성간의 성관계와 출산, 자녀양육이 서로 단절된 결혼제도를 가진 사회를 대안으로 한다는 것이 얼마나 엄청난 사회적 혼란을 초래할 것인가를 우려하면서 결혼한 가정은 부모로 하여금 자녀가 성장함에 따라 서로와 아이들에게 헌신하게 하여 아이들의 교육과 사회화에 가장 안정된 환경을 제공할 수 있도록 한다고 주장하였다.

또한 지금까지의 문화적, 정치적, 경제적 환경의 극적인 변화가 결혼에 대한 전통적인 개념 중 몇몇을 바꾸어 놓았다는 것을 부인할 수 없음에도 불구하고 결혼제도는 사회구성의 주요 원칙으로 남아있으며 주정부의 목적 중 자녀를 낳고 기르는 최상의 사회구조를 지지하고 보장하고 증진하는 것보다 더 중요하고 합법적인 것이 있을지 상상하는 것은 매우 어렵다고 하였다.

입법부는 합리적으로 이성결혼 부부의 가족 환경이 아이들을 양육하는 최상의 사회구조라는 결론을 내릴 수 있고 두 사람의 생물학적 부모가 없는 동성커플의 아이들은 말 그대로 각각의 성별의 부모로부터 배울 수 있는 여러 가지 역할이나 권위를 배울 수 없으며, 아직은 동성결혼과 같은 대안적 가족구조가 결혼에 근거한 가족구조를 뛰어 넘는다는 합리적이고 과학적 결론을 내릴 수 없다고 하면서 메사추세츠주가 최근에 동성커플에게도 입양을 허용했다고 해서 이같은 결론이 달라지는 것은 아니라고 하였다.

반대론자에게 있어서 입양은 아이의 생물학적 부모가 무슨 이유로 아이를 기를 수 없거나 기르기를 원치 않는다는 것을 전제로 하며 이러한 점에서 볼 때 입양은 사회가 자녀 양육의 최상의 환경을 잃어버렸을 때 제시하는 대안에 불과한 것이라고 하였다.

그러므로 주정부가 자녀를 양육하는 다양한 형태의 가족을 배제하지 않는 것이 그들 모두를 동일하게 최상의 것으로 보고 동일하게 주정부의 지지와 인정을 받을 만 한 것으로 여긴다는 것을 의미하는 것은 아니라고 하였다. 예를 들면 혼자 사는 사람도 아이를 입양할 수 있으나 혼자 사는 사람의 입양을 허용하였다고 해서 주정부가 홀어머니나 홀아버지를 아동양육의 최상의 환경으로 인정한 것은 아닌 것과 마찬가지라는 것이다.

더구나 반대론자들은 동성커플을 결혼제도에 포함시킬 수 있도록 결혼을 재정의하는 것은 출산과 자녀양육의 규범을 정하고 안정화시키고 상호 관련성을 극대화 할 수 있는 사회적 제도로서 이성간의 결혼을 증진하고 지원하고자 하는 주정부의 이해관계를 훼손할 수 있다는 결론을 내릴 수 있다고 보았다.

동성결혼 부부들은 그들 역시 이러한 동일한 안정된 제도에 참여하고 싶다고 항변하지만 입법부는 그들의 참여를 허락하는 것이 주의 사회적인 목적을 달성하기 위한 결혼의 능력을 일정 부분 훼손시키는 의도하지 않은 효과가 날 수도 있다고 합리적으로 결론내릴 수 있다고 하였다.

결혼이 최소한 이론적으로 출산이 가능한 이성커플로 제한되는 한, 사회는 시민들에게 결혼이란 본질적으로 출산에 대한 노력이 필요한 부분이라는 메시지를 지속적으로 전달할 수 있고 만약 그들이 출산을 한다면 사회가 출산과 양육에 친화적인 환경을 조성하기 위해 다양한 혜택을 줄 것이란 명백한 메시지를 전달할 수 있게 된다고 하였다.

그런데 만약 사회가 출산할 수 없는 동성커플의 결혼까지 인정하게 되면 위의 주장을 포기한 것으로 간주되어 결혼과 출산은 아무런 상관도 없다는 잘못된 관점을 사람들에게 심어 주는 결과를 낳게 될 것이라고 우려하였다.

본질적으로 입법부는 그러한 정책변경의 결과가 가장 최상의 환경에서 출산을 하고 자녀를 양육하고자 하는 행위를 지원하는 사회의 능력을 훼손하게 될 것이라고 결론내릴 수 있으며 합리적인 입법부는 주어진 증거를 바탕으로 최소한 결혼을 극적으로 재정의하는데 따르는 잠재적이고 의도하지 않았던 결과에 대해 합리적인 고려를 할 수 있을 것이라고 하였다.

결론적으로, 구드리지사건의 핵심 쟁점은 개인의 자유에 정부가 간섭을 할 수 있느냐 없느냐도 아니고, 동성커플이 함께 살 권리가 있는가에 대한 것도 아니며, 아이를 입양해서 함께 키울 수 있는 권리에 관한 것도 아니라 주정부가 민법상 결혼제도를 변경함으로써 동성애자들의 선택을 인정하고 지지하는가, 따라서 그들에게도 결혼이 부여하는 동일한 혜택과 의무와 책임을 부과해야 하는가에 대한 질문에 답하는 것이라고 하였다.

반대론자들은 많은 사람들의 용기있는 노력으로 미국 사회공동체의 동성애자 구성원의 존엄과 권리가 증대되었음에도 불구하고 구드리지사건과 같이 결혼을 재정의하는 문제는 지극히 심각한 것으로서 반드시 사법부의 판결이 아닌 입법부의 문제로 다루어야 져야 하는 것이라고 주장하면서 자신들의 의견을 마무리하였다.

2015년 1월, 미국의 제5항소법원에서 동성결혼 부부들 밑에서 자라 이제는 성인이 된 네 사람, 케티 파우스트, 돈 스테라노비츠, B.N 클라인, 그리고 로버트 오스카 로페즈 등이 동성결혼 합법화를 반대하는 청원을 위한 의견을 개진했다고[76] 한다.

이들은 모두 자신들이 자라온 동성애 문화 속에서 성적 정체성의 혼란을 겪었으며, 아버지나 어머니의 부재로 인한 심각한 역기능을 경험했다고 하였다. 이들은 동성애자들을 결혼제도에 포함시킴으로써 결혼을 재정의하려는 시도는 결국 동성애자들의 정치적이고 개인적인 이익을 위해 수많은 아이들이 이용 당하거나 착취 당할 수 있으며 이는 곧 아동학대로 이어질 가능성이 매우 높다고 주장하였다.

---

76 Breaking Christian News, Jan. 16, 2015 by Kirsten Andersen. Adult CHILDREN OF GAY PARENTS
    UNITE IN COURT TO TESTIFY AGAINST SAME-SEX MARRIAGE

동성결혼 합법화의 문제와 관련하여 찬반 양측은 결혼과 출산 그리고 자녀양육과의 관계에 대한 첨예한 인식의 대립을 보여주고 있다.

한 극단에는 결혼과 출산과 자녀양육이 더 이상 관련이 없다는 주장이 다른 한 극단에는 여전히 결혼은 출산과 자녀양육을 위한 최선의 사회구조라는 주장이 팽팽히 대립하는 가운데 아이들의 인권이 놓여 있다.

그러나 어떤 입장이든 아이들을 위한 최선이 무엇인지를 가장 우선 순위에 두어야 한다.

구드리지사건에서 반대론자들이 주장했듯이 동성애자들에게 아이들을 입양할 수 있도록 했다는 사실이 아이들에게 엄마와 아빠가 온전히 존재하는 가정이 중요하지 않다는 의미는 아닐 것이다.

동성결혼 합법화 소송에서 많은 동성애자들이 자신들을 훌륭한 부모로 부각시키고 있다. 이것을 볼 때마다 아이들이 동성결혼을 합법화시키기 위한 가장 강력한 무기로 사용되고 있는 것 같아 무척 씁쓸하다.

결혼제도는
진화하는가?

Lewis v. Harries(2006)

"**O**ver the last three decades, through judicial decisions
and comprehensive legislative enactments, this State,
step by step, has protected gay and lesbian individuals from
discrimination on account of their sexual orientation."

_Justice Albin (N.J)

Lewis v. Harries, 188 N.J. 415; 908 A.2d 196 (N.J. 2006)

메리유어팻[77]이라는 인터넷 웹사이트가 있다. 이 사이트는 2003년 도미니크라는 네덜란드의 40대 여성이 만든 사이트로 자신의 반려동물과 결혼하고 싶은 사람들의 신청을 받아주고 적절하다고 판단이 되면 결혼으로 인정해주는 사이트이다.

도미니크라는 이 여성은 이 사이트를 개설하기 전, 자신의 반려견과 결혼하고 싶었으나 교회에서 그 결혼을 인정해 주지 않자, 스스로 목사안수를 받고 사람과 반려동물 사이의 결혼을 성사시켜주고 있다고 한다. 자칭 반려동물과 사람간의 결혼 전문가pet and the people wedding specialist이다.

농담같은 일이지만 이들은 사람보다는 충직하고 말이 없으며 경제적인 문제를 야기시키지 않고 언제나 자신을 반기며 꼬리를 흔들어주는 반려동물이 오히려 오랜 시간 서로 헌신을 다짐하는 배우자로서 더 적합하다고 생각한다고 한다.

한편, 2016년 4월 11일, 콜로라도 주 덴버에 있는 제10 연방항소법원은 네 명의 아내와 한 명의 남편으로 이뤄진 한 일부다처 가정이 제기한 일부다처제 허용 소송을 기각하고 사건을 하급심인 연방지방법원으로 돌려보냈다[78]고 한다.

77   marryyourpet.com
78   장현구, 〈미국 법원, 일부다처제 금지법 반대 소송 기각〉, 연합뉴스, 2016.04.12, http://www.yonhapnews.co.kr/bulletin/2016/04/12/0200000000AKR20160412012000075.HTML

보도에 따르면 남편 코디 브라운을 비롯해 메리, 크리스틴, 저넬, 로빈 등 4명의 부인과 17명의 자녀로 이뤄진 이 일부다처 가정은 2011년 중혼을 금지한 유타주 법에 맞서 유타 주정부와 주관리들을 법원에 제소했다.

모르몬교 근본주의 분파인 '연합사도형제단' 소속인 이들은 중혼이 신앙의 핵심임에도 불구하고 유타 주의 '일부다처 금지법'이 사생활과 종교의 자유를 침해하고 있다고 주장했고 이들의 이야기는 케이블 TV 리얼리티 쇼인 '시스터 와이브스'를 통해 6년간이나 방영되었다고 한다.

이상과 같이 새로운 결혼형태를 허용하라는 목소리는 2015년 미국이 동성결혼을 합법화하면서 미국사회 여기저기에서 더욱 높아지고 있다.

이들은 결혼은 개인의 선택이므로 자신이 선택한 배우자가 사람이 되었든 동물이 되었든 국가가 무슨 상관이며, 동성간의 결혼도 허용하는 마당에 배우자의 숫자를 제한하는 것이 무슨 의미가 있는가? 하는 등등의 논리로 법원을 압박하고 있다고 한다.

우리에겐 무척이나 생소한 일이고 이해할 수 없는 정서이지만 결혼을 영구불변한 사회의 기본 구조라고 보지 않고 진화하는 제도라고 볼 때 이런 결과는 필연적으로 나타날 수 밖에 없다.

이 장에서 다룰 루이스사건 역시 결혼의 진화하는 특성을 강조하면서 시대에 맞게 사람들의 인식의 변화에 발맞추어 입법부가 행동해야 함을 사법부가 명령했던 사건이다.

사건의 사실 관계는 다음과 같다.

2002년 6월 26일, 7쌍의 동성커플들인 원고들은 동성결혼을 인정하지 않는 것은 뉴저지주 헌법 Article I, paragraph 1에서 보장하고 있는 개인의 자유와 평등 보호조항을 위반하는 것이라는 것을 법원이 공식적으로 선언하여 줄 것과 주공무원들이 자신들에게 혼인관계증명서를 발급해 줄 것을 요구하는 소장을 제출하였다.

이들은 10년 이상 지속적이고 헌신된 관계를 유지해오고 있으며 그 중 4쌍은 인공수정을 통하여 자녀도 낳아 기르고 있었다. 그들은 각자 자신의 파트너와 결혼하여 결혼이 제공하는 법적, 경제적, 사회적 혜택을 누리고자 하였는데 각각의 관할 관청에서 혼인관계증명서를 발급해주지 않자 뉴저지주의 결혼법이 주 헌법을 위반한다며 소송을 제기한 것이었다.

그들은 진술서affidavit에서 동성결혼을 금지하는 법이 그들의 존엄과 사회적 지위를 해치고, 자신들과 자신의 아이들 및 가족들 전체에 심리적인 상해를 입히고 있다고 주장하였다.

이에 대하여 1심 재판부는 뉴저지주 법상 '결혼은 한 남자와 한 여자와의 결합에 제한된다'고 판결하였다.

1심 재판부는 동성결혼이란 개념은 1912년 결혼법이 통과될 당시의 입법자들에게는 너무도 생소한 개념이어서 이것을 금지하는 것에 대해서는 언급할 필요조차 없는 것이었다는 점, 동성결혼을 할 수 있는 권리는 뉴저지주의 시민들의 공동체적 양심과 전통에 뿌리를 두고 있지 않기 때문에 근본적인 권리로 간주될 수 없다는 점, 그리고 마지막으로 뉴저지주의 결혼법은 주 헌법이 보장하고 있는 평등보호의 보장을 위반하지 않았다고 판결하면서 결혼을 서로 다른 성별의 커플들로 제한한 것은 유효하고 합리적인 주정부 권위의 행사이며 게이나 레지비언의 권리는 결혼에 대한 전통적인 이해를 바꾸지 않는 다른 방식으로도 충분히 보호될 수 있다고 하였다.

1심 재판부는 원고들의 주장을 "결혼에 대한 장애를 제거하려는 것이 아니라 결혼의 본질, 그 자체를 바꾸려는 것이라며 그러한 목적을 달성하기 위해서는 '생활동반자법'이 통과되던 당시에 입법부에 구제책을 호소했어야 했다."라고 주장하였다.

항소심 재판부 역시 이러한 판결을 다시 한 번 확정하였다.

항소심 재판부는 "뉴저지주의 결혼법은 주 헌법의 Article I, paragraph 1이 보장하는 평등보호와 실체적 공정절차를 위반하지 않았다."고 판결하면서 어떤 법의 헌법적 유효성을 판단하기 위해서는 법에 의해 영향을 받는 권리의 성격과 그러한 권리를 침해하는 주정부의 제재범위 및 제재에 대한 공공의 필요성 등의 균형을 함께 고려해야 한다고 하였다.

또한 헌법은 단순히 진화하는 사회적 도덕에 대한 판사 자신의 관점을 쏟아 넣은 수 있는 빈 그릇에 불과한 것이 아니라며 헌법에서 요구하지 않는 한, 오직 입법부만이 동성간의 결혼을 승인할 수 있다고도 하였다.

항소심 재판부는 법원에는 결혼의 핵심적인 특징, 즉 두 사람의 이성간의 결합이라는 성격을 변화시킬 수 있는 헌법적인 권위가 없다면서 출산을 전제로 한 이성간의 성적 결합은 역사적으로 모든 시대와 문화권에서 특권적인 지위와 중요성을 지녀왔고 그러한 성격은 근본적인 것으로서 주정부가 왜 결혼에 대해서만 특혜를 주는지 그 이유를 설명해 준다고도 하였다.

1심과 2심에서 모두 패배한 원고들은 주 대법원에서 이 문제를 가리고자 하였다.

루이스사건의 핵심 쟁점은 1) 뉴저지주 헌법 Article I, paragraph 1의 평등보호보장조항은 헌신된 동성커플에게 동일한 조건하에서 결혼한 이성커플에게 부여되는 법적 혜택과 특권들을 부여할 것을 요구하고 있는가? 2) 만약 그렇다면, 그러한 보장의 범위 내에는 이처럼 헌신된 동성간의 법적인 관계를 정의하는데 '결혼'이라는 단어를 사용할 것을 요구하고 있는가? 였다.

이에 대한 뉴저지주 대법원의 판결은 다음과 같다.

루이스사건에서 주 대법원이 첫 번째로 해결해야 할 문제는 '주 헌법 Article I, paragraph 1에서 보장하는 자유의 개념 속에 동성결혼을 할 수 있는 근본적인 권리가 포함되어 있는가?'이다.

이에 대하여 뉴저지주 대법원 역시 미 연방대법원의 판례에서 지속적으로 주장되어 온 것처럼 오직 미국의 전통과 역사, 그리고 사람들의 양심에 깊이 뿌리박혀 있는 권리만을 근본적인 것으로 간주한다고 하였다.

그러나 주 대법원은 비록 헌법 조문상으로 동성결혼에 대한 근본적인 권리를 찾을 수 없다 할지라도 헌신된 동성커플들에게 차별적으로 혜택을 부여하는 일은 주 헌법상 용납될 수 없다는 주장을 펼쳤다. 이유는 뉴저지주의 입법부와 사법부는 성적지향에 따른 차별을 근절하는 것을 기본 전제로 하고 있으므로 헌신된 동성커플들에게 이성커플들에게 부여하는 법률적인 권리와 혜택을 주는 것을 거부하는 것은 Article 1, paragraph 1의 평등보호의 보장을 위반하는 것이라는 것이다.

따라서 이러한 헌법적 의무를 지키기 위하여 입법부는 결혼의 정의에 동성커플을 포함하도록 결혼법을 수정하든지, 아니면 동성결혼을 한 부부들이 누려야 할 권리와 혜택, 감수해야 하는 의무와 부담을 부여하는 결혼과 유사한 새롭고 평등한 법적 구조를 창안하든지 하여야 한다고 명령하였다.

뉴저지주 대법원은 루이스사건의 원고들이 가족, 경력, 그리고 공동체에 대한 봉사 등 사회적 가치를 추구함에 있어서 이성커플들과 놀랍게도 동일한 삶을 살아왔다고 하면서 이들 중에는 안수받은 목사와 사역자들도 있고, 비영리 재단의 행정가, 사업가도 있으며, 또한 이들이 YMCA 아동 캠프 이사회 활동을 비롯한 다양한 공동체 활동에 적극적으로 참여하고 있다는 점과 인공수정이나 입양 등을 통해 아이들을 양육하고 있는 평범하고 정상적인 사람들이라는 점을 강조하였다.

뉴저지주 대법원에 따르면 이런 정상적인 사람들에게 주정부가 결혼이 부여하는 혜택주기를 거부함으로써 이들은 엄청난 비용과 시간이 소요되는 대차 입양 cross-adoption을 해야 하거나, 고용주가 동거인의 보험을 커버하지 않아서 발생하는 과도한 보험금을 지급해야 하기도 하며, 상속세 및 의료분야 등에서 많은 불이익을 당해왔다고 비판하였다.

문제가 되는 뉴저지주 헌법 Article I, paragraph 1은 다음과 같다.

> 모든 사람은 그 본질 상 자유롭고 독립적이며 몇몇의 자연적이고 양도할 수 없는 권리를 가진다. 이러한 권리 중에는 생명과 자유를 누리고 수호할 권리, 재산을 획득하고 소유하고 보호할 권리, 안전과 행복을 추구하고 확보할 권리 등이 있다.

이러한 근본적이고 실체적인 권리를 파악하기 위하여 뉴저지주 대법원은 미 연방대법원이 연방수정헌법 제14조 공정절차조항을 해석하는 데 사용하는 일반적인 기준을 적용하였다.

첫째, 원고가 주장하고 있는 근본적인 자유에 대한 권리는 명확하게 정의되어 있는가? 둘째, 자유에 대한 권리는 뉴저지주의 전통, 역사, 그리고 시민들의 양심에 객관적이고 깊이 뿌리박혀 있는가?

우선 '권리가 어떻게 정의되어 있는가? 하는 것은 그러한 권리가 근본적인 것으로 간주될 수 있는지 없는지를 결정하는 핵심요소라고 하면서 뉴저지주 대법원은 안락사를 금지하고 형법상 처벌했던 워싱턴주 법의 위헌성을 제기한 글럭스버그[79]사건을 예로 들었다.

글럭스버그사건에서 연방대법원은 그 사건과 관련된 자유에 대한 권리는 '어떻

---

79   *Glucksberg v. Washington*, 521 U.S. 702(1997)

게 죽을지에 대한 방법을 선택할 수 있는 자유'가 아니라 '다른 사람의 도움으로 자살할 수 있는 권리가 있는가?' 하는 것이라고 하였는데 문제의 핵심을 이러한 방식으로 바꾸어서 정의함으로써 연방대법원은 안락사가 실체적 공정절차조항 하에서의 근본적인 자유가 아니라고 결론지었다.

뉴저지주 대법원은 '결혼을 할 수 있는 권리'는 연방이나 주 헌법상 근본적인 것으로 인정되지만 그것은 합리적인 주의 규제하에서 통제되는 권리로서 중혼이나 근친상간, 미성년자의 결혼 등은 이러한 권리의 범주에 포함되지 않는다고 하였다.

두 번째 기준인 동성결혼이 뉴저지주의 역사와 전통, 그리고 사람들의 집단적인 양심에 깊이 뿌리 박힌 권리인가? 하는 질문에 대하여는 주의 결혼법의 역사를 살펴봄으로써 다음과 같은 입장을 밝혔다.

뉴저지주 대법원은 1912년 처음 제정되어 결혼을 이성간으로만 제한한 뉴저지주의 '민법상 결혼법civil marriage statute'에 대해서 법 조문 내의 다양한 문장에서 남자 또는 여자라는 성별에 대한 언급이 명백하게 나타나는 것으로 보아 결혼을 오직 이성간의 결합으로만 정의한 것이 이 법의 입법의도이며 이에 대해서는 동성결혼 부부들인 원고들도 이의를 제기하지 않았다고 하였다.

더욱이 최근에는 동성커플과 이성커플 사이의 경제적, 사회적인 차별을 철폐하고자 '생활동반자법'이 통과되었지만 입법부는 명시적으로 동성커플은 결혼할 수 없다고 확인[80]한 바 있다고 하면서 비록 뉴저지주 전체 또는 다른 주에서 동성결혼이 주 헌법이나 연방헌법상으로 인정되어야 하는가에 대한 많은 논쟁이 있긴 하지만 1947년 뉴저지주 헌법의 제정자들과 결혼법의 기안자들은 헌법에서 말하는 자유권이 동성끼리 결혼할 수 있는 자유까지 포함한다고는 상상도 할 수 없었을 것이라는 점을 인정하였다.

그러나 이러한 사회적인 분위기는 시간이 지나면서 변화하여 이제 뉴저지주 법 및 연방법 차원에서 헌법에 위배되는 방식으로 동성애자들을 특정하여 차별하는 법을 폐지해 오고 있다고 지적하였다.

일례로 로머사건[81]에서 콜로라도주가 성적지향에 기반한 차별로부터 동성애자들을 보호하도록 하는 모든 입법, 사법, 행정부의 행위를 금지하는 헌법 수정안을 통과시켰으나 연방대법원의 제동으로 무효화된 것과 로렌스사건[82]에서 동성애자들의 항문성교를 범죄로 규정한 텍사스주의 '소도미금지법'이 헌법 불합치로 판명되어 무효화된 사건을 들었다.

그러나 동성결혼에 대한 많은 주들의 다양한 태도와 최근 이루어진 동성애자들에 대한 사회적 수용의 확대 및 법 앞에서의 평등에 대한 강조에도 불구하고 동성결혼이 뉴저지주의 전통과 역사, 그리고 사람들의 양심에까지 깊이 뿌리 박힌 근본적인 권리로 자리매김한 것으로는 볼 수 없으며 어떠한 주(심지어 메사추세츠주

---

80   N.J.S.A 26:8A-2(e)
81   제4장 로머사건 참조
82   제7장 로렌스사건 참조

까지도)도 연방헌법이나 주 헌법하에서 동성결혼이 근본적인 권리라고 선언한 적이 없으므로 뉴저지주 대법원 역시 동성결혼이 헌법상 보장되는 근본적인 권리는 아니라고 선언하였다.

그러나 뉴저지주의 결혼법이 이성결혼 부부들에게 부여되는 유형과 무형의 혜택들을 동성결혼 부부들에게는 부여하지 않음으로써 자신들을 '열등 시민 또는 2등 시민'으로 격하시켰다고 한 원고들의 주장에 대하여는 뉴저지주 대법원도 동의하였다.

동성애자들을 차별하는 것이 그들을 사회에서 '열등한 존재'로 격하시켰다는 주장을 검토하기 위하여 뉴저지주 대법원은 침해당한 권리의 본질 및 그러한 권리를 침해하는 법적제도의 범위, 그리고 법적인 제약에 대한 공공의 필요성 등을 살펴보아야 한다고 하였다.

먼저, 뉴저지주 대법원은 지난 30년간 뉴저지주에서는 사법부의 판단과 입법부의 법 제정을 통해서 성적지향에 따른 차별로부터 동성애자들을 적극 보호해 왔다고 하면서 그간의 역사적 진보를 열거하였다.

1974년 뉴저지주 법원은 성적지향을 이유로 이혼한 동성애자 아버지의 자녀방문권을 제한할 수 없다고 판결[83]하였고 레지비언이라는 이유로 엄마로서의 양육권이 부인되거나 훼손되어서는 안된다고 판결[84]하기도 하였다.

---

83   *In Re Js & C.*, 324 A.2d 90, 129 N.J. Super. 486(1974)
84   *Mp v. Sp*, 404 A.2d 1256, 169 N.J. Super. 425(1979)

뉴저지주는 미국 연방에서 동성 파트너의 생물학적 자녀를 입양할 수 있는 권리를 인정한[85] 첫 번째 주였고 헤어진 동성 파트너가 서로 헌신된 관계로 있었던 기간 중에 태어난 아이의 심리학적 부모가 될 수 있다고 인정하면서 레지비언 부모의 자녀방문권을 인정하기도 하였다. 최근에는 개명법 하에서 동성 파트너의 성을 따를 수 있다[86]고도 하였다.

1992년, 차별금지법Law Against Discrimination-LAD 개정안을 통하여 뉴저지주는 성적지향에 따른 차별을 금지하는 다섯 번째 주가 되었고 성적지향이란 요건을 헌법상 보호되는 범주 속에 포함시킴으로써 동성애자들에 대한 차별을 뿌리 뽑는데 헌신하였다.

2004년, 입법부는 '생활동반자지위'를 '차별금지법'에 의해 보호되는 범주에 추가하기도 하였다.

뉴저지주의 '차별금지법'은 동성애자들이 고용의 기회, 공공시설물에 대한 접근성, 주거나 부동산을 획득하거나 금융기관에서 신용이나 대출을 받거나, 사업상 거래에서 차별받지 않을 것[87]을 보장하고 있으며 이상의 모든 것을 시민권이라고 규정[88]하고 있다.

이외에도 뉴저지주에서는 성적지향에 따른 차별이 다양한 영역에서 위법행위

---

85   *MATTER OF ADOPTION OF CHILD BY J.M.G.*, 267 N.J. Super at 625(1993)

86   *In re Application for Change of Name by Bacharach*, 344 N.J. Super. 126(2001)

87   N.J.S.A 10:5-12

88   N.J.S.A 10:5-4

가 된다고 하였다.

예를 들면 성적지향을 이유로 어떤 개인을 위협하고자 범죄를 저지르는 것은 혐오범죄[89]가 되며 이에 대해서는 민사소송도 가능하다. 성적지향을 이유로 공무원으로서의 권리와 특혜 또는 면책특권 등을 박탈하면 그 또한 범죄[90]가 된다. 또한 지역 공공 계약법과 공립학교 계약법상 동성애자들을 차별하는 것도 위법[91]이다.

뉴저지주 입법부는 '인간관계 위원회Human Relations Council'를 조직하여 편견 및 편견과 관련된 행위를 줄이는 것을 목적으로 하는 교육프로그램을 홍보하고 있으며 이 프로그램을 통해 성적지향도 편견으로부터 보호되어야 할 범주에 속한다[92]고 가르치고 있다. 또한 학교 및 학군 내에서 동성애자들을 보호하기 위하여 '왕따 금지'와 '괴롭힘 금지' 정책을 수립할 것을 요구[93]하고 있다.

2004년, 입법부는 '생활동반자법'을 통과시켜 상호 헌신하기로 한 동성애자들에게는 뉴저지주 법상 결혼한 부부들에게 부여되는 것과 유사한 권리와 혜택을 주고 있다.[94] 동성커플들을 염두에 두고 입법부는 '뉴저지주에는 개인적, 감정적, 경제적 헌신의 관계 속에서 함께 살기로 선택한 상당수의 사람들이 있다'고[95] 하

---

89   N.J.S.A 2C: 16-1(a)(1)

90   N.J.S.A 2C: 30-6(a)

91   N.J.S.A 40A: 11-13; N.J.S.A. 18A: 18A-15

92   N.J.S.A 52: 9DD-8

93   N.J.S.A 18A: 37-14, -15(a)

94   N.J.S.A 26: 8A-2(d)

95   N.J.S.A 26: 8A-2(a)

면서 그렇게 상호 도움을 주는 관계는 반드시 법적으로 공식적으로 인정되어야 한다[96]고 하였다. 입법부는 또한 생활동반자 관계가 그 관계 속에 참여하는 사람들의 재정적, 육체적, 정신적인 건강을 위한 사적인 지원 네트워크를 형성함으로써 주정부를 돕고 있다[97]고도 하였다.

생활동반자적 파트너쉽을 가지는 동성애자들은 다양한 법적 보호를 받고 있는데, 요양시설의 방문권과 의료에 대한 의사결정권, 세제혜택, 그리고 배우자와 동일한 방식으로 제공되는 건강보험 및 연금 혜택 등[98]이 있다. 추가적으로 다른 법률들을 통해 장례집행권, 죽은 생활동반자의 유품처리권 및 유서 없이 죽은 생활동반자의 재산에 대한 상속권, 생활동반자가 불구가 되었을 경우 법정대리인권 등을 가지고 있다.

따라서 뉴저지주는 판례와 입법을 통하여 모든 악성적인 형태의 성적지향에 근거한 차별로부터 동성애자들을 보호하고 있으며 헌신된 동성커플들에게는 이성커플들에 상응하는 평등한 대우를 해주고 있다.

이상은 뉴저지주 대법원이 역사적 변천에 따라 뉴저지주에서 동성애자 보호정책이 어떻게 진화되었는지를 보여주고자 언급한 내용들이다. 그러나 '생활동반자법'이 제정되었음에도 불구하고 이 법이 동성결혼 부부들과 이성결혼 부부들 사이의 불평등한 틈을 메우는데 실패한 영역들도 많이 남아있다고 하였다.

---

96   N.J.S.A 26: 8A-2(c)
97   N.J.S.A 26: 8A-2(b)
98   N.J.S.A 26: 8A-2(c)

예를들면,

(1) 법원에 청원하지 않고 성을 바꾸는 권리

(2) 부동산 소유권(배우자가 사망했을 때 자동적으로 소유권이 이전되도록 한 권리)

(3) 산업재해보상법상 유족에 대한 혜택

(4) 사망한 배우자의 미지급 급여에 대한 권리

(5) 형법 및 상해보상법상, 강도 피해자의 배우자, 자녀, 그리고 기타 친척들에 대한 보상권

(6) 국경수비대 대원의 유족이나 자녀가 고등교육 기관에서 받는 수업료 감면 혜택

(7) 자원봉사 소방대원이나 구급요원의 배우자나 자녀가 고등교육에서 받는 수업료 지원

(8) 배우자의 의료비 세금 공제

(9) 부부간 부동산 양도 시 중개수수료 면제

(10) 형사 사건에서 기소된 배우자에게 주어진 '부부간 증언면제특권' 등

이 외에도 생활동반자 지위를 가진 동성결혼 부부들은 이성결혼 부부보다 직장에서 받는 혜택이 더 적다. 예를 들면, 고용주는 피고용인의 생활동반자의 건강보험료를 낼 필요가 없고, 뉴저지주의 가족요양법은 가족의 정의에 생활동반자를 포함시키지 않고 있어서 동성애자 피고용인들은 몸이 아픈 배우자를 돌볼 목적으로 법률이 정한 휴가를 사용할 수가 없다.

또한 이혼한 부부와는 달리, 생활동반자의 파트너들 사이에는 유서로 재산을 상속한 경우, 이들이 서로 관계를 정리했다 하더라도 이미 넘어간 재산에 대한 권리는 자동적으로 무효화되지 않으며, 유언에 대한 공방이 있을 때 생존한 생활동

반자의 생활지원금을 우선적으로 지급받을 수 없다.

뉴저지주 대법원은 '생활동반자법'이 가족법 하에서 결혼한 부부들이 받을 수 있는 동일한 보호와 혜택을 동성결혼 부부들에게 제공하는데 많은 부족함이 있는 상황임에도 불구하고 생활동반자관계를 시작하려고 하는 것은 결혼을 하는 것보다 더욱 엄격한 법의 통제를 받아야 하는 등의 부당한 부담을 져야 한다고 지적하였다.

뉴저지주 대법원은 루이스사건을 분석하면서 '동성애자들에게 결혼을 허용해야 하는가' 하는 문제보다는 유사한 상황에 처해있는 사람들 사이에 차별적으로 혜택을 분배하는 것이 헌법에 위배되지 않는가? 하는 불평등의 측면에 초점을 맞추었다.

뉴저지주 대법원은 결혼에 유보되어 있는 권리와 혜택을 동성애자들에게 주지 않는 것과 근본적인 인간의 존엄성과 자주성에 대한 개념이 상호 양립할 수 있는지 이해하기 어렵다며 개인으로서는 동성애자에게도 온전한 시민권을 부여하면서 성적지향에 따라 동성결혼을 하기로 한 부부에게는 불완전한 권리의 다발을 주는 것에는 아무런 합리적인 근거도 없다고 판단하였다.

또한 동성결혼 부부들에 대한 차별적 대우는 그들의 자녀들에게 직접적인 불이익을 준다고 하면서 이성결혼 부부들의 자녀들이 받는 법적인 혜택들을 동성결혼 부모를 둔 자녀들은 받지 못한다는 것 역시 합법적인 주정부의 목적과 관련이 없다고 하였다.

특히 주정부가 이미 동성결혼 부부들에게 생물학적 자녀나 입양된 자녀들을 키울 수 있는 권리와 위탁아동을 맡을 수 있는 권리를 인정했으면서도 이러한 아이들에게 이성결혼 부부들의 아이들에게 허용되는 경제적, 사회적인 혜택과 특권을 부인하는 것은 명백한 불공정 행위라고 하였다.

뉴저지주 대법원은 가족이라는 것이 동성간이든 이성간이든 '일부일처적 관계'에서 강화된다는 관점을 견지하면서 이제 동성애자 생활동반자에게 고통을 주는 법적인 장애를 정당화하는 공공의 필요성은 없다고 단언하였다.

또한 뉴저지주 대법원은 뉴저지주에 이미 16,000쌍 이상의 동성결혼 부부들이 살고 있다는 점과 그들이 이성애자들과 같이 한 가정의 아버지이며 어머니이고, 우리의 이웃이자 직장동료요, 친구들이라는 점을 상기시켰다.

한편, 동성결혼 합법화가 다른 주들과의 법적 통일성을 훼손한다는 주정부의 주장에 대해서 뉴저지주 대법원은 베이커사건[99]에서 버몬트주 대법원이 동성결혼 부부들도 이성결혼 부부들과 같이 법 앞에서 동일한 혜택과 보호를 받을 수 있다고 판결함으로써 버몬트주 입법부가 미국 최초의 '시민결합법Civil Union law'을 제정했던 사실 및 하와이주 대법원이 주 대법원으로서는 최초로 성적지향에 의한 차별이 주 헌법상 동성애자 커플들의 평등보호 보장을 위반할 가능성이 있다고 판결했던 베이어 사건[100], 그리고 메사추세츠주가 구드리지사건[101]을 통해 미 연방 최

---

99   제6장 베이커사건 참조
100   *Baehr v. Lewin*, 852 P.2d 44(Hawaii 1993)
101   제8장 구드리지사건 참조

초로 동성결혼을 합법화한 사실 등을 들어 주정부의 주장을 배척하였다.

뉴저지주 대법원은 비록 버몬트주, 메사추세츠주, 코네티컷주가 소수의견을 대
표하는 주들이지만 동성커플에 대한 뉴저지주의 법들은 이러한 소수의 의견을 따
른다고 하였고 시민의 권리를 보호하는 문제에 있어서 만큼은 결코 다른 사법관
할의 인기있는 트렌드를 따라본 적이 없다는 점도 강조하였다.

뉴저지주 대법원은 뉴저지주 헌법 Article I, paragraph 1은 다수의 권리만을
보호하는 것이 아니라 인기없고 불우한 사람들의 권리도 보호하는 것이며 그들에
게 안전과 행복을 추구하고 획득할 수 있는 공정한 기회를 약속하는 것이라고 하
면서 시민들이 헌법의 온전한 보호를 받도록 보장할 책임은 궁극적으로 사법부에
있다고 하였다.

특히 동성결혼 부부들이 자신들의 관계를 '결혼'이라는 명칭으로 부를 수 있도
록 허락되지 않는 한, 단순히 동일한 사회적, 재정적 혜택을 부여하는 것이 동성
애자들의 관계를 온전하게 해주지 못한다고 주장한 것에 대해서 뉴저지주 대법원
은 이들이 단순히 법적인 지위를 원하고 있을 뿐만 아니라 동성애자들의 관점에
서 볼 때 진정한 평등으로 가는 마지막 단계라고 할 수 있는 '사회적인 용인'까지
도 원하고 있는 것이라고 하였다.

이에 대하여, 뉴저지주 대법원은 새로운 언어는 새로운 사회적 가족관계를 묘
사하기 위하여 발전되어 시간이 흐르면 자연스럽게 일상용어 속에 자리잡게 될
것이라고 하면서 사법부의 강권에 의해서가 아니라 민주적인 절차에 의하여 새롭
게 형성된 관계에 대한 이해와 수용이 이루어지고 이러한 관계에 적절한 이름이

붙여질 것이라며 입장을 보류하였다.

　뉴저지주 대법원은 루이스사건의 판결은 동성애자들의 시민권을 상당히 진전시켰다고 평가하면서 법원은 헌법상 평등한 보호를 보장할 수는 있지만 사회적인 수용까지 보장할 수는 없고 이는 성숙한 사회의 진화하는 정신을 통해서만 얻을 수 있는 것이라고 결론을 내렸다.

　뉴저지주 대법원은 루이스사건에서 내린 법원의 판결을 현실에서 구체화하기 위해 사건 판결 후, 180일 이내에 입법부가 뉴저지주의 결혼법을 개정하든지 아니면 적절한 대안적 결혼제도를 제정해야 한다고 명령하였다.

　한편, 루이스사건의 판결에 동의의견을 제시한 대법관들은 동성애자들의 가족 관계에 '결혼'이라는 명칭을 붙일 수 없을 때 발생하는 문제점에 대해 다음과 같이 심도깊게 분석하였다.

　동의론자들은 이름을 붙인다는 것 자체가 법에 내포된 차별에 대한 편견을 영속화하는 것이라고 주장하면서 민법상 결혼으로부터 동성커플들을 배제시킴으로써 주정부는 동성애자들의 헌신과 이성애자들의 헌신을 차별하는 것이 합법적인 일이라고 공언하는 것과 같은 일을 하고 있다고 하였다.

　동의론자들에 따르면, 동성결혼 부부들이 원하는 것은 가장 가치있는 제도에 편입되는 것, 즉 개인의 자주권의 측면에서 동성애자로서 민법상 결혼의 테두리 내에서 다른 사람에게 헌신하기로 선택할 수 있는 자유를 원하고 있다고 하였다.

특히 이들은 근본적인 권리가 오직 역사적 전통과 집단적 양심에서만 찾아져야 한다는 개념에 반대하면서 만약 러빙사건[102]에서 연방대법원이 버지니아주 시민들의 전통에 따랐다면 법원은 인종적 소수자와 백인들간의 결혼을 금지한 법을 유지시켜야 했을 것이라고 하면서, 러빙사건의 의미는 결혼할 수 있는 근본적인 권리는 서로 다른 성별의 사람들이 헌신된 관계를 선택하는 것이며 이러한 관계는 동일한 인종들 사이로만 제한되어서는 안된다는 것을 가르쳐 준다고 하였다.

동의론자들은 주정부가 동성결혼 부부들에게 불이익을 줌으로써 단순히 그들이 동성애자라는 이유로 우리 사회의 가장 소중한 제도 중 하나인 '결혼제도'에 접근하는 것을 근원적으로 차단하고 있으며 '생활동반자법' 역시 결혼을 통해 자동적으로 발생하는 다양한 유형의 혜택들을 동성애자들에게는 온전히 제공하지 못한다고 하였다.

마지막으로 동의론자들은 '동성결혼 부부들에게 결혼의 혜택과 특권을 박탈할 공공의 필요가 있는가?' 하는 질문에 대하여 출산을 장려하고 자녀양육의 최적의 환경을 제공하기 위해 결혼을 이성간의 결합으로 제한해야 한다는 의견들은 오늘날에는 그다지 의미가 없다고 하였다.

이를 뒷받침하기 위하여 최근 점점 더 많은 동성결혼 부부들이 아이를 임신하고 출산하고 양육하는 가족의 핵심을 구성하고 있다고 하는 사회과학적 연구결과[103]와 성적소수자 부모 밑에서 자란 아이들과 이성결혼을 한 부모 밑에서 자란 아

---

102 제1장 러빙사건 참조
103 Gregory N. Herek, Legal Recognition of Same-Sex Relationships in the United States: A Social Science Perspective, 61 Am. Psychol. 607, 611(2006)

이들 사이에 정신적 건강이나 사회적 적응력에 있어서 신뢰할만한 차이점을 발견할 수 없다고 주장하는 경험적인 연구들을 인용하였다.

또한 동성결혼 합법화의 문제는 사회적 정책으로 결정할 수 있는 문제가 아니라 헌법의 해석에 관한 문제[104]이며 이것은 곧 법원이 결정할 수 있는 문제라고 하면서 동성결혼 부부들에게 결혼이라는 지위에 접근할 수 있도록 허용하고 결혼이라는 지위가 부여하는 모든 것들을 제공할 수 있도록 하기 위하여 사법부의 의무가 보다 확장되어야 한다고 주장하였다.

이상으로 루이스사건에 대한 뉴저지주 대법원의 판결 내용을 살펴보았다.

1986년 보어즈사건[105]에서 보았듯이 동성애가 형법상 범죄로 규정되었던 때로부터 불과 20여년 만에 이제 동성애는 범죄에서 정상적인 개인의 라이프 스타일로 자리매김하였다.

어떻게 이런 일이 가능하게 되었는가?

이는 루이스사건의 대법관들이 모두 결혼을 진화라는 패러다임으로 이야기 하고 있다는 사실과 무관하지 않아 보인다.

뉴저지주 대법원은 결혼제도의 진화과정을 보여주기 위해 구체적인 법의 변화

---

104 Opinion of the Justices to the Senate, 802, N.E. 2d. 565, 569(Mass., 2004)
105 제3장 보어즈사건 참조

들을 루이스사건에서 언급하고 있다.

뉴저지주에서는 '결혼을 한 남자와 한 여자와의 결합'으로 규정했던 1912년 결혼법으로부터 출발하여 1974년부터 동성애자들의 권리보호를 위한 다양한 입법이 시작되었고 동성애 옹호론자들의 적극적인 캠페인과 소송전개 등의 활동으로 1992년 '차별금지법', 2004년 '생활동반자법' 그리고 2006년 '시민결합법'의 제정에 까지 이르게 되었다.

2006년에 통과된 '시민결합법'은 1년의 유예기간을 거친 후, 의회에 의해 '동성결혼 합법화법'으로 바꿀 것이 요구되었으나 주지사의 거부권행사로 이루어지지 못하고 있다가 결국 2013년 '생활동반자법'을 보완하기 위해 고안된 뉴저지주의 '시민결합법' 역시, 동성애자들에게 이성애자들과 동일한 보호와 혜택을 제공하지 못하고 있다며 소송을 제기했던 가든 스테이트 이퀄리티사건[106]의 결정으로 뉴저지주의 동성결혼 합법화가 이루어지게 되었다.

이러한 변화의 과정에서 뉴저지주는 '결혼제도' 자체를 새로운 개념으로 정의하는 상황에 이르게 되었으나 이에 대하여 어느 한 사람의 대법관도 잘못되었다고 보지 않았다.

오히려 전통적인 결혼에 대한 정의를 시대착오적인 것으로 여겼으며, 전통적인 결혼이 사회에 주는 유익에 대해서는 과학적 근거가 불충분한 것으로 판단하면서 수천 년간 모든 인류 문명사회에서 검증된 '한 남자와 한 여자의 전인격적인 결합'

---

106 *Garden State Equality v. Dow*, 82 A. 3d 336 - NJ: Superior Court, Law Div.(2013)

인 결혼제도를 파기하고 보다 진보적이고 미래지향적인 새로운 대안제도를 지향하였다.

이들이 이렇게 과감한 결정을 내릴 수 있었던 것은 이미 결혼을 진화론적 패러다임으로 인식하는 것에 대한 공감대가 미국의 입법, 사법, 행정부의 엘리트들 사이에 널리 퍼져 있었고 영화나 드라마 등의 문화 콘텐츠를 통해 일반 대중들 역시 동성애를 하나의 대안적이고 진보적인 라이프 스타일로 수용하게 된 사회적 변화 때문이었다.

그러나 결혼의 진화의 끝은 어디며, 진화는 반드시 인류의 진보를 담보한다는 낙관론의 근거는 어디에서 찾을 수 있는 것인가?라는 질문에 과연 어떻게 대답할 수 있을지는 앞으로 더 두고 보아야 할 일이다.

동성결혼 부부들은 왜 그렇게 '결혼'이라는 이름에 집착하는가?

In re Marriage cases(2008)

"But it fails to recognize that this case involves only the names of those union. The fact that plaintiff enjoy equal substantive rights does not situate them similarly with married couples in terms of the traditional designation of marriage."

_Justice Corrigan (CA)

In re Marriage cases, 183 P.3d 384(Cal. 2008)

기업의 마케팅이나 홍보담당자들에게 '브랜딩'은 매우 중요한 일이다.

'브랜딩'이란 자신의 제품이나 서비스를 식별시키기 위해 이름을 붙이는 행위인데 '브랜딩'은 곧 어떤 제품이나 서비스의 정체성 그 자체를 만들어 내기 때문이다.

성공적인 '브랜딩'을 통해 기업은 자신들이 원하는 제품이나 서비스의 이미지를 소비자들에게 각인시킬 수 있을 뿐 아니라 기업 자체에 대한 신뢰를 구축하고 대중의 감정적인 공감대까지 이끌어 낼 수 있기에 광고시장에서 '브랜딩'은 가장 핵심적인 마케팅 전략의 하나라고 할 수 있다.

그래서인지 많은 경우, 브랜드 자체가 아예 일반 용어가 되어버린 경우도 허다하다. 예를 들어 구글은 인터넷 포털사이트를 운영하는 기업의 이름이지만 이제는 인터넷을 검색하여 정보를 찾아보는 것 자체를 그냥 '구글링'이란 단어로 표현한다. 이는 기업명 즉 브랜드 자체가 곧 기업의 서비스의 본질을 정확하게 담아내는 그릇이 된다는 것을 잘 보여준다.

이런 '브랜딩'이란 개념은 개인이나 집단에게도 적용시켜 볼 수 있다.

원래 '보수주의자'란 단어는 원칙과 전통을 지키고 격식을 중요하게 생각하는 사람을 표현하는 단어였다. 그런데 이런 '보수주의자'라는 이름은 어느새 시대착오적이고 고집 센 기득권자라는 새로운 의미와 이미지를 갖게 된 것 같다.

이는 한 집단이 원래의 정체성을 잃어버림으로써 오히려 부정적인 이미지를 갖게 된 나쁜 '브랜딩'의 예라고 할 수 있을 것 같다.

최근에 가장 성공한 '브랜딩'은 바로 동성애 확산 운동가들의 '브랜딩'이 아닌가 한다.

그들은 동성애 문제를 '인권' 이슈로 '브랜딩'하는데 성공하였고 무지개 심볼을 통하여 무지개 색깔처럼 아름답고 다양한 삶의 방식 가운데 동성애를 포함시키는데 성공하였다.

이 장에서 다루게 될 *In re Marriage*사건은 원래 6개의 개별 소송을 하나로 통합한 사건이어서 그 이름을 그냥 '결혼에 관련된 소송들(이하 '결혼소송사건'이라 함)'이라고 한다.

이 사건의 핵심 쟁점은 캘리포니아 주 내에서는 이미 이성결혼 부부나 동성결혼 부부들 모두에게 상당한 법적 권리와 의무를 부여하는 공식적인 가족관계를 형성할 수 있는 평등한 법체계가 존재하지만 이성결혼 부부의 공식적인 관계에 대해서는 '결혼'이라고 명명하면서 동성결혼 부부의 공식적인 관계에 대해서는 '생활동반자'라고 명명하는 것이 캘리포니아 주 헌법상 유효한가? 하는 것이었다.

즉 '결혼'이라는 단어가 가지고 있는 브랜드 이미지인 행복과 축복, 존엄과 사랑의 이미지를 동성결혼에 입힘으로써 동성애자들 역시 그러한 '브랜딩'의 혜택을 누리고자 한 사건이었다.

결혼소송사건은 조금씩 쟁점이 다른 여러 개의 사건들이 하나로 통합되다 보니 법적 절차도 매우 혼란스럽고 복잡하지만 사실관계를 정리해 보면 다음과 같다.

결혼소송사건은 로키어사건[107]에서부터 시작한다.

로키어사건은 결혼을 오직 한 남자와 한 여자로 제한하고 있는 캘리포니아주의 결혼법이 헌법상 유효한지에 대한 최종 판결이 나오지 않은 상태에서 샌프란시스코 시와 카운티의 공무원들이 동성결혼 부부들에게 혼인관계증명서를 불법적으로 발급해준대서 비롯된 사건이다.

2004년 2월 10일, 샌프란시스코시의 시장은 카운티 서기들에게 공문을 보내어 혼인관계증명서에 사용되는 문서양식을 어떻게 변경하여야 성별이나 성적지향에 상관없이 혼인관계증명서를 발급할 수 있을지 문의하였다.

이에 카운티 서기는 혼인관계증명서 신청서 양식 및 혼인관계증명서와 결혼인 증서 양식을 수정하여 다시 디자인하였고, 2004년 2월 12일부터 동성결혼 부부에게 혼인관계증명서를 발급해주기 시작하였다.

---

107 *Lockyer v. City and County of San Francisco*, 33 Cal. 4th 1055(2004)

다음날 샌프란시스코 1심 재판부에는 동성결혼 부부에게 혼인관계증명서를 발급해주는 것을 즉시 중단시키고자 하는 두 건의 소송[108]이 제기되었다.(이하 '프로포지션 22와 캠페인사건'으로 칭함)

1심 재판부가 프로포지션 22와 캠페인 측의 즉시 중지 요청을 거부하자 캘리포니아주 법무부 장관과 몇몇의 납세자들이 시의 행위는 불법적이라고 주장하면서 주 대법원의 즉각적인 개입을 요구하는 소송[109]을 제기하였다.

2004년 3월 11일, 주 대법원은 시공무원들에게 현행 결혼법을 그대로 집행할 것을 명령하였고, 결혼법이 승인하지 않고 있는 동성결혼 부부의 혼인관계증명서 발급을 금지하였다.

즉 '결혼을 한 남자와 한 여자의 결합'으로 제한한 법 조항이 위헌이라는 사법부의 판단이 없는 상태에서 동성결혼 부부에게 혼인관계증명서를 발급한 것은 시공무원들이 자신들의 권한을 벗어나 행동한 것이므로 2004년 3월 11일, 주 대법원의 명령이 내려지기 이전에 샌프란시스코에서 거행된 약 4천 건의 동성결혼은 모두 무효이고 아무런 법률적인 효력이 없다고 판결하였다.

그리고 이러한 결론에 따라 시공무원들이 현재 결혼법 조항하에서 요구되는 조

---

108 *Proposition 22 Legal Defense and Education Fund v. City and County of San Francisco*(Super. Ct. S.F. City & County, No. CPF-04-503943; Proposition 22); Thomason v. Newsom(Super. Ct. S.F. City & County, No. CGC-04-428794, 이후, Campaign for California Families v. Newsom이라고 사건명 변경; Campaign)(2004)
109 *Lewis v. Alfara*, S122865(2004)

건과 제약 사항을 준수하고 이미 혼인관계증명서를 발급했거나 결혼인증서를 등록해 주었던 모든 동성결혼 부부에게 그들의 결혼이 애초부터 법적으로 효력이 없었다는 것을 통지하도록 명령하였다.

이것이 바로 결혼소송사건의 발단이 된 로키어사건의 전말이다.

2004년 3월 11일의 명령이 있은 지, 얼마 안되어 시정부는 (1) 가족법 308.5[110]는 캘리포니아주에서 확정된 결혼에는 적용되지 않는다. (2) 결혼을 한 남자와 한 여자의 결합으로만 제한한 모든 캘리포니아주의 법 조항은 캘리포니아주 헌법을 위반한 것이다라는 것을 선언해줄 것을 요구하는 소송[111]을 제기하였다.

그 이후에 캘리포니아주 결혼법의 위헌성을 문제 삼는 두 개의 유사한 소송[112]이 몇몇의 동성결혼 부부들에 의해 제기되었는데 그들은 자신들이 상호 헌신적인 관계를 유지하고 있지만 캘리포니아주 내에서는 결혼할 수 없고, 자신들이 타 주에서 한 결혼조차도 캘리포니아주 법 하에서는 인정되지 않는다고 주장하였다. 이에 수 천명의 동성결혼 부부들을 대표하는 주 전역의 기관들이 이들 소송에 원고로 참여하였다.

이러한 소송에서 당사자로 참여한 동성결혼 부부들은 인종별, 직업별, 연령대

---

110 Family Code 308.5; 프로포지션 22가 입법을 제안하여 투표로 제정된 법
111 *City and County of San Francisco v. State of California,* Super. Ct. S.F. City & County, No. CGC-04-429539; CCFS
112 *Woo v. Lockyer*(Super. Ct. L.A. County, No. CPF-04-504038 Woo); *Tyler v. County of Los Angeles* (Super. Ct. LA. County, No. BS-088506 Tyler)

별로 매우 다양한 분포를 보이고 있으며, 이들 중 많은 부부들이 10년 이상 부부 관계를 지속하고 있거나 아이들을 양육하고 있는 사람들이었다.

이상의 모든 사건들은 법률자문위원회의 의장에 의해 지명된 판사의 명령에 따라 결혼소송사건으로 통합되었고 6번째 별건 소송이었던 클린톤사건[113]도 이후 결혼소송사건에 통합되었다.

2005년 4월 13일, 통합된 결혼소송사건의 1심 재판부는 캘리포니아주 헌법의 평등보호조항을 근거로 현재 캘리포니아주 결혼법은 성별이라는 '의심계층'에 근거하여 제정되었고 결혼할 수 있는 헌법상의 근본권리를 훼손하고 있으므로 '엄격 검토기준'에 따라 평가되어야 한다고 판단하였다.

1심 재판부는 캘리포니아주의 결혼법이 법이 규정하는 차별대우와 합법적인 주정부의 이익 증진간에 연관성이 있음을 증명하지 못했기 때문에 '엄격 검토기준'을 만족시키지 못하였고 따라서 이성결혼 부부에게로만 결혼을 제한하는 것은 캘리포니아주 헌법에 위배된다고 판결하였다.

1심 재판부의 판결에 대하여 결혼소송사건의 항소심 재판부는 1심 재판부가 결혼법이 결혼할 수 있는 근본적인 권리를 침해한다고 한 것은 잘못된 판단이라고 하면서 헌법상 이러한 권리는 오직 이성간에 결혼할 수 있는 권리만을 포함한다고 해석되어야 하며 원고가 실제적으로 추구하는 헌법적 권리는 동성결혼을 할 수 있는 권리, 즉 어떠한 역사적 근거도, 판례적 근거도 없는 권리라고 하였다.

---

113   *Clinton v. State of California, Super. Ct. S.F. City & County*, No. CGC-04-429548

또한 1심 재판부가 캘리포니아주의 결혼법이 성별에 근거한 차별이며 이러한 이유로 '엄격 검토기준'을 적용해야 한다고 한 것에도 반대하면서 캘리포니아주의 결혼법은 어느 성별이든 오직 서로 다른 성별의 사람과만 결혼할 것을 허용하고 있는 것이지 남과 여를 다르게 차별하고 있는 것은 아니라고 하였다.

성적지향에 따라 구분되는 동성애자들은 주 헌법의 평등보호조항의 목적상 '의심계층'을 구성하지는 않기 때문에 결혼법은 오직 '합리적 근거 검토기준'에 의해서만 판단해야 하며 이러한 기준에 의하면 주정부에게는 전통적인 결혼의 정의를 보존할 합법적인 이유가 있고 주정부가 동성애자들을 구별하는 것은 그러한 이유에 합리적으로 연관되어 있으므로 결혼법이 위헌이라고 판결한 1심 재판부의 판단은 잘못된 것이라고 결론내렸다.

이렇게 상반된 하급심 판결들을 최종적으로 정리한 캘리포니아주 대법원의 판결은 다음과 같았다.

캘리포니아주 대법원은 60년 전, 인종간 결혼을 금지했던 캘리포니아주 법을 무효화한 페레즈사건[114]을 인용하면서 역사라는 한가지 기준만으로는 헌법이 보장하는 근본적인 권리에 대한 의미와 범위를 결정하는 적절한 가이드가 될 수 없고, 결혼할 수 있는 권리는 핵심적이고도 실체적 권리를 포함하고 있는 것으로 이해되어야 하는데 이러한 개념에는 한 개인이 인생을 나누고자 선택한 사람과 공식적으로 인정되고 보호되는 가족을 형성할 수 있는 권리가 포함되어 있다. 따라서 그 형태가 어떠하든지 상관없이 전통적인 결혼제도와 함께 사회적으로 동일한

---

114   *Perez v. Sharp*, 32 Cal. 2 711(1948)

존경과 존엄이 부여되고 상호간의 권리와 책임이 따른다.

더욱이, 과거와는 달리 이제 캘리포니아주는 개인이 다른 사람과 사랑하며 장기적으로 헌신하는 관계를 형성할 수 있는 능력과 책임감 있게 아이를 돌보고 양육하는 능력은 개인의 성적지향과는 무관하다는 것을 인정하고 있으며 성적지향은 인종이나 성별과 마찬가지로 헌법의 특별한 보호를 받는 범주에 속한다.

한편, 캘리포니아주 법무부 장관은 캘리포니아주 헌법상의 결혼할 권리가 동성결혼 부부나 이성결혼 부부 모두에게 적용된다 할지라도 헌법은 이 부부들의 공식적인 가족관계를 '결혼'이라고 불러 줄 것을 입법부에 요구하지는 않는다고 주장하였다.

캘리포니아주 법무부 장관은 헌법적 권리는 일반적으로 형식이 아닌 실체에 의해 정의된다고 하면서 주정부가 이들 동성결혼 부부들에게 결혼과 관련된 모든 헌법적 권리를 부여하는 한, 주정부가 그들의 공식적인 관계를 결혼이 아닌 다른 이름으로 명명한다고 해서 그들의 헌법상 권리를 침해한 것은 아니라고 주장하였다. 당시 캘리포니아주 법은 공식적인 가족관계의 명칭을 수정하지 않고 이성결혼 부부는 결혼으로, 동성결혼 부부는 생활동반자로 구분하고 있었다.

이에 대하여, 캘리포니아주 대법원은 헌법이 동성결혼 부부의 가족관계에 대하여 이성결혼 부부들이 누리는 동일한 사회적 존엄과 존경을 부여할 것을 요구하고 있는데 '결혼'이라는 역사적인 명칭을 오직 이성결혼 부부간으로만 한정하고 동성결혼 부부의 가족관계에는 다른 이름을 붙이는 것은 동성결혼 부부가 이성결혼 부부들과 동일한 존엄과 존경을 받을 수 없게 만드는 심각한 위험을 안겨준다고 하였다.

이는 헌법이 보호하고 있는 결혼할 수 있는 권리를 침해하고 있을 뿐 아니라 주 헌법의 평등보호조항 하에서의 문제도 야기하는 것으로서 결혼이라는 명칭을 동 성결혼 부부에게 부여하지 않는 것이 이성결혼 부부들의 권리를 증진시키는 것도 아니고, 오히려 동성결혼 부부들의 결혼관계에 대한 사회적 의심을 부추기기만 하며, 동성결혼이 이성결혼보다 열등하다는 인식을 공식화하고 이것을 영속화하 는 악영향이 있다고 하였다. 그리고 동일한 가족관계에 대하여 차별적인 이름을 붙이는 것이 강력한 주정부의 이익이라고 보기 어렵다고 할 수 있으므로 캘리포 니아주의 결혼법을 위헌이라고 판결하였다.

캘리포니아주 대법원은 이상과 같은 자신들의 판결을 뒷받침하기 위해 '결혼을 한 남자와 한 여자로 제한'한 결혼법 308.5의 개정이 필요하다고 판단하고 이를 위한 법적인 근거를 검토하였다. .

캘리포니아주 대법원은 미국 연방의 다른 주들과 마찬가지로 캘리포니아주 역 시 식민지 시대부터 '한 남자와 한 여자의 결합'이라는 결혼의 정의에 따라 주의 결혼법을 제정했다고 하였다. 그러면서 최초 결혼법의 기안자들은 미래에는 결혼 의 정의 속에 동성결혼이 포함되리라고는 상상조차 하지 못했을 것이고, 이후 결 혼법의 입법 역사를 살펴보아도 결혼을 '한 남자와 한 여자와의 결합'으로만 제한 하려는 분명한 입법의도가 있었음을 알 수 있다고 하였다.

그런데 1970년대 중반부터, 몇몇 동성결혼 부부들이 캘리포니아주에 혼인시고 서를 제출하려는 시도를 하기 시작했고 이에 사회적 혼란을 막고자 1977년 5월

23일, 캘리포니아주 카운티 서기 연합회의 요청에 의하여 민법상 결혼의 정의를 재확인하면서 '오직 한 남자와 한 여자 사이의 결혼'만을 승인하도록 법을 개정하였다.

1977년 법은 "결혼이란 한 남자와 한 여자 사이의 민법상 계약에 의해 발생하는 개인적인 관계로서 그러한 계약이 가능한 당사자간의 동의가 필요하다."[115]라고 하면서 1971년에 민법에서 사라졌던 성별에 대한 언급을 재도입하였다.

1992년, 가족법이 제정되었을 때 이전의 민법 조문이 아무런 변경없이 가족법에 통합[116]되면서 결혼소송사건에서 문제가 된 가족법 308.5조 역시 남자와 여자 사이의 결합으로 결혼을 제한하는 용어를 담게 되었다.

특히 가족법 308.5는 프로포지션 22가 2000년 3월 7일, 캘리포니아주 주민투표를 통해 통과시킨 법으로 '오직 한 남자와 한 여자 사이의 결혼만이 캘리포니아주에서 유효하고 인정되는 결혼이다'라는 것을 선언하고 있다.

가족법 308.5는 캘리포니아주 헌법 제2조 10항(c)에 따라 투표로 제정된 법이기 때문에 입법부가 자체적으로 법을 개정할 수 없고 오직 주민투표를 통해서만 개정할 수 있다.

이에 캘리포니아주 대법원은 가족법 308.5의 의미를 온전하고 정확하게 이해를

---

115 민법 4100과 4101
116 가족법 300과 301

함으로써 입법부가 주민투표를 거치지 않고 캘리포니아주에서 동성결혼을 합법화할 수 있도록 하기 위한 법적근거를 마련하기 위해 다음 몇 가지 사실들을 살펴보았다.

먼저 캘리포니아주 대법원은 가족법 308.5조에 사용된 용어는 동성결혼을 주내에서 이루어진 것과 타 주에서 이루어진 것을 구별하지 않았고, 캘리포니아주와 타 주에서 이루어진 동성결혼에 서로 다른 법을 적용하는 것은 연방헌법상 '온전한 신뢰와 신용full faith & credit clause'[117] 조항 및 '주의 특권과 면책privilege & immunity clause'[118]에 대한 심각한 헌법적인 문제를 야기시키므로 이 법은 캘리포니아주에서 이루어진 결혼뿐 아니라 타 주에서 이루어진 결혼에도 적용된다고 하였다.

그 다음, 캘리포니아주 대법원은 결혼법과 병행되는 가족구조로서 1999년 입법부가 제정한 '생활동반자법'에 대해 살펴보았다.

캘리포니아주의 '생활동반자법'은 '생활동반자'를 다음과 같이 정의한다.
'상대방과 상호 돌봄의 친밀하고 헌신된 관계를 나누기로 선택한 두 사람의 성인'[119]

이 법에 따르면 생활동반자로 등록하기 위해서 커플은 반드시 공동 주거를 해야 하고 생활동반자로 있는 동안 발생하는 다른 사람의 기초생활비에 대해 공동

---

117 연방헌법 Article IV, Section 1
118 연방수정헌법 Amendment XIV, Section 1, Clause 2
119 Domestic Partnership Act §297 subd.(a)

으로 책임이 있다는데 동의해야 한다.

또한 18세 이상으로서 서로 결혼이 금지된 혈족관계여서는 안되며 다른 사람과 결혼하거나 다른 사람의 생활동반자여서도 안된다. 그리고 생활동반자는 오직 동성간에만 등록할 수 있으며 이성간인 경우 최소한 한 명은 62세 이상이어야[120] 한다.

2001년, 입법부는 생활동반자로 등록한 커플들에게 주는 혜택의 범위를 확대하여 불의의 사고를 당했을 때 소송할 수 있는 권리, 몸이 아픈 파트너나 그의 자녀를 돌보기 위해 병가를 사용할 수 있는 권리, 무의식 상태가 된 파트너를 대신하여 의학적인 결정을 내릴 수 있는 권리, 파트너의 실업급여를 수령할 수 있는 권리, 파트너의 아이를 입양하기 위해 양부모 입양절차를 신청할 수 있는 권리 등을 포함시켰다.

2002년, 입법부는 추가적으로 결혼한 부부와 등록한 생활동반자들을 평등하게 대우하도록 하기 위해, 사망한 파트너의 별도 재산의 일부를 자동적으로 상속할 수 있게 하거나 유언의 수익자가 유언서 작성을 도울 경우 상속자가 되는 것을 금지한 목록에서 생활동반자를 제외하였다.

2003년, 입법부는 캘리포니아주의 생활동반자들의 권리를 극적으로 확대하여 통합적인 생활동반자법인 '2003년 캘리포니아주 생활동반자 권리와 책임에 관한 법(California Domestic Partner Rights and Responsibilities Act of 2003 - 이하 '신

---

120   Domestic Partnership Act §297 subd.(b)

생활동반자법')'을 제정하였다.

입법부는 제1조에서 이 법의 목적은 "성별이나 성적지향과 무관하게 서로 돌보고 헌신하기로 한 커플들에게 필수적인 권리를 보장하고 보호와 혜택을 받을 수 있는 기회를 주며 이에 동반되는 책임과 의무를 지도록 하여 안정된 가족관계를 증진하고 캘리포니아 시민들을 버려짐과 유기에 따른 경제적 사회적 결과로부터 보호하는 기회를 제공함으로써 캘리포니아주 헌법 제1조 1항 및 7항에 명시된 양도할 수 없는 권리와 자유 그리고 평등에 대한 약속을 보장하는데 캘리포니아주가 한발 더 가까이 갈 수 있도록 하는 것을 그 목적으로 한다."라고 밝히고 있다.

'많은 게이, 레지비언 및 양성애자인 캘리포니아주 시민들이 동성과 지속적이고 헌신된 돌봄의 관계를 형성하고 있다는 사실'을 확인하면서 입법부는 "등록된 생활동반자들에게 권리를 확대시켜주고 책임을 부여함으로써 가족관계를 증진하고, 인생의 위기에서 가족의 구성원을 보호하고 캘리포니아주의 헌법이 요구하는 바와 같이 성별과 성적지향에 근거한 차별을 줄이고자 하는 캘리포니아주의 목적을 달성할 수 있을 것이다."라고 결론지었다.

입법부는 또한 '신 생활동반자법'은 생활동반자로 등록한 커플들이 캘리포니아주 법상 배우자와 동일한 법적인 권리, 보호, 혜택을 누릴 수 있게 하며 상호간과 그들의 자녀, 그리고 제3자에 대한 책임과 의무를 온전히 지게 할 수 있는 방식으로 융통성있게 해석되어야 한다고 하였다.

2006년, 입법부는 주 소득세법상 등록한 생활동반자와 결혼한 부부 사이의 차이를 없애고 등록한 생활동반자가 배우자와 마찬가지로 공동으로 또는 개별적으로 소득신고를 할 수 있게 하였으며 등록된 생활동반자의 근로소득을 공동재산으로 인정될 수 있게 하였다.

2007년에는 생활동반자의 등록절차 중에 어느 일방이나 양 당사자가 성surname을 바꾸는 것을 신청할 수 있도록 등록 양식[121]을 바꾸었다.

결론적으로 현재의 캘리포니아주 법 조항은 일반적으로 동성커플들에게 생활동반자가 될 수 있는 기회를 주고 있으며 결혼한 이성부부들에게 부여되는 거의 모든 혜택과 의무를 부과하고 있다.

캘리포니아주 대법원은 결혼소송사건의 원고들이 '동성끼리 결혼을 할 수 있는 권리'라는 새로운 헌법적 권리를 창조하려는 것이거나 현재 존재하는 결혼제도를 변경, 수정 또는 파괴시키려고 하는 것이 아니라 동성커플에게 이성커플과 동일한 권리와 혜택, 그리고 상호간의 책임과 의무를 부여해주기를 요청하는 것으로 이해해야 한다고 하였다.

지금까지 캘리포니아주의 사법부는 결혼에 대한 다양한 판례들[122]을 통하여 헌

---

121 Declaration of Domestic Partnership form

122 1) *DeBurgh v. DeBurgh*, 39 Cal. 2d 858(1952): 결혼에 대한 공공의 이익에 대해 설명하면서 "가족은 사회의 기본 단위이며 인간의 삶을 품위 있게 하고 풍요롭게 하는 개인적인 사랑의 중심점이다. 그것은 자칫 사회적으로 파괴적일 수 있는 생물학적 욕구를 해소하게 해주고 안정적인 환경에서 자녀를 돌보고 교육할 수 있게 해주며 세대를 이어주고 자유인으로 특징 지울 수 있는 개인의 주도권을 성장시키고 개발시켜준다. 가족이 우리 사회의 핵심이므로 법으로 결혼을 진작시키고 보존하려고 하는 것이다."라고 하였다.

2) *Elden v. Sheldon*, 46 Cal. 3d. 267(1988): 과실로 인한 감정적 스트레스 유발에 대한 소송에서 동거도 결혼과 유사한 관계로 인정해주어야 한다는 하는 주장을 거부하면서 "결혼에는 한 남자와 한 여자가 인생에 있어서 인간이 누릴 수 있는 가장 사회적으로 생산적이며 개인적으로 성취감을 주는 관계에 들어가는 것이라는 인식 속에 특별한 수준의 존엄이 부여되는 것"이라고 하였다. 이 사건에서는 또한 "결혼관계를 증진시키고자 하는 주정부의 이익

법적으로 결혼할 수 있는 권리는 은밀한 연대에 대한 권리의 일부이자 자신이 선택한 사람과 함께 법적으로 인정되는 가족을 이룰 수 있는 개인의 권리를 말하며 이는 사회나 개인에게 근본적인 심각성을 띄는 문제라고 판결한 바 있다.

캘리포니아주 대법원은 헌법상 결혼할 수 있는 권리가 제공하는 실질적인 혜택은 단순히 사람들을 과도한 주정부의 간섭으로부터 단절시키는 부정적인 권리를 넘어서 주정부가 자신들의 가족단위를 인정하고 지원하기 위한 적극적인 시정조치를 취할 수 있도록 요구하는 긍정적인 권리도 포함한다고 하였다. 또한 캘리포니아주 헌법은 이러한 기본적인 인권을 그들의 성적지향과 무관하게 모든 개인과 커플들에게 보장하는 것으로 해석되어야 한다고 하였다.

캘리포니아주 대법원은 최근 수십 년 동안 캘리포니아주에서 동성애자들에 대한 주정부의 이해관계와 법적인 대우에 근본적이고 극적인 변화가 있어 왔다는 것은 논쟁의 여지가 없다고 하면서 캘리포니아주는 한때 동성애자들의 일반적인 성품과 도덕성을 비하했고 심지어 동성애를 우리의 보편적이고 다양한 인류의 수

은 시대착오적인 도덕성이라는 개념에 근거를 둔 것이 아니다. 결혼을 선호하는 정책은 근본적인 관계적 권리를 정의하고 질서정연한 사회에서의 책임을 규정하기 위한 제도적 근거를 제공하는 필요에 깊이 뿌리박혀 있다."고 하였다.

3) *William v. Garcetti*, 5 Cal. 4th 561(1993): "원고는 자녀양육에 있어서 문제가 되는 권리의 근본적인 성질을 강조하고 있다. 그러나 그것의 중요성에 대해 우리에게 확인시켜 줄 필요는 없다. 우리는 이미 개인의 자유와 근본적인 인권의 개념은 정부가 그런 기본적인 시민의 자유와 권리를 과도하게 침범하거나 규제하려는 것으로부터 보호하려는 것이라는 것을 인식하고 있다. 헌법에 나와 있지 않은 이러한 권리에는 결혼을 하고 가정을 세워 자녀를 양육하는 권리, 자신이 선택한 방식으로 자녀를 교육할 수 있는 권리, 사생활에 대한 권리 및 가족 생활의 사적인 영역에서 정부의 간섭을 받지 않을 권리 등이 있다."라고 하였다.

4) *Warfield v. Peninsula Golf & Country Club*, 10 Cal. 4th 594(1995): 헌법이 보호하는 친밀한 연대에 대한 권리의 범위에 포함되는 형태들을 논의하면서, "헌법의 보장으로 보호되는 지극히 개인적인 관계는 가족을 창조하고 유지하는 것(결혼, 출산, 자녀양육과 교육 그리고 친척들과의 교류 등)에 동참하는 것으로 표현되어진다."라고 설명하였다.

많은 변수 중 하나가 아니라 정신병의 일종으로 보기도 했으나 그러한 관점에 근거한 과거의 관행과 정책들을 성공적으로 폐지해왔다고 하였다.

또한 사랑하며 지속적인 관계를 유지할 수 있는 동성애자들의 능력은 '생활동반자법' 제정에 달려있는 것이 아니라며 법 제정은 단순히 그러한 능력을 공식적이고 명시적인 방법으로 인정한 것에 불과한 것이고 마찬가지로 성적지향에 근거한 차별을 금지하는 다양한 법들은 동성애자들에게 이성애자들이 누리는 것과 같은 법적인 지위를 부여하기 위해서 요구되는 것은 아니라 단순히 그러한 평등한 법적인 지위를 공식적이고 명시적으로 인정하고 적극적으로 지원하는 것일 뿐이라고 하면서 이제 더 이상 개인의 동성애적 지향이 개인의 법적 권리를 제약하고 지연시키는데 헌법적인 근거가 될 수 없다는 것을 확인하였다.

이러한 관점에서 캘리포니아주 헌법 제1조 1항과 7항은 캘리포니아주 헌법이 이성애자들에게 제공하는 것과 같은 동일한 기본적인 인권, 즉 자신이 선택한 사람과 공식적으로 인정받고 사회적으로 용인되는 가정을 세우는 권리를 동성애자들로부터 제한하는 것으로 해석될 수 없고, 성적지향과는 무관하게 모든 사람들에게 평등한 존엄과 존경을 부여해야 한다는 관점에서 볼 때 헌법의 사생활권[123] 및 공정절차조항[124]이 그런 기본적인 인권의 보호로부터 동성애자를 제외시키는 것으로 이해되어서는 안된다고 하였다.

또한, 캘리포니아주 대법원은 과거의 판례들이 종종 결혼과 출산을 연계하면서

---

123 캘리포니아주 헌법 제1조 1항
124 캘리포니아주 헌법 제1조 7항

오직 남자와 여자만이 생물학적으로 자녀를 출산할 수 있기 때문에 결혼할 수 있는 헌법적 권리는 오직 이성커플들에게로만 제한해야 한다고 했던 주장에 대해서는 근본적인 오류가 있다고 하였다.

첫째, 결혼할 수 있는 헌법적인 권리는 육체적으로 자녀를 낳을 수 있는 사람들에게만 보장된 권리라고 생각된 적이 한 번도 없었고, 육체적으로 아이를 낳을 수 없는 사람들도 입양이나 다른 기술적인 조력을 받아 잠재적으로 부모가 되어 아이들을 양육할 수 있기 때문에 결혼과 출산을 연계시키는 것에는 근본적인 오류가 있다고 하였다.

둘째, 결혼의 목적이 책임감 있는 출산을 촉진하기 위한 것이므로 이성결혼 부부들에게만으로 제한해야 한다는 주장에 대해서는 동성결혼 부부들이 인공수정이나 입양과 같은 방식에 의지하여 아이를 낳을 수 밖에 없다는 사실 자체가 이들에게는 부모가 된다는 것이 필연적으로 의도된 결과라는 것을 보여주며 이러한 방법을 사용하기 위해서 동성결혼 부부들에게는 상당한 계획과 비용이 요구되기 때문에 오히려 더 신중하고 책임감 있는 부모가 될 가능성이 높다고 하였다. 반면에 이성커플들은 성행위를 통해 종종 의도하지 않는 아이를 가질 수도 있기 때문에 오히려 신중함이나 책임감이 부족할 수도 있다고 하였다.

캘리포니아주 대법원은 결혼할 수 있는 권리를 논의하는 어떤 사건에서도 이 헌법적 권리를 우연히 자녀를 출산할 수 있는 위험을 감수하는 사람들, 즉 이성애자들에게만 주어야 한다고 암시한 경우는 한 번도 없었다는 점을 지적하면서 출산과 자녀양육을 위해 안정적인 환경을 조성하고 촉진시키는 것은 결혼제도와 결혼할 수 있는 헌법적 권리의 기저를 이루는 의심할 나위 없는 중요한 목적 중 하나이긴 하지만 오직 출산과 자녀양육이라는 목적만을 이루기 위해 결혼할 수 있는 권리가 제한되어야 하거나 제한적으로 정의되어야 하는 것은 아니라는 것을 과거의 판례들[125]은 명백히 밝히고 있다고 하였다.

한편, 캘리포니아주 대법원은 캘리포니아주 법무부 장관이 결혼할 수 있는 권리에 전통적으로 부여되는 모든 개인적인 존엄 및 결혼과 관련된 이익이 '생활동반자법'에 의해 이미 동성커플들에게 주어졌고 생활동반자 시스템하에서 유일하게 동성애자들이 갖지 못한 것이 있다면 바로 '결혼'이라는 단어라고 하면서 비록 동성애자들이 헌법상 결혼할 수 있는 권리가 있다 할지라도 그것이 동성애자들로 하여금 주정부에게 자신들의 관계를 '결혼'이라고 이름 붙이도록 강제하는 근거는 될 수 없다고 하였다.

이에 대해 캘리포니아주 대법원은 이성애자들의 가족관계와 동성애자들의 가족관계에 붙이는 명칭을 달리 함으로써, 그리고 역사적으로 매우 존중되는 결혼이라는 명칭을 이성커플들에게만 허용하고 동성커플들에게는 새롭고 익숙하지 않은 생활동반자라는 명칭을 붙임으로써, 현재의 결혼법은 결혼할 수 있는 헌법적 권리의 핵심 요소인 평등한 존엄과 존경을 동성커플의 공식적인 가족관계로부터 부인하는 심각한 위험을 야기한다고 판결하였다.

결혼소송사건의 원고들은 오직 이성커플들에게만 '결혼'이라고 부를 수 있는 관

---

125 1) *Griswold v. Connecticut*, 381 U.S. 479(1965): 출산을 방지하기 위해 결혼한 부부들이 피임약을 사용할 수 있는 권리를 인정하면서 출산증진이 결혼의 유일한 그리고 정의된 목적은 아니라고 하였다.

2) *Turner v. Safley*, 482 U.S. 78(1987): 결혼할 수 있는 헌법적 권리는 감옥에 갇힌 사람들에게까지도 적용된다고 하면서 감옥생활의 제약들을 고려해 보더라도 감정적 지지에 대한 표현, 공식적인 헌신 등 결혼의 모든 중요한 속성은 여전히 남는다고 강조하였다.

계를 형성할 수 있도록 하고 동성커플들의 동일한 관계는 '생활동반자'라고 함으로써 이원화된 법체계가 존재한다는 자체가 동성커플들로부터 캘리포니아주 헌법 제1조 7항이 보장하는 법 앞의 평등한 보호를 용납할 수 없는 수준으로 박탈하고 있다고 주장하였다.

이러한 주장에 대하여 캘리포니아주 대법원은 먼저 성적지향이 캘리포니아주 헌법의 평등보호조항의 목적상 '의심계층'의 범주로 분류되므로 성적지향을 이유로 사람들을 차별하는 것은 법리상 '엄격 검토기준'을 적용해야 한다고 결론을 내린 후, 법에 따른 차별이 평등보호조항의 목적상 '의심'이라고 판단되려면 다음 3가지 조건이 반드시 충족되어야 한다고 했던 항소심 재판부의 의견을 인용하였다.

첫째, 차별받는 집단의 특징은 반드시 변할 수 없는 특성일 것, 둘째 그러한 특징과 그 사람의 능력 및 사회에서 행동하고 기여할 수 있는 능력 사이에 아무런 관련이 없을 것, 그리고 셋째, 이러한 집단이 법적 사회적 장애의 역사 속에서 명백하게 비하되었고 열등하게 여겨졌다는 오명이 남아 있을 것을 요구한다.

캘리포니아주 대법원은 성적지향이 변할 수 없는 특성이냐 하는 것은 1심 재판부에는 충분한 기록이 제시되지 않은 사실과 관련된 문제이므로 논외로 하고, 과거 캘리포니아주의 판례들에 비추어 동성애자들의 성적지향에 대해 다음과 같은 결론을 내렸다.

동성애자들의 성적지향은 (1) 사회에서 기능하거나 사회에 기여할 수 있는 사람의 능력과는 아무런 관계가 없고[126] (2) 동성애자들은 지금까지 법적, 사회적 장애의 역사를 겪어왔으며 이 속에는 명백한 비하와 열등국민이라는 낙인이 존재한다.[127]

캘리포니아주 대법원은 한 개인의 성적지향은 그의 정체성에 완전히 통합되어 있으므로 그 사람으로 하여금 차별대우를 받지 않기 위해서 자신의 성적지향을 부인하고 변경하라고 요구하는 것은 적절하지 않다[128]고 하였고 동성애자들은 성적지향으로 인해 역사적으로 부당한 법과 관행에서 비롯된 부당한 차별을 받은 전형적인 집단이라고도 하였다.

캘리포니아주 대법원은 비록 주정부가 이성결혼 부부와 상응할 만한 실질적인 법적 권리와 혜택을 동성결혼 부부의 가족관계에 부여한다 할지라도 이들의 관계에 다른 명칭을 붙이는 것 자체가 동성결혼 부부의 관계에 대하여 헌법적으로 보장된 동등한 존경과 존엄을 부인하는 효과를 가진다는 주장에 동의하였다.

그 이유는 '결혼'이라는 단어가 오랫동안 축복받은 역사를 지니고 있고 이 단어가 공동체에 의해 확실히 인정받고 선호되는 결합을 묘사하는 것으로 널리 이해되고 있기 때문에 이러한 이름이 갖는 상당하고도 상징적인 중요성이 있다고 하면서 이러한 이름을 이성결혼 부부에게만 부여하고 동성결혼 부부에게는 새로운 대안적인 이름만 붙일 수 있도록 하는 것은 실질적으로 동성결혼 부부들을 심각

---

126 *Gay Law Students Ass'n v. Pacific Tel & Tel*, 24 Cal. 3d 458, 488-89(1979)

127 *People v. Garcia*, 77 Cal. App. 4th 1269(2000)

128 *Hernandez-Montiel v. I.N.S.*,(9th Cir 2000) 225 F.3d. 1084, 1093

하게 차별하는 결과를 낳기 때문이라고 하였다.

이는 미국 연방대법원이 텍사스주가 흑인 학생들에게 텍사스 주립 법대에 들어갈 수 있도록 허용하는 대신 흑인 학생들만을 위한 로스쿨을 만든 것이 충분하지 못하다고 했던 사건[129]과 버지니아주 육군사관학교에서 여성의 입학을 허가하기보다는 여성을 위한 별도의 군사프로그램을 만들고자 했던 사건[130] 등과 유사하다고 한 원고들의 주장처럼 비록 주정부가 과거에 소외되었던 부류의 사람들에게 새로운 제도를 창조해 줌으로써 표면적으로는 평등한 혜택을 주고 있다 할지라도 여전히 무형의 상징적인 차이가 남아 있다면 이는 헌법적으로 매우 심각한 문제가 된다고 하였다.

또한 동성애자들에 대한 역사적인 차별과 비하라는 측면에서 볼 때 관계에 대한 명칭에 차별을 유지한다는 것은 매우 심각한 위험이 된다고 하면서 '결혼'이라는 단어가 동성결혼 부부에게 사용될 수 없다는 것은 필연적으로 동성결혼 부부들은 결혼보다는 하위의 어떤 새로운 병행제도에 속한다는 것을 암시하고 이는 사실상, 이들을 '열등 국민' 또는 '2등 국민'으로 낙인찍는 효과를 가져온다고 하였다.

캘리포니아주 대법원은 현실에서 '결혼'이라는 단어는 대중들에 의해 일반적으로 잘 이해되고 있지만 '생활동반자의 지위'는 그렇지 않다고 하면서 물론 이런 상황은 시간이 지나면 변할 수 있겠지만 상당 기간 동안 '생활동반자'라는 낯선 단어

---

129 *Sweatt v. Painter*, 339 U.S. 629, 634(1950)
130 *United States v. Virginia*, 518 U.S. 515, 555-556(1996)

를 사용해야 한다는 것은 동성결혼 부부들은 물론 그들의 자녀들에게도 매우 큰 어려움과 복잡함을 야기할 것이라고 하였다.

실제로 가족관계에 대하여 일상의 사회적, 직업적, 공적 환경 속에서 두 가지 병행되는 제도가 있을 때 나타나는 결과는 성적지향이 전혀 무관한 상황에서도 결혼 유무에 대해 답을 해야 하는 경우, 자신을 생활동반자라고 밝힘으로써 바로 자신이 동성애자임을 밝히게 되는 결과를 낳게 된다고 하면서, 캘리포니아주의 '생활동반자법'에서 이성커플들이 생활동반자가 되기 위해서는 파트너 중 한 명이 62세 이상이어야 하는데 이는 실제로 거의 모든 생활동반자들이 동성애자라는 것을 의미하는 것이라며 불필요하고 무관한 상황에서조차 생활동반자라는 단어로 인해 자신이 동성애자임을 밝혀야 한다면 이는 헌법이 보장하는 사생활권의 침해이자 동성애자들에 대한 편견을 가진 사람들에 의해 지속적으로 불필요한 차별대우를 받을 수 있는 가능성을 남겨 두는 것이라고 비판하였다.

캘리포니아주 대법원은 결혼소송사건에는 '엄격 검토기준'이 적용되어야 하는데 이때 입증책임은 주정부에 있고 주정부는 현행 결혼법을 유지해야 할 주의 이익이 너무도 강력한 것이어서 문제가 되는 법에 기술된 차별대우를 헌법상 정당화할 수 있을 정도임을 증명해야[131] 하고 주정부는 반드시 법이 규정한 차별이 그러한 이익을 증진시키는데 필요한 것이라는 것도 증명해야[132] 한다고 하였다.

이에 대하여 결혼법 308.5를 제안했던 프로포지션 22와 캠페인 측은 결혼에 대

---

131 *Darces v. Woods*, 35 Cal. 3d 871, 893-895(1984).
132 *Ramirez v. Brown*, 9 Cal. 3d. 199, 207-212(1973).

한 전통적인 정의를 유지하는 것이 강력한 주의 이익일 뿐 아니라 입법부는 이러한 정의를 유지할 수 밖에 없다고 하였다.

왜냐하면 '한 남자와 한 여자의 결합'이라는 결혼에 대한 관습법상의 정의는 1849년과 1879년 헌법 조문에 '남편과 아내'라는 표현으로 명시되어 있는 등 헌법 자체가 이를 지지하고 있으며, 이미 논의된 것처럼 가족법 308.5가 투표로 제정된 법이기 때문에 동성커플을 결혼제도에 포함시키도록 재정의하려는 입법부의 모든 행동에는 유권자들의 표결이 필요하다고 하였다.

한편, 프로포지션 22와 캠페인측의 주장과는 달리, 법무부 장관과 주지사는 캘리포니아주 헌법이 '결혼을 한 남자와 한 여자와의 관계'로만 제한하거나 정의하지는 않았다고 인정하였다.

법무부 장관과 주지사는 입법부나 시민들이 투표를 통해 동성커플이 결혼할 수 있도록 결혼법을 개정할 수 있는 권위를 가지고 있다고 인정하였고, 전통적으로 결혼제도가 캘리포니아주든 전 세계 대부분의 나라에서든 한 남자와 한 여자와의 결합으로 제한되어있고 이러한 지위의 변화는 삼권분립의 원칙에 따라 필연적으로 입법부의 절차를 통해서만 해결되어야 하는 것이지 사법부가 결혼의 정의를 수정함으로써 개정할 수 있는 것이 아니라고 하였다.

캘리포니아주 대법원은 기본적으로는 법무부장관과 주지사가 말한 것과 같이 삼권분립의 원칙이 사법부의 행동에 제한을 가한다는 점을 인정하면서도 삼권분립이 달성하고자 의도하는 했던 견제와 균형이라는 헌법 이론하에서 사법부는 캘리포니아주 헌법이 입법부에 부과한 제한을 강제할 의무가 있고 만약 사법부가 그러한 법 조항을 사법적 검토로부터 제외시킨다면 시민대중에 대한 의무를 다하지 못하게 되는 결과를 낳을 것이라고 하였다.

캘리포니아주 대법원은 루이스사건[133]에서 뉴저지주의 포리즈 대법관이 동의 및 반대의견에서 밝혔듯이 동성커플이 민법상 결혼을 할 수 있느냐 하는 문제는 사회 정책적인 문제가 아니라 헌법 해석의 문제이며 그것은 사법부가 결정할 문제라는 관점을 견지하였다.

특히 한때 결혼이라는 문명제도의 핵심적인 요소라고 생각되었던 것이 이제는 아무 의미가 없게 된 예는 많이 존재한다는 점을 상기시키면서 이러한 예로 '유부녀의 법칙doctrine of coverture'하에서 아내의 법적 정체성이 남편의 정체성으로 합병되고 그녀가 남편의 소유물이 된다든지, 이혼을 법적으로 제한하는 유책주의 등 역사적으로 결혼과 가족생활에서 여성과 남성이 가지는 상이한 역할에 근거한 수많은 법규정들이 이제는 사라졌음을 지적하였다.

캘리포니아주 대법원은 그러한 법적인 원칙들이 공정성과 지속적인 유효성에 문제가 있다고 판단될 때 사법부는 사법적 검토를 주저하지 않았으며 궁극적으로 그러한 사법적 검토의 결과로 문제가 제기된 원칙들은 수정되거나 무효화되었다는 점을 강조하였다.

따라서 캘리포니아주 대법원은 결혼소송사건에서 문제가 된 가족법 308.5가 결혼의 정의의 통합적인 측면을 구체화하고 있기 때문에 삼권분립의 원칙에 따라

---

133   제9장 루이스사건 참조

사법적 검토 대상이 아니라거나 가족법 308.5조가 투표로 제정되었다는 이유로 사법적 검토에서 면제될 수는 없다고 하였다.

캘리포니아주는 지속적으로 그리고 적극적으로 유권자들의 투표권 행사를 보호해 왔지만, 동시에 지속적으로 판례[134]를 통하여 유권자들이 제정한 법안 역시, 입법부가 제정한 법안과 동일한 헌법적인 제약을 받으며, 사법부는 유권자들에 의해 제정된 법이라 할지라도 연방헌법이나 주 헌법에 위배될 경우에는 그러한 법을 무효화하는데 주저하지 않았다고 하였다.

이러한 예로 로머사건[135]에서도 연방헌법의 평등보호조항 위반을 이유로 주 전역에서 투표로 통과된 콜로라도주 헌법 조항을 콜로라도주 대법원이 무효화시킨 전례가 있다는 점을 지적하였다.

가족법 308.5에서 기술된 결혼에 대한 정의는 시민들의 의지를 표현한 투표로 채택된 것이기 때문에 사법부가 마땅히 존중해야 할 의무가 있다고 한 주장에 대해 캘리포니아주 헌법 자체가 시민들의 의지에 대한 궁극적인 표현이라는 점에서 설득력이 없다고 하면서, 모든 사람들을 보호하기 위해 헌법에 구체화된 근본적인 권리들은 시민들 스스로가 자신들이 선출한 대표자나 투표를 통해 채택한 법안에 대해 자발적인 제한을 표현한 것이라고 하였다.

이러한 논리를 뒷받침하기 위해 캘리포니아주 대법원은 웨스트버지니아주 교

---

134   *Mulkey v. Reitman*, 64 Cal.2d. 529(1967): 캘리포니아주 대법원은 연방헌법의 평등보호원칙을 위반했다는 이유로, 주거문제에 있어서 인종적인 차별을 허용한 유권자가 제정한 주 법을 무효화한 바 있다.
135   제4장 로머사건 참조

육위원회사건[136] 에서 미국 연방대법원이 "권리장전의 목적은 어떤 대상을 정치적 논쟁의 변동성으로부터 끄집어내어 다수나 공무원들의 손이 미치지 못하는 곳에 두기 위한 것이며, 이것을 법원이 적용하는 법적인 원칙으로 확고히 하는 것이다. 개인의 생명, 자유, 재산에 대한 권리, 언론과 자유로운 표현에 대한 권리, 종교와 결사의 자유, 그리고 기타 근본적인 권리들은 투표에 의해 제약을 받지 않는 것이고, 선거의 결과에 종속되지 않는 것이다."라고 했던 예와 시티즌 어게인스트 렌트 컨트롤사건[137]에서 미국 연방대법원의 버거 대법관이 "입법부가 아닌 유권자가 문제의 법을 만들었다는 사실은 무관하다. 왜냐하면 유권자든 입법부든 똑같이 헌법을 위반할 수 있기 때문이다."라고 했던 말을 인용하였다.

따라서 결혼소송사건에서 전통적인 결혼의 정의를 유지하고자 유권자가 투표를 했다는 사실이 그 법을 사법부의 헌법적 검토에서 면제시켜주지도 않고, 유권자들의 입법목적이 평등보호조항의 목적상 헌법적으로 강력한 주정부의 이익을 반영한다고 볼 수도 없다고 판결하였다.

캘리포니아주 대법원은 비록 결혼이 한 남자와 한 여자의 결합으로 제한된다고 이해하는 것이 절대적인 관점이라는 것은 부인할 수 없으나 때론 가장 친근하고 일반적으로 용납되는 사회적인 관행과 전통이 종종 그러한 관행과 전통으로 인해 직접적으로 피해를 당하지 않는 사람들은 인식하지도, 이해하지도 못하는 불평등과 불공정의 가면을 쓰고 있을 때가 있다고 하면서 이러한 사실은 그리 멀지 않은 과거에 인종간 결혼을 금지했었고, 많은 직업과 공식적인 의무에서 여성을 배

---

136   *West Virginia State Board of Education v. Barnette*, 319 U.S. 624, 638(1943)
137   *Citizens Against Rent Control v. Berkeley*, 454 U.S. 290(1981)

제시켰고, 소수인종을 별도의 소위 평등한 공공시설과 기관으로 소속시키는 것을 헌법적으로 평등한 대우라고 생각했었던 과거를 기억해 보면 잘 알 수 있다고 하였다.

캘리포니아주 대법원은 로렌스사건[138]에서 미 연방대법원이 "시간은 때때로 우리를 특정한 진실에 눈을 가리우게 한다. 그리고 이후 세대들은 한때 필요했고 정당했던 법들이 사실상 압제하는 목적으로 이용되고 있음을 볼 수 있게 된다."고 했던 말을 인용하면서 역사적으로 인기가 없는 소수집단으로부터 모든 사람들에게 부여되는 지위를 배제시키는 전통을 유지하는 것은 그 전통이 아무리 오래 되고 널리 받아들여져도 평등보호조항상 강력한 주의 이익을 대표한다고는 볼 수 없다고 하였다.

결혼이라는 명칭을 이성결혼 부부에게로만 제한하는 것은 현재 이성결혼 부부들이 누리고 있는 결혼의 권리와 혜택을 유지하기 위해 필요한 것도 아니고, 결혼이라는 명칭을 동성결혼 부부에게 허용하는 것이 이성결혼 부부나 그들의 자녀들에게 결혼법이 부여하는 권리와 혜택을 박탈하는 것도 아니라고 하면서 오늘 캘리포니아주 대법원의 판결은 단순히 결혼이라는 명칭이 주는 이익을 동성결혼 부부들과 그 자녀들도 누리게 하자는 취지라고 설명하였다.

캘리포니아주 대법원은 뉴욕주 항소심 판사 카예가 헤르난데즈사건[139]에서 간결하게 말한 것 처럼 "모든 사람을 위한 충분한 혼인관계증명서가 있고 동성커플

---

138   제7장 로렌스사건 참조
139   *Hernandez v. Roble*, 855 N.E. 2d. 1, 30(N.Y. 2006)

들이 결혼이라는 명칭을 사용할 수 있도록 하는 것이 결혼이라는 법적인 제도의 실질적인 성격을 바꾸는 것도 아니다."라고 하면서 결혼이라는 명칭을 쓰는 관계를 시작하기로 선택한 동성결혼 부부들은 서로와 그들의 자녀와 제3자들에게 이성결혼 부부들에게 법이 부여하는 것과 같은 동일한 의무를 지게 되는 것이라고 하였다.

마지막으로 캘리포니아주 대법원은 동성결혼 부부들에게 결혼이라는 명칭을 얻을 수 있는 기회를 주는 것은 특정 종교단체나 공무원 그리고 개인의 종교적인 자유를 침해하지 않을 것이라고 하면서 어떤 종교도 동성결혼 부부와 관련한 그들의 종교적인 정책과 관행을 바꾸도록 강요받지는 않을 것이며 어떤 종교의 사제도 자신의 종교적인 신념에 반하여 동성결혼을 집전할 것을 요구받지 않을 것[140]이라고 단언하였다.

결론적으로 캘리포니아주 대법원은 전통적인 결혼의 정의를 유지하고자 하는 목적은 '엄격 검토기준' 하에서 동성결혼 부부들에게 결혼의 지위를 보류하는 것을 정당화할 만큼 충분히 강력한 주의 이해관계가 아니므로 결혼의 정의를 '한 남자와 한 여자의 결합'이라고 한 문장은 법 조항에서 삭제되어야 하며 동성결혼 부부들이 결혼이라는 명칭을 사용하지 못하게 하는 것은 위헌이라고 판결하였고 이로써 캘리포니아주에서는 동성결혼이 합법화되었다.

이상으로 결혼소송사건은 긴 법정 공방 끝에 캘리포니아주에서 동성애자들이 '생활동반자법'을 통해 결혼의 모든 실질적인 권리와 혜택을 획득한 후, 마지막으

---

140 캘리포니아주 헌법 Cal. Const. art I. §4

로 결혼의 '상징적인 혜택'까지 받을 수 있게 된 승리의 사건이며 캘리포니아주의 결혼제도를 전면 수정하여 동성결혼을 합법화하게 된 사건이다.

또한 일각에서 이야기하는 것처럼 '생활동반자법'이 결혼제도의 대체재나 보안재가 되는 것이 아니라 궁극적으로는 결혼제도의 변경 내지는 파괴로 이어진다는 것을 구체적으로 보여주는 사건이다.

무엇보다도 이 사건은 동성애자들이 아무리 모든 법적인 평등을 누리고 있다고 할지라도 그들에게 부여된 사회적인 '브랜딩'에 부정적인 이미지가 있다면 그들이 누리는 평등은 진정한 평등이 아니라고 주장했던 사건이다.

동성애자들은 지금까지 동성결혼이 널리 확산되고 사회적인 인식도 많이 개선되었지만 여전히 정상적인 가족관계의 범주에서 벗어나는 것으로 인식됨으로써 자신들과 자신들의 자녀들이 인격적인 불평등을 겪고 있다고 하였다.

이들이 원하는 것은 동성애에 꼬리표처럼 따라 붙어 다니는 부도덕성의 스티그마, 병인 또는 질환의 일종이라는 스티그마 등에서 벗어나 사회적으로 당당한 지위를 누리고 싶다는 것이었고 그들은 결국 원하는 것을 얻어내었다.

'퀴어'라는 단어는 원래 동성애자들을 비하하면서 그들을 이상하다는 식으로 말할 때 쓰던 단어였다고 한다. 그런데 이제 이 '퀴어'라는 단어가 '퀴어 축제'와 함께 쓰이면서, '그래, 나 이상하다 그래서 어쩔래.' 하는 식의 당당함을 표현하는 단어로 사용된다.

퀴어 축제를 보면 동성애자들이 자신들의 성행위에 대해 더 이상 부끄러워하지도 않고, 움츠려들지도 않는다는 것을 표현한 거친 퍼포먼스들을 많이 보여준다.

하지만 한편으로는 동성애를 당당하고 정상적인 라이프 스타일이라고 주장하면서도 굳이 그들의 관계에 뭔가 새롭고 미래지향적인 단어를 붙이기 원하기보다는 그들이 지극히 저주하는 전통과 보수의 대명사격인 '결혼'이라는 단어로 '브랜딩' 하고자 하는 것은 어찌된 역설일까?

연방결혼보호법과 주 결혼법의 갈등, 어떻게 해결할 것인가?

United States v. Windsor(2013)

"It is one thing for a society to elect change; it is another for a court of law to impose change by adjudging those who oppose it hostes humani generis, enemy of the human race."

_ Justice Scalia

United States v. Edith Schlain Windsor in her capacity as executor of the Estate of Thea Clara Spyer, et al. 570 U.S.(2013)

미국이라는 나라를 이해하기 위해서는 유나이티드 스테이트United States 국가들의 연합라는 나라의 이름에서 알 수 있듯이 이 나라가 연방으로 구성되어 있다는 점을 기억해야 한다.

연방제 하에서 미국의 각 주정부는 마치 독립국가의 정부처럼 독립적인 법과 제도를 운영을 할 수 있다. 다만 연방 중앙정부는 국방, 외교, 이민 등 연방 전체의 통일성이 요구되는 굵직 굵직한 사안에 대해서만 권위를 행사할 수 있다.

이는 미 연방수정헌법 제10조[141]에 헌법에 명시되지 않은 권한은 각 주나 그 주의 시민들에게 유보되어 있다고 했기 때문이다.

연방시스템으로 운영되다 보니 사법 시스템도 이중적 구조를 취하고 있다.

각 주는 자체적으로 1심 재판부부터 대법원까지 3심으로 이루어진 재판부가 있지만 연방헌법과 관련된 문제[142]나 서로 다른 주의 주민들이 개입된 갈등상황 등

---

141 10th Amendment of the US Constitution: The powers not delegated to the United States by the Constitution, nor prohibited by it to the States, are reserved to the States respectively, or to the people.
142 Federal question jurisdiction(28 U.S.C. §1331): 민사소송에서 미국 연방법과 관련된 문제들은 연방사법부에서 관할권을 가진다는 원칙

¹⁴³은 반드시 연방재판부에서 판결을 받아야 한다.

또한 특이하게도 미국의 연방대법원은 스스로 관여해야 하겠다는 판단이 서는 문제에 대해서만 '사건이송명령_{writ of certiorari}'을 내려서 재판을 한다.

이 장에서 다룰 원저사건을 이해하기 위해서는 이런 미국의 연방시스템에 대한 이해가 반드시 필요하다.

원저사건은 연방의회에서 제정한 '결혼보호법'과 주정부가 제정한 결혼법 간의 갈등 상황 속에서 이런 갈등을 일으키는 원인이 된 연방법이 과연 연방헌법에 위배되는지에 대해 연방대법원이 판결한 사건이다.

1990년대 동성애자들의 권리 주장이 봇물처럼 터지면서 미국의 각 주는 사법부의 판결로, 또는 시민들의 투표로 동성결혼에 대한 각각의 입장을 견지하고 있었다.

그런데 1993년, 하와이주 대법원이 베이어사건[144]에서 동성결혼과 관련된 헌법적인 문제는 반드시 '엄격 검토기준'을 통과해야 한다고 판결하면서 하와이주에서 동성결혼이 합법화될 것과 이러한 판결이 연방헌법상 '완전한 신뢰와 신용_{Full faith and Credit}' 조항[145]에 따라, 동성결혼을 반대하고 있는 주마저도 동성결혼을 인정하지

---

143 Diversity jurisdiction(28 U.S.C. §1332): 민사소송에서 서로 다른 주의 주민이나 외국인 등이 관련된 문제들은 연방사법부에서 관할권을 가진다는 원칙

144 *Baehr v. Lewin*, 74 Haw. 530, 74 Haw. 645, 852 P.2d 44(1993)

145 Article Ⅳ, Section 1 of the US Constitution: Full Faith and Credit shall be given in each State to

않을 수 없는 상황으로 몰고 가게 될 것이라는 우려를 낳게 되었다.

여기에 대한 반동으로 연방의회의 하원법사위House Judiciary Committee는 1996년, '결혼보호법[146](Defense of Marriage Act - DOMA 이하 '도마법'이라고 함)을 제안하였고 이 법안은 상하 양원에서 모두 절대적인 찬성표를 얻으며 통과되었다.

특히 도마법 제3조는 결혼의 배우자를 오직 이성으로 한정함으로써 모든 연방법 규정하에서 동성결혼을 인정하는 것을 원천적으로 봉쇄하였다.

이 법은 미국의 빌 클린턴 대통령 재임 당시 제정되었고 이후 조지 부시 대통령이 도마법이 아니라 헌법개정을 통해 결혼의 정의를 더욱 강하게 보호하고자 하였으나 당시에는 어느 누구도 이 도마법의 헌법적 유효성이 도전받게 될 것이라고는 생각하지 않았기 때문에 헌법 개정까지는 이루어지지 않았다.

세월이 흘러 오바마 행정부에 오면서 도마법은 동성애자들의 극렬한 도전을 받게 된다. 이미 각 주에서 소송전략을 통해 괄목할 만한 승리를 쟁취한 동성애자들은 연방정부 차원에서도 동성결혼을 인정하도록 만들기 위해 많은 소송을 제기하였는데 그 중 하나가 바로 윈저사건이다.

---

the public Acts, Records, and judicial Proceedings of every other State. And the Congress may by general Laws prescribe the Manner in which such Acts, Records and Proceedings shall be proved, and the Effect thereof.
146   110 Stat, 2419

윈저사건에서 문제가 된 도마법 제3조[147]DOMA Section 3는 다음과 같다.

> 의회가 제정한 법의 의미 및 그 법에 대한 다양한 행정부와 연방정부 에이전시의 판
> 결과 규정, 그리고 해석을 결정함에 있어서 '결혼'이라는 단어는 오직 남편과 아내
> 로서 한 남자와 한 여자의 합법적인 결합만을 의미하며, '배우자'라는 단어 역시 남
> 편이나 아내인 이성을 의미한다.

이러한 정의규정 자체가 주정부가 동성결혼이나 시민결합을 허가하는 법을 만
드는 것을 금지하거나, 동성결혼을 한 시민들에게 주정부의 혜택을 제공하는 것
을 금지하는 것은 아니다. 그러나 도마법에 명시된 결혼과 배우자의 정의는 결혼
관계와 관련된 1,000여 가지 이상의 연방법을 규정할 수 있는 것이었다.

윈저사건의 원고인 에디스 윈저는 레지비언으로, 사망한 자신의 아내 테아 스
파이어의 법률상 유언집행인의 자격으로 이 소송을 제기하였다.

1963년, 윈저와 스파이어는 각각 컴퓨터 엔지니어와 심리학자로서 전문적인 커
리어를 쌓아가고 있던 중, 뉴욕시에서 처음 만나 연인 관계로 발전하였다.

이후 윈저와 스파이어는 뉴욕시가 1993년, 동성커플들에게 생활동반자의 지위
에 대한 권리를 부여하자 생활동반자로 등록하였고, 2007년에는 캐나다로 건너
가서 정식으로 결혼까지 하였다.

---

147 1 U.S.C. §7

이들은 계속 뉴욕시에서 거주하였으며 뉴욕주는 이들이 캐나다 온타리오주에서 한 결혼을 정식결혼으로 인정하였다.

2009년, 스파이어는 사망했고, 자신의 모든 재산을 윈저에게 상속하였다.

그런데 도마법에서는 동성의 배우자를 인정하지 않기 때문에 윈저는 연방상속세 신고에서 배우자 공제를 받지 못하였다.

윈저는 총 363,053달러의 상속세를 내고 난 후, 이를 환불해 줄 것을 연방세금당국[148]에 요구하였으나 연방세금당국은 환불을 거부하였고 도마법상, 윈저는 '배우자'가 아니라고 주장하였다.

이에 윈저는 미국 연방 1심 법원에 환불 소송을 내면서 도마법이 연방수정헌법 제5조[149]를 통해 연방정부에 적용되는 평등보호의 보장을 위반하였다고 주장하였다.

한편, 윈저의 세금환불 소송이 진행 중이던 동안. 미 연방 법무부 장관은 오바마 대통령의 제가로 하원 대변인에게 법무부는 더 이상 소송에서 도마법 제3조의 합헌성을 방어하지 않겠다고 통보하였다.

---

148 Internal Revenue Service(IRS)

149 Amendment 5th of the US Constitution: No person shall be held to answer for a capital, or otherwise infamous crime, unless on a presentment or indictment of a Grand Jury, except in cases arising in the land or naval forces, or in the Militia, when in actual service in time of War or public danger; nor shall any person be subject for the same offence to be twice put in jeopardy of life or limb; nor shall be compelled in any criminal case to be a witness against himself, nor be deprived of life, liberty, or property, without due process of law; nor shall private property be taken for public use, without just compensation.

법무부는 그때까지 합법적으로 결혼한 동성커플들이 도마법에 도전하는 것을 방어해왔다는 사실을 지적하면서 "대통령은 역사적인 차별의 기록, 성적지향에 따른 구별 등의 다양한 요소를 고려하여 이 법이 더욱 강화된 검토기준heightened standard of scrutiny을 적용받아야 한다고 결론지었다."고 전하였다.

또한 법무부는 비록 대통령이 법무부에게 원저사건에서 도마법을 방어하지 말라고 지시했지만 도마법 제3조는 여전히 연방의 각 정부부처에 의해 집행될 것이며 의회는 도마법을 공격하는 소송에 참여할 수 있는 완전하고 공정한 기회를 가져야 한다고 하였다.

이러한 이중적인 태도를 취한 이유, 즉 행정부가 자체적으로는 도마법이 연방헌법에 위배된다는 것을 인정하여 이 법의 헌법적 유효성을 다투는 향후 소송에서 미국을 대리하여 법을 방어하는 것을 포기하는 동시에 현실에서는 그 법의 집행을 계속하는 것은 헌법적인 문제에 관해서는 사법부가 최종적인 중재자라고 생각하기 때문이라고 하였다.

법무부장관의 통지에 대처하기 위해, 도마법 입법의 주체였던 하원은 의회의 초당적 법률자문그룹(Bipartisan Legal Advisory Group - BLAG, 이하 '블랙'이라 함)을 통해, 도마법 제3조의 헌법적 유효성을 방어하기 위한 소송에 법무부를 대신하여 소송 당사자로 참여하기로 결정하였다

한편, 원저사건의 세금환불에 대한 본안소송에서 연방 1심 재판부는 미국 연방정부에게 패소 판결을 내렸다.

1심 재판부는 도마법 제3조가 헌법에 위배되므로 연방 재무부는 세금과 이자를 환불해 주라고 판결하였고, 제2 순회 항소심 법원에서도 1심 재판부의 판결을 확정하였다.

그럼에도 불구하고 미국 연방 재무부는 항소심의 판결을 따르지 않았고 윈저도 환불을 받지 못했으며 행정부는 계속해서 도마법 제3조를 집행하고 있었다.

이에 연방대법원에서 도마법 제3조의 헌법 불합치 여부를 결정하기 위한 사건 이송명령을 내렸다.

이 사건의 핵심 이슈는 '블랙'이 소송 당사자로서 항소심 재판부에 항소하거나 사건이송명령을 청구할 자격이 되는가?'와 '도마법은 연방수정헌법 제5조의 공정절차 및 헌법이 보장하는 평등보호조항을 위반하였는가?'였다.

이 장에서는 블랙의 당사자 적격은 논외로 하고 도마법의 헌법적 유효성에 대한 연방대법원의 판단만을 살펴볼 것이다.

연방대법원은 판결문에서, 최근까지 많은 시민들이 동성의 두 사람이 합법적으로 결혼한 남녀가 가지는 것과 동일한 지위와 존엄성을 얻으려고 시도할 것에 대한 가능성 조차 고려해보지 않았으나 이미 몇몇 사람들에게는 이러한 새로운 관점과 통찰력이 시작되었고, 이에 몇몇의 주들은 서로에게 헌신하기로 한 동성결혼 부부들이 법의 테두리 내에서 그들의 동성결혼을 인정받고, 그러한 결혼이 법적으로 유효해야 한다고 결론을 내렸다는 사실을 상기시켰다.

그러면서 원저사건이 발생한 뉴욕주의 변화에 대해 다음과 같이 설명하였다.

뉴욕주에서도 처음에는 느리게 그러나 다음엔 급속도로 자녀와 가족, 친구, 그리고 공동체 앞에서 서로에 대한 헌신을 확인받기 원하는 동성결혼 부부들을 인정하게 되었고 뉴욕주의 결혼법을 동성결혼을 허용하는 쪽으로 개정하였다.

그리고 뉴욕주는 다른 11개 주 및 DC와 함께 동성커플도 결혼할 수 있는 권리를 가져야 하며 동성커플들도 자신의 정체성과 자신들의 결합에 대해 자긍심을 가지고 모든 전통적인 결혼을 한 부부들과 마찬가지로 평등한 지위를 지니고 살아야 한다고 결정하였다.

뉴욕주는 주 전역에서 동성결혼에 대한 찬반을 토론하였고 이에 대해 민주적이고도 신중한 절차를 거쳐 뉴욕주 시민과 이들이 선거로 선출한 대표자들이 이전에는 알지 못했고 이해하지도 못했던, 그러나 이제는 불의로 인식하고 있는 제도를 고치기 위하여 결혼의 정의를 확대하기로[150] 하였다.

이상에서 뉴욕주의 결혼법 변천과정을 살펴본 후, 연방대법원은 원저사건을 제대로 판결하기 위해서 이렇게 몇 개 주에서 인정하고 있던 합법적인 동성결혼을 반대하기 위해 제정된 도마법의 기획의도, 입법목적, 그리고 입법효과 등을 고려해야 한다고 하였다.

---

150   Marriage Equality Act 2011, N.Y. Laws 749(codified at N.Y. Dom. Rel. Law Ann. §§10-a, 10-b, 13(West 2013)

연방대법원은 우선, 역사와 전통에 따라 결혼에 대해 정의하고 이를 규제하는 일은 개별 주의 권위와 영역에 속하는 것이라고 했다. 그러나 의회가 별도의 법안을 제정함으로써 결혼에 대한 권리와 특권에 대한 결정을 할 수 있다는 것 역시 잘 확립된 가치라고 하였다. 즉, 이것은 자체적인 프로그램을 집행함에 있어서 효율성을 보장하고 추구해야 하는 보다 큰 목적과 정책을 위해 행사할 수 있는 의회의 권한이라고 하였다.

결혼과 가족의 지위에 영향을 주는 의회의 법안들과 관련된 다른 판례들은 이 점을 더욱 부각시킨다고 하면서 연방대법원은 주정부의 가족관계법과 연방정부의 이민법간의 상호작용에 대하여 언급하였다.

의회는 외국인이 이민자로서 미국에 입국허가를 받기 위한 목적으로 한 결혼은 주 법상 그것이 정당하고 유효하다 할지라도 그 외국인에게 미국 시민의 지위를 보장해주지는 않는다[151]는 연방법 규정과 사회보장 혜택을 주기 위한 소득기준을 산정하는데 있어서 일반적으로는 주의 결혼법이 배우자의 자격요건을 결정하지만 의회가 인정한 관습법상의 결혼 역시 결혼에 대한 주정부의 특정한 입장과는 상관없이 인정되어야 한다는 연방법의 규정[152]을 인용하였다.

연방대법원은 도마법이 위에서 제시된 예보다 훨씬 더 큰 영향력을 지니고 있다고 하면서 도마법이 1,000개 이상의 연방법과 전체 연방규정에 영향을 미치고 있으며 도마법은 뉴욕주 및 다른 11개 주에서 법으로 보호하고자 하는 일단의 사

---

151 8 U.S.C §1186(b)(1)(2006 ed. and Supp. V)
152 42 U.S.C §1382c(d)(2)

람들을 대상으로 영향력을 행사하고 있다고 하였다.

연방대법원은 도마법이 주정부의 권한범위에 관여하는 것에 대한 합법성을 평가하기 위하여 먼저 역사와 전통에 비추어 볼 때 결혼에 대한 주정부의 권한 범위에 대해 논의할 필요가 있다고 하였다.

연방대법원은 헌법에 위배되지 않는다는 전제하에서 가족관계에 대한 규정은 거의 주정부의 배타적인 영역으로 간주되어[153]왔다고 하면서 '민법상 결혼'을 인정하는 것이 시민들에게 적용되는 가족관계법의 핵심이며 결혼의 정의는 자녀의 출산, 사유재산권, 그리고 결혼관계에 관한 가족법의 주제를 규제하는 주정부의 광범위한 권위의 근거가 된다고 하였다.

연방헌법을 제정할 당시에도 주정부는 결혼과 이혼에 관한 한 온전한 권위를 가지고 있었고 연방헌법은 연방정부에 결혼과 이혼에 관한 문제에 대한 권위를 위임한 적이 없다[154]고 하였다.

드 실바[155]사건에서 연방대법원은 "누가 죽은 사람의 과부 또는 홀아비가 되는지, 또는 저작권법상 누가 유산관리자인지 또는 가장 가까운 친족인지를 결정하기 위해서는 이러한 법적 관계를 만들어 내는 주 법을 참조해야 한다. 왜냐하면 가족관계에 대한 연방법이 없기 때문이다."라고 한 바도 있다.

153 *Sosna v. Iowa*, 419 U.S. 393, 404(1975)
154 *Haddock v. Haddock*, 201 U.S. 562, 575(1906)
155 *De Sylva v. Ballentine*, 351 U.S. 570(1956)

연방대법원은 결혼의 정의와 규정에 대한 주정부의 책임의 중요성은 미 연방의 시초까지 거슬러 올라가며, 결혼법은 각 주마다 매우 다양하다면서, 버몬트주에서는 결혼의 최소연령이 16세인데 반해 뉴햄프셔주는 13세에 불과하고, 근친간 결혼의 경우도 대부분의 주가 사촌끼리의 결혼은 허용하는 반면, 아이오와주나 워싱턴주 같은 경우는 금지하고 있다는 점을 예로 들었다.

그런데 이렇게 헌법적 보장을 전제로 주마다 결혼법이 매우 다양하다는 배경을 무시하고 도마법은 결혼에 부여되는 혜택과 의무는 각 주 내에서 결혼한 모든 부부들에게 동일해야 한다는 전제를 가지고 있다고 했다.

연방대법원은 윈저사건에서 처럼 동성애자들에게 결혼할 수 있는 권리를 주기로 한 주정부의 결정은 동성애자들에게 엄청난 존엄과 사회적 지위를 부여하는 결정이라고 하면서 주정부가 결혼을 정의하는 역사적이고 본질적인 권위를 이러한 방식으로 사용할 때, 주정부의 역할과 능력은 공동체 내에서 그러한 결정의 대상이 되는 사람들의 사회적인 인정과 존엄성 및 보호를 증진시키게 된다고 하였다.

이러한 관점에서 볼 때, 그 적용범위와 영향력의 광범위한 성격으로 인해, 도마법은 결혼을 정의하는데 있어서 주법에 의지하던 역사와 전통으로부터 상당히 벗어나 있다고 비판하면서, 연방대법원은 도마법을 통해 연방정부는 주정부가 보호를 목적으로 동성애자들을 하나의 집단으로 구별한 것을, 다른 목적, 즉 제한과 장애를 주기 위한 목적으로 사용하고 있고, 그 결과, 이들이 당한 손해와 모멸감 등이 연방수정헌법 제5조가 보호하는 자유의 핵심적인 부분을 박탈했는지에 대하여 이제 답을 주어야 한다고 하였다.

연방대법원은 동성결혼을 공식적으로 인정하기로 한 뉴욕주의 결정은 자신들의 시대적 운명을 만들어 가기 위해 목소리를 높이는 사람들의 주도적인 움직임에 대한 적절한 대응이었으며 이러한 대응은 헌법 제정자들이 의도한 연방 시스템 내에서 주정부의 권위를 정당하게 행사한 것임에 의심의 여지가 없다고 판단하였다.

또한 연방헌법이 허용하는 범위 내에서 결혼관계를 정의하고 규정하는 것에 대한 주정부의 이해관계는 결혼이 단순히 특정한 사람들에게 어떤 법적인 혜택을 주는 것을 목적으로 하는 일반적인 범주의 법 이상이라는 이해로부터 기인한다고 하였다.

연방대법원은 사적으로 상호 동의한 두 명의 동성 성인이 누리는 성행위와 성적 친밀감을 주정부가 처벌해서는 안되며 이러한 관계는 출산이라는 한가지 요소만 제외하고는 지속적이고도 사적인 결합을 형성할 수 있다고 했던 로렌스사건[156]을 인용하면서 동성간의 결합과 동성결혼을 인정함으로써 뉴욕주는 그러한 관계에 더 많은 보호와 존엄을 부여했고 이것은 결혼제도의 역사적 뿌리에 대한 공동체의 관점의 변화와 평등의 의미에 대한 진화하는 생각들이 반영된 것이라고 하였다.

연방대법원은 도마법이 뉴욕주가 보호하고자 하는 바로 그 부류의 사람들에게 피해를 입히는 것이며 그렇게 함으로써 연방정부가 지켜야 할 기본적인 공정절차와 평등보호의 원칙을 위반하고 있다고 하였다.

---

156   제7장 로렌스사건 참조

헌법이 보장하고 있는 평등은 반드시 "적어도 의회가 정치적으로 인기 없는 집단을 해치려고 하는 단순한 욕구로 그 집단을 차별하는 것을 정당화 할 수 없다."[157]고 하는 의미를 가져야만 한다며 법이 부적절한 적의나 불의한 목적을 동기로 제정되었는지를 판단함에 있어서 보다 독특한 성격의 차별에 대해서는 더 큰 주의를 요한다고 하였다.

연방대법원의 입장은 도마법이 이런 원칙하에서 살아남을 수 없다는 것이며 이에 대해 다음과 같이 설명하였다.

가족관계법을 통해 주정부가 어떤 사람들을 특정한 집단으로 분류하여 범주화하는 것은 이렇게 한 집단을 구별하는 행위자체가 일상생활과 관습에 상당한 사회적 영향력을 미친다는 중요한 지표가 된다.

특히, 결혼의 정의에 대해서 주정부의 정의를 인정하고 받아들이던 전통으로부터 도마법이 벗어났다고 보는 이유는 동성결혼 부부들로부터 이들의 결혼을 연방정부가 인정함으로써 발생할 수 있는 모든 혜택과 책임을 박탈하는 결과를 낳고 있기 때문이며 이는 동성결혼 부부들의 일상적인 생활에 엄청난 사회적 영향력을 미친다는 지표가 된다는 뜻이기도 하다.

이것은 도마법이 동성애자라는 특정 부류의 사람들을 사회적으로 인정하지 않으려고 하는 목적과 효과를 가진 법이라는 증거가 되며 이러한 도마법의 공공연한 목적과 실제적인 효과는 동성결혼을 하는 사람들에게는 결혼이 아닌 다른 별

---

157 *Department of Agriculture v. Moreno*, 413 U.S. 528, 534-535(1973)

도의 지위를 부여함으로써 그들에게 열등감을 안겨주고 오명을 씌우려는 것이다. 도마법은 이러한 목적을 결혼에 관한 한 논란의 여지가 없는 주정부의 절대적인 권위를 이용해서 합법적으로 달성하려는 의도를 숨기고 있다.

도마법이 제정된 역사를 보면 하원 보고서[158]에서 "의회가 전통적인 이성간의 결혼제도를 방어하기 위해 할 수 있는 일을 하는 것은 정당하고도 필요한 일이다. H.R.3396(도마법)은 '결혼보호법'이라고 명명되었는데 그 이름은 매우 적절하다. 결혼을 동성애자 부부들까지 포함하는 것으로 재정의하려는 노력은 진실로 결혼제도를 근본적으로 바꾸는 급진적인 제안이다."라고 하였고, 하원은 도마법이 동성애에 대한 도덕적 불인정과 이성애가 전통적 도덕(특히 유대-기독교적 전통)에 더 잘 부합한다는 도덕적 확신을 모두 표현하고 있다고 하였다.

연방대법원은 블랙의 주장은 결혼의 자격요건에 대한 주정부의 주권적 선택에 영향력을 행사하거나 간섭하려고 하는 의회의 목적에 대해 훨씬 더 솔직하다고 하면서 '결혼보호법'이라는 법안의 제목과 그 제목의 역동성에서 나타나듯이 도마법의 목적은 주정부가 동성결혼에 관한 법을 제정하는 것을 억압하고 그러한 법이 제정되기만 하면 결혼하려고 기다리고 있는 동성커플들의 자유와 선택을 제한하고자 하는 것이라고 하였다.

도마법의 또 다른 목적은 어떤 주정부가 동성결혼을 인정하기로 결정한다면 그러한 동성간의 결합이 연방법 하에서는 열등한 결혼으로 간주되게 하는 것으로서 이것은 연방수정헌법 제5조상 매우 심각한 문제를 야기한다고 하였다.

---

158   H.R. Rep. No. 104-664, pp. 12-13(1996)

그러면서 실제로 도마법이 집행되는 것을 보면 이러한 목적이 더 확실하다고 하였다.

예를 들어 뉴욕주가 동성결혼을 허락하는 법을 제정했을 때, 주정부는 불평등을 없애려는 목적으로 이러한 법을 제정하였으나 도마법은 주정부의 정책이 연방법의 어떤 영역과 관련이 있는지 구체적으로 밝히지 않은 채, 전체를 아우르는 시스템 차원의 연방법 제정을 통해 그러한 목적을 좌절시켜 버렸다고 비판하였다.

더욱이, 도마법이 통제하는 1,000가지가 넘는 법과 규정들에는 사회보장, 주거, 세금, 형사적 금지, 저작권, 퇴직군인 혜택 등이 총 망라되어 있는데 도마법은 이 모든 미국의 연방법에 불평등의 씨앗을 심어 놓았다고 하였다.

연방대법원은 도마법의 주된 효과는 주정부가 인정한 결혼의 한 형태를 지목하여 그 형태를 불평등하게 만드는 것이지, 주정부의 효율성을 증진시키기 위한 것이라는 등의 다른 중요한 목적은 존재하지 않는다고 하였다.

연방대법원은 도마법이 주 법 하에서 결혼한 동성결혼 부부들의 권리와 의무 모두를 박탈하기 위하여 고안된 것으로, 한 주 내에서 두 가지 상반된 결혼 제도를 창조함으로써 동성결혼 부부들이 주 법의 목적상으로는 결혼한 상태로 살 수 있지만 연방법상으로는 결혼하지 않은 상태로 살 수밖에 없게 함으로써 주정부가 인정하고 보호하는 기본적인 인간관계에 대한 안정성과 예측성을 축소하고 있다고 하였다.

또한 이러한 도마법의 행태는 주정부가 인정한 동성결혼의 공적이고 사적인 부분 모두를 폄하한다고 보았는데 그 이유는 도마법이 동성결혼 부부들과 세상에 대하여 그들의 결혼이 연방의 인정이라는 부분에 있어서는 아무런 가치가 없다고 공언하고 있기 때문이라고도 하였다.

이러한 차별은 헌법이 보호하는 도덕적, 성적 선택을 한 동성결혼 부부들을 비하하는 것이며 이들의 손에서 자라고 있는 수만명의 자녀들을 모욕하는 것이기도 하다며, 도마법으로 인해, 동성결혼 부부의 아이들은 자신들의 가족의 온전함과 친밀함을 이해하는데 곤란을 겪게 되며, 일상 생활에서 자신들의 가족이 공동체 내에 있는 다른 가족들과 동일하다는 것을 이해하는 것, 역시 더욱 어렵게 되기 때문이라고 하였다.

연방대법원은 도마법 하에서 명시적이고 공식적인 방식으로 이루어진 연방정부의 선언으로 인해 동성결혼 부부들이 감당해야 하는 심각한 삶의 부담의 예는 셀 수 없이 많다고 하면서 다음을 구체적으로 열거하였다.

우선, 도마법으로 인해, 동성결혼 부부들은 연방정부의 건강보험 혜택이나 연방 파산법이 부여하는 특별한 보호를 받을 수 없으며, 연방 세금신고 시, 더욱 복잡한 절차를 따라야 할 수 밖에 없다.

또한 도마법상, 동성결혼의 배우자는 퇴역군인 묘지에 함께 장사되지 못하고, 복수를 목적으로 연방 공무원이나 연방 판사, 연방 경찰들의 직계가족을 상해, 납치, 또는 살해하는 것을 범죄로 규정[159]한 연방 형법상, 동성결혼의 배우자는 직계

---

159   18 U.S.C. §115(a)(1)(A)

가족의 범위에 들어가지 못하기 때문에 연방 형법이 제공하는 보호를 받지 못한다.

그 밖에도, 도마법은 동성결혼 부부의 자녀들에게 재정적인 부담을 주며 동성의 배우자를 위해 고용주가 부여하는 건강보험혜택에 세금을 부과함으로써 건강보험료 부담을 증가시키거나, 가족생활의 안정성을 유지하기 위해 매우 중요한 요소인 배우자나 부모의 사망에 따른 혜택을 축소 또는 허용하지 않는 등 여러 가지 불이익이 있다.

반대로 도마법은 결혼생활에 필수적인 의무와 책임으로부터 그리고 대부분의 경우 도마법이 집행되지 않는다면 수용될 만한 부부생활의 의무와 책임으로부터 동성결혼 부부를 제외시키기도 한다.

이러한 예로, 대학생의 연방 재정보조 자격을 검토하는 경우, 배우자의 수입을 고려하는데 동성결혼 부부는 이러한 요구로부터 면제된다든지, 연방의 행정공무원이나 에이전시 공무원들은 배우자가 금전적인 이해관계를 가지는 업무에 개인적으로 상당하게 관여하는 것이 금지[160]되어 있으나 동성결혼 배우자에게는 이런 규정이 적용되지 않는다든지, 이와 유사하게 상원이나 상원의 피고용인과 그들의 배우자들은 누군가로부터 비싼 선물을 받는 것이 금지[161]되어 있는데, 여기에서 동성결혼 배우자는 제외되며, 다양한 고위 공무원과 그들의 배우자들에게 자세한

---

160   18 U.S.C. §208(a)
161   U.S.C. §31-2(a)(1)

재산상태를 공개하도록[162] 요구하고 있는 법에서도 동성결혼 배우자는 제외된다. 즉 도마법 덕분에 동성결혼의 배우자들은 연방정부 공무원의 윤리에 관한 모든 규정에서 제외된다.

연방대법원은 의회가 건강한 국가 정책을 위한 법을 제정할 수 있는 엄청난 권한을 가졌다고 생각하겠지만 그러한 권한으로 연방수정헌법 제5조의 공정절차조항이 보호하고 있는 자유를 박탈할 수는 없다면서 도마법은 연방수정헌법 제5조에 의해 보호되는 사람들의 자유를 박탈하고 있기 때문에 헌법에 위배된다고 판결하였다.

연방대법원은 연방수정헌법 제14조의 평등보호조항은 연방수정헌법 제5조에서 보장하는 권리를 보다 구체적으로 잘 이해하고 지킬 수 있도록 하는 것이라고 하면서 도마법은 개인의 자유를 증진하기 위하여 보호받을 만한 자격이 있다고 주정부가 인정하는 동성애자들을 연방법에서 소외시키고, 주정부가 존엄하고 정당하다고 인정하는 사회적 지위를 동성애자들에게는 허용해주기를 거부함으로써 동성애자들에게 심각한 불이익을 안겨주었다고 하였다.

연방대법원은 도마법이 모든 연방공무원 그리고 실제로 그들의 아이들을 포함하여 동성결혼 부부와 교류하고 있는 모든 사람들에게 동성결혼은 전통적인 이성 간의 결혼보다 가치가 없다는 점을 주지시키고 있으며 이것은 주정부가 결혼법을 통해 인간성과 존엄성을 보호하고자 하는 바로 그 사람들을 폄하하고 해치는 것으로서 그러한 법의 입법 목적과 영향을 극복할 만한 연방정부의 어떠한 합법

---

162 5 U.S.C. App. §§102(a),(e)

적인 목적도 찾아볼 수 없고, 동성애자들로부터 헌법적 보호를 박탈하고 동성애자들을 다른 사람들보다 덜 존중받는 결혼생활을 하고 있는 것처럼 차별함으로써 연방수정헌법 제5조를 위반하였는 바 도마법은 헌법 불합치라고 판결하였다. 다만, 이러한 연방대법원의 최종적인 의견과 판결은 합법적인 동성결혼에만 적용되는 것으로 제한하였다.

동성애가 정치적인 이슈가 되면서 클린턴, 부시, 오마바 행정부에 이르기까지 민주당과 공화당으로 대표되는 각각의 행정부는 서로 다른 입장을 취하였다.

민주당 출신의 클린턴 대통령은 개인적으로는 동성애 옹호론자에 가까왔지만 도마법이 이미 대통령의 거부권 행사권한을 넘어서는 득표수로 통과되자 법안에 서명할 수 밖에 없었고, 전통적인 보수 공화당 출신의 부시 대통령은 헌법을 개정해서까지라도 동성결혼의 합법화에 쐐기를 박으려고 했으나 시기적으로 적절치 않아서 목적을 달성하지 못했다[163]고 한다.

한편, 민주당 출신의 오바마 대통령이 재임하고 있는 이 시대는 이미 동성애자들이 문화적으로나 사회적으로 미국 대중들에게 엄청난 영향력을 행사하고 있을 뿐 아니라 비록 숫자적으로는 소수이지만 미국 대통령 선거에서 캐스팅보트의 역할을 할 만큼 강력한 정치 집단으로 부상하였다.

대부분 민주적이고 진보적이며 인본주의 성향인 이들의 표심을 잡기 위하여 오바마 행정부는 동성애자들과 관련된 사건에서 미국 연방정부의 입장을 방어해야

---

163 https://en.wikipedia.org/wiki/Defense_of_Marriage_Act

하는 소송대리 의무까지 포기하면서 공개적으로 이들을 지지하고 나섰다.

지금까지 동성애자들은 개별 주의 결혼법을 공격함으로써 각 주가 전통적으로 믿어오고 지지해왔으며 각 주의 시민들의 집단적인 양심 속에 각인되어 있는 결혼의 정의를 약화시키거나 바꾸는 데 성공해왔다.

이제 이들은 연방제라는 시스템을 이용해서 50개 주를 각개전투로 하나씩 무너뜨리는 수고를 하기보다는 연방법을 무효화시키는 결정적인 한방으로 자신들의 목적을 달성하고자 하였고 결국 이러한 시도는 성공하였다.

마치 의회가 도마법을 통해 개별 주정부들의 동성결혼 합법화를 단번에 근절시키려 했듯이 말이다.

연방대법원의 사법독재는
정당화될 수 있는가?

Obergefell et. al. v. Hodges(2015)

"If a bare majority of Justices can invent a new right and impose that right on the rest of the country, the only real limit on what future majorities will be able to do is their own sense of what those with political power and cultural influence are willing to tolerate. Even enthusiastic supporters of same-sex marriage should worry about the scope of the power that today's majority claims."

_Justice Alito

Obergefell et. al. v. Hodges, Director, Ohio Department of Health et. al., 576 U.S.(2015)

2015년 6월 26일은 전세계 동성애자들에게 잊을 수 없는 날이다.

이날, 오바마 대통령은 '미국의 승리Victory for America!'라고 환영하였고, 밤새도록 온통 여섯 빛깔 무지개[164]색 불빛으로 환하게 불을 밝힌 백악관의 모습은 앞으로 미국 사회가 지향하는 바를 상징적으로 보여주었다.

이날 구글, 애플, 마이크로소프트, 월트 디즈니 등과 같은 세계적인 기업들은 자신들의 인터넷 웹사이트나 소셜 미디어 계정의 첫 화면을 무지개를 상징하는 심볼이나 색깔로 물들였고 수도 워싱턴의 거리는 '프라이드 퍼레이드'[165]의 물결로 뒤덮혔다.

이 날이 과연 무슨 날인가?

바로 미국 연방대법원의 9명의 대법관 중 5명이 미국 전역에서 동성결혼을 합법화시킨 역사적인 날이다. 동성애자들에게는 지난 50년간의 치욕과 고통이 씻어진 날인 동시에 미국사회가 앞으로 겪어야 할 심각한 분열과 갈등, 그리고 혼란의

---

164 일곱 색깔 무지개에서 남색을 제외한 여섯 색깔 무지개는 성소수자 운동의 상징적 심볼임
165 Pride Parade : 동성애자임을 자랑스럽게 생각한다는 표현을 하기 위한 집단 거리행진

시작일이기도 하다.

2000년대에 들어와서 동성애 옹호론자들이 소송을 통해 미국 전역에서 동성결혼 합법화를 위한 캠페인을 벌이자 연방재판부는 일대 혼란에 빠졌다. 통일성을 유지해야 할 각 순회 항소재판부의 판결이 제각각이었기 때문이었다.

많은 항소심 재판부에서 동성결혼을 인정하고 주정부의 결혼법을 개정하도록 권고하였는가 하면 또 다른 한편에서는 전통적인 결혼의 정의를 유지하고 동성결혼을 주 헌법상 인정해 주지 않는 판결도 내리고 있었다.

이러한 혼란을 막기 위해 연방대법원은 '사건이송명령'을 내려 동성결혼에 대한 연방재판부 전체의 의견을 통일하고자 하였고 그 결과 이 장에서 다룰 오버즈펠사건을 통해 동성결혼 합법화를 둔 길고 긴 싸움은 마침내 종지부를 찍게 되었다.

오버즈펠사건의 사실관계는 다른 동성결혼 합법화를 위한 소송과 별다를 것이 없다.

다만 이번 사건의 당사자들은 4개 주 출신의 동성결혼 부부들(총 14 커플 및 배우자가 이미 사망한 남자 동성애자 2명)이 원고로, 그리고 전통적인 결혼제도를 지키려는 보수적인 주(오하이오주, 테네시주, 미시건주, 켄터키주)를 대표하는 보건 복지부 장관 및 주지사들이 피고로 참여하였다는 점과 원래 원고로 등장한 동성결혼 부부들은 각각 소송을 제기[166]하였으나 이 개별사건들은 오버즈펠사건으로 통합되

---

166 1) *James Obergefell v. Richard Hodges, Director, Ohio Department of Health*

어 연방대법원의 최종 판결을 받았다는 점이 주목할 만하다.

　오버즈펠사건의 원고들은 자신들이 거주하고 있는 주들이 결혼을 '한 남자와 한 여자의 결합'이라고 정의함으로써 미 연방수정헌법 제14조를 위반하였다며, 주정부가 자신들의 '결혼할 수 있는 권리'를 인정하고, 또한 이미 '동성결혼을 인정한 타 주에서 합법적으로 이루어진 결혼에 대해 이들 주에서도 인정하라'며 각각 소송을 제기하였다.

　이에 대해 각 주의 연방 1심 재판부는 원고 승소 판결을 내렸으나 2심 재판부인 제6 순회 항소 법원에서는 각각의 소송을 하나로 묶어 원고 패소 판결을 내렸다.

　이에 최종 재판부인 미국 연방대법원은 '사건이송명령'을 내렸고, 그 결과 총 9명의 연방대법원 대법관들 중 찬성 5명, 반대 4명(대법원장 포함)으로, 동성커플의 결혼을 연방정부 차원에서 합법화하는 판결을 내리게 되었다.

　오버즈펠사건의 핵심 쟁점은 1) 미 연방수정헌법 제14조는 각 주정부로 하여금 동성결혼을 인정할 것을 요구하고 있는가?(미시건주, 켄터키주) 그리고 2) 미 연방수정헌법 제14조는 각 주정부로 하여금 이미 동성결혼을 허용하는 타 주에서 허가되고 행해진 동성간의 결혼을 인정할 것을 요구하고 있는가?(오하이오주, 테네시주)였는데 이 두 가지 질문은 궁극적으로 '미국에서 동성결혼이 합법화되어야 하는가?'라는 문제로 귀결되는 것이었다.

2) *Valeria Tanco v. Bill Haslam, Governor of Tennessee*
3) *April Deboer v. Rick Snyder, Governor of Michigan*
4) *Gregory Bourke v. Steve Beshear, Governor of Kentucky*

오버즈펠사건에서 연방대법원은 다수의견이나 소수의견 모두, 이 사건을 통해 동성결혼 합법화 반대와 찬성에 관해 지금까지 연방대법원이 취해 온 입장을 총정리함으로써 이 질문에 마침표를 찍고자 하였다.

먼저, 연방대법원은 다음 4가지 법철학을 근거로 동성결혼 합법화에 찬성하고 있다.

첫째, 결혼제도는 역사적으로 진화하였다.

연방대법원은 결혼의 역사는 지속성과 변화를 동시에 견지하면서 시간의 흐름에 따라 계속 진화하고 있다고 하면서 고대에는 부모가 정해주는 배우자와 결혼하는 것이 일반적이었으나 이제는 남녀간의 자발적인 계약으로 이해되고 있고, 여성의 권리가 신장됨에 따라 미국에서는 유부녀가 남편에게 예속되는 법Coverture law이 폐지되는 등 고정적이고 불변하는 제도가 아니라 진화하는 제도라고 하였다.

연방대법원은 20세기 중반 미국에서는 자유에 대한 새로운 개념들이 나오면서 게이와 레지비언의 인권문제가 거론되기 시작했으며 20세기 후반부터는 문화와 정치적인 변화에 따라 동성애자 커플들이 보다 공개적이고 공식적으로 가정을 꾸리고 살아가기 시작했다고 하였다.

또한 미국 연방대법원 역시 판결로서 이러한 시대적 변화를 주도하였다고 하면서 다음과 같이 동성결혼 합법화 소송의 변천사를 기술하였다.

1986년, 보어즈사건[167]에서는 동성간 항문성교를 형법으로 처벌하던 조지아주 법을 합헌이라고 하였다가 2003년에는 이를 파기하고 동성애를 범죄로 규정하는 것은 동성애자들의 삶을 비하하는 것이라며 헌법 불합치 판결[168]을 내린 바 있다.

1996년, 미국 연방의회는 '결혼보호법(도마법)'[169]을 통과시킴으로써 모든 연방법의 범위 내에서 '결혼'이란 오직 남편과 아내로서 한 남자와 한 여자의 합법적인 결합이라고 정의[170]하였으며 2013년, 미국 연방대법원은 윈저사건[171]을 통해 1996년에 제정된 도마법을 폐기하였는데 이 사건에서 연방대법원은 도마법이 아이들과 가족, 그리고 친구와 공동체 앞에서 서로에 대한 헌신을 확인하고자 하는 동성애자들을 허용할 수 없을 만큼 비하하는 법이라고 하는 의견을 피력하기도 하였다.

그 밖에, 미 항소 법원에서도 동성커플을 결혼에서 배제하는 것은 헌법을 위반한 것이라고 판결[172]한 바 있으며 많은 주 대법원에서도 동일한 판단을 내리는 등 현재까지 수많은 소송과 투표와 공적인 토론 등을 통해 동성결혼에 대한 각 주들의 입장은 찬반 양쪽으로 극명하게 나누어져 있는 상태라고 하였다.

이러한 시대적인 변천은 결혼제도가 고정적이고 불변하는 것이 아니라 진화하는 것이라는 사실을 증명해준다고 하였다.

---

167 제3장 보어즈사건 참조
168 제7장 로렌스사건 참조
169 Defense of Marriage Act(DOMA) 110 Stat. 2419
170 1 U. S. C. sec.7
171 제11장 윈저사건 참조
172 *Citizens for Equal Protection v. Bruning*, 455 F, 3d 859, 864-868(CA 2006)

둘째, 연방수정헌법 제14조의 공정절차조항은 '결혼할 수 있는 권리'를 헌법이 보장하는 근본적인 권리 중 하나로 인정하고 있다.

연방대법원은 다음과 같은 판례들을 이상과 같은 논리의 근거로 삼고 있다.

- *Loving v. Virginia*, 388 U.S. 1, 12(1967): 흑백인종간의 결혼을 금지한 법을 무효화시키면서 '결혼이란 자유로운 인간이 정당한 행복을 추구하는 데 핵심적인 요소로서 가장 중요한 개인적인 권리 중 하나이다'라고 판결.

- *Zablocki v. Redhail*, 434 U.S. 374, 384(1978): 자녀에 대한 양육비 지원이 미흡한 아버지의 결혼을 금지한 법이 결혼할 수 있는 권리를 침해하고 있다고 판결.

- *Turner v. Safley*, 482 U.S. 78, 95(1987): 감옥 재소자의 결혼을 제한하는 규정으로 인해 재소자들의 결혼할 수 있는 권리가 훼손되었다고 판결. 다시 한 번 '결혼할 수 있는 권리'는 헌법이 보장하는 인간의 근본적인 권리임을 천명.

연방대법원은 이러한 판례들이 결국 동성애자들 역시 헌법이 보장하는 '결혼할 수 있는 권리'를 행사할 수 있다는 것을 보여주는 사례라고 하면서 판례주의 원칙에 따라 이러한 경향의 판례에 따라야 함을 주장하였다.

셋째, 개인의 자기결정권 수호, 상호 헌신하기로 한 인간의 결합에 대한 지지, 아이들과 가족의 보호 그리고 마지막으로 동성애자들에 대한 사회적인 오명의 역사를 지우기 위한 인권의 차원에서 동성결혼을 합법화해야 한다.

연방대법원은 결혼의 본질은 지속적인 관계를 통해 두 사람이 함께 표현, 친밀감, 영성 등과 같은 다른 자유를 찾아나가는 것이며 이것은 성적지향에 관계없이 모든 사람에게 보편적으로 해당되는 것이므로 동성커플에게도 이러한 권리를 보장해야 한다고 하였다.

특히 아이들과 가족들을 보호함으로써 양육, 출산, 교육 등과 관련된 권리에 의미를 부여하는 것이 연방수정헌법 제14조가 보호하고자 하는 인간의 자유 중 핵심적인 것이라고 강조하면서 동성결혼 합법화를 통하여 동성애자들에게도 부모로서 자녀와의 관계를 가지는 것을 인정하고, 이 관계에 대한 법적인 근거를 제공함으로써 동성결혼 부모 밑에서 자라는 아이들이 자신들의 가족이 온전하고 친밀하다는 것과 그들의 삶이 공동체 내 여느 다른 가족들과도 마찬가지라는 것을 이해할 수 있도록 한다고 하였다.

결혼이 제공하는 인정과 안정성, 예측 가능성이 없는 경우, 동성결혼 부부들의 손에서 자라는 아이들은 그들의 가족이 일반적인 보통 가족보다 다소 열등하다는 사실을 알게 되고, 동성애에 대한 편견으로 인해 고통받게 되며, 아이들 자신들의 잘못이 아닌, 결혼하지 못하는 부모 밑에서 자라기 때문에 겪어야 할 더 많은 경제적인 어려움과 불확실성 가운데서 고통을 받게 되므로 동성결혼을 인정하지 않는 결혼법은 동성결혼 부부의 아이들에게 피해와 모욕감을 주게 된다고 비판하였다.

연방대법원은 알렉산더 드 토크빌이 말한 바와 같이 결혼이 가족과 사회의 기초이며 결혼제도 없이는 어떠한 문명도, 진보도 있을 수 없다는 데 동의하였다. 그리고 이러한 전제에 따라 각 주정부는 결혼을 주정부에서 부여하는 여러 가지

세금, 상속, 재산권, 연금, 보험 등의 혜택을 누릴 수 있는 기본 조건으로 설정하였다는데도 동의하였다.

주정부가 결혼을 이토록 중요한 사회적, 법적 질서의 근본으로 만든 이상 동성애자들을 결혼제도에서 소외시키는 것은 결국 동성애자들이 이렇게 중요한 사회적, 법적 측면에서 평등하지 않다는 것을 의미하는 것이며 주정부가 공식적으로 그들을 비하하는 것과 마찬가지이므로 동성결혼을 인정하지 않는 것은 동성애자들의 존엄성을 훼손하는 것이라고 판단하였다.

넷째, 연방수정헌법 제14조의 공정절차조항과 평등보호조항은 상호 연관되어 있다.

연방대법원은 자유와 평등은 상호 깊이 연관되어 있어서 이 두 조항 모두 헌법이 보장하는 근본권리인 '결혼할 수 있는 권리'를 침해하는 행위들을 동일하게 금지하고 있다고 하였다.

다섯째, 연방대법원은 민주적 절차와 공론에 따라 정책을 결정하도록 한 민주주의의 절차를 무시하고 있다.

연방대법원은 헌법이 보장하는 근본적인 권리가 훼손되는 경우, 사법부의 개입이 가능하다고 하면서 미국이 다양한 토론과 투표 등 민주적인 절차를 통하여 합의를 도출하고 정책을 결정하는 민주주의를 꽃 피워 온 것은 사실이나, 오버즈펠 사건의 쟁점과 같이 '근본적인 권리'를 훼손하는 문제에 대해서는 별개로 특별하게 다루어야 한다고 하였다.

예를 들어 슈트사건[173]에서 연방대법원이 민주적 절차로 정책을 결정하는 것에 대해 공감하면서도 동시에 헌법이 보장하는 자유에는 정부 권력의 불법적인 행사로부터 개인이 위협받지 않을 자유를 포함하고 있음도 언급함으로써 사법부의 개입 여지를 남겨두었음을 상기시켰다.

따라서 개인은 대다수의 대중이 동의하지 않고, 입법부가 행동하기를 거부하는 사안에 대해서라도 자신에게 해가 되는 경우라면 헌법의 보호를 요청할 수 있는 권리를 가지며 이러한 요청에 대하여 연방대법원이 근본적인 권리를 인정하고 보호한 것은 이번이 처음이 아니라고 하였다.

특히 오버즈펠사건의 원고들의 입장이 매우 긴박하고 어려운 상황 - 배우자가 불치병으로 사망한 미망인, 국가를 위해 아프간에 파병 나갔던 호국전사, 아이들을 양육하는 어머니 등 - 이기 때문에 연방대법원은 '사건이송명령서'를 발부함으로써 이 사건에 개입하여 핵심 쟁점에 대해 답할 수 있다고 주장하였다.

마지막으로 동성결혼이 증가하면 이성결혼이 줄어들 것이다.

연방대법원은 주정부가 동성결혼이 출산율 저하 등 사회에 해악를 끼친다는 객관적인 근거를 제시하지 못했다고 판결하면서 동성결혼이라는 것은 두 사람의 성인이 상호 합의하여 결정한 것으로서 본인들에게나 제3자에게 어떠한 해도 끼치지 않는다고 하였다.

---

173 *Schuette v. BAMN*, 572 U.S.(2014)

또한 종교의 자유를 침해한다는 의견에 대해서는 종교적인 신념을 가진 사람이 그 신념에 따라 결혼을 정의하고 종교 행위를 하는 것은 연방수정헌법 제1조에 보장되어 있고, 종교적인 신념이 없는 사람은 자신이 판단하는 바에 따라 행동할 권리가 있으며 이는 동성애자들에게도 마찬가지라고 판결하였다.

　연방대법원은 이미 많은 주에서 동성결혼을 합법화하였고 현실적으로 수백 수천 건의 동성결혼이 이미 발생하고 있는 상황에서 몇몇 주가 동성결혼을 반대하는 것은 심각한 혼란과 고통을 초래하는 것이라고 하면서 오버즈펠사건 이후로는 모든 주에서 동성커플들이 결혼할 수 있는 권리를 행사할 수 있고 각 주정부는 성적지향에 따라 타 주에서 행해진 합법적인 동성결혼을 인정하지 않을 어떠한 법적 근거도 없다고 판결하였다.

　연방대법원은 동성애자들이 전통적인 결혼제도를 존중하며, 심지어 너무나도 존중한 나머지 그들 자신들도 이러한 결혼을 할 수 있게 되기를 원하는 것이라고 하였다.

　연방대법원은 동성애자들의 소망은 외로움 가운데서 살도록 저주를 받지 않고, 문명사회에서 가장 오래된 제도인 결혼에서 배제되지 않으며, 법 앞에서 평등한 권리를 인정받고 싶을 뿐이라고 하면서 연방헌법은 동성애자들이 소망하는 그러한 권리를 보장한다고 판결하였다.

　이러한 연방대법원의 최종 판결에 반대하는 로버츠 대법원장을 포함한 스칼리아, 토마스, 알리토 대법관 등 4인은 동성결혼 합법화의 부당함에 대해 다음과 같이 최종적으로 변론하였다.

먼저 동성결혼 합법화를 가장 극렬하게 반대한 로버츠 대법원장의 의견은 다음과 같다.

첫째, 연방헌법 하에서 대법관들은 법이 무엇인지를 말할 권리는 있으나 법이 어떠해야 할지에 대한 당위를 결정할 권한은 없다. 수천 년의 인류 역사와 모든 문화권에서 지속적으로 인정해 온 결혼에 대한 정의를 유지하기로 한 주정부의 결정을 비논리적이라고 말할 수 없고, 연방헌법은 결혼에 대한 어떤 이론도 제공한 바 없으므로 각 주의 시민들은 동성결혼을 결혼의 의미 안에 포함시키든, 전통적인 결혼의 정의를 유지하든 스스로 선택할 자유가 있다.

로버츠 대법원장은 이번 오버즈펠사건의 판결은 5명의 대법관들이 너무도 오만하게도 동성결혼에 대한 논의를 공론의 장에서 끝내버리고 자신들이 가지고 있는 결혼에 대한 비전을 입법화한 것에 다름없다고 비판하였다.

그러면서 자신이 오버즈펠사건의 판결에 이처럼 결사적으로 반대하는 이유는 이 사건이 결혼제도에 동성결혼을 포함시켜야 하느냐 아니냐 하는 동성결혼 합법화를 쟁점으로 다루고 있기 때문이 아니라 미국과 같은 민주주의 공화국에서 헌법이 명확하게 사법부에 부여한 한계를 무시한 채, 이러한 정책적 결정을 선출된 대표를 통하여 국민들이 판단하도록 놓아두지 않고 어쩌다 법에 따라 분쟁을 해결하도록 하는 직무를 업으로 맡게 된 5명의 대법관들이 결정하도록 내버려 두는 것은 옳지 않다고 믿기 때문이라고 하였다.

둘째, 오버즈펠사건의 본질은 '결혼의 정의'에 대한 공격이다. 결혼제도가 진화되었다는 다수 대법관들의 주장과는 달리, 시대에 따라 약간의 변화가 있긴 했으나 '한 남자와 한 여자의 결합'이라는 결혼의 핵심이 변한 적은 단 한 번도 없었다.

로버츠 대법원장은 다수 대법관들이나 원고들 역시 지난 수천 년 동안 결혼은 오직 남녀간의 결합으로만 인식되어왔다는 것을 인정한 바 있고 원고들 스스로도 2001년 전까지 동성결혼을 허용한 사회는 세상 어디에도 없었다는 것을 인정했다는 점을 지적하면서 결혼이 '한 남자와 한 여자와의 결합'으로 이루어졌다는 범세계적인 정의는 역사적인 우연이나 종교적 또는 정치적 움직임의 결과가 아니라고 단언하였다.

로버츠 대법원장은 결혼제도는 안정적으로 일생을 지속하는 결혼이라는 관계 속에서 어머니와 아버지가 아이들을 낳고 기르는 자연의 산물이며, 이러한 결혼에 대한 개념은 너무도 근본적이어서 말할 필요가 없었다고 하였다.

그러므로 어린이들과 사회의 선을 위해 출산으로 이어지는 성관계는 오직 한 남자와 한 여자의 헌신적이고 지속적인 연대감 속에서 이루어져야 하며 지금까지의 문명 사회는 이러한 점을 인정하고 존중하여 결혼한 부부들을 격려하고 더 많은 혜택을 부여했다고 강조하였다.

미국 연방헌법의 제정자들 역시 이러한 전통적인 결혼관을 가지고 있었으며 이러한 결혼관을 전제로 결혼에 관한 주제를 각 주에 위임[174]하였다. 그러므로 결혼제도에 대한 이해가 시대에 따라 조금씩 바뀌긴 했으나 그 핵심은 변한 적이 없다는 것은 논란의 여지가 없는 사실이다. 다만 2003년 메사추세츠주가 동성결혼을 인정하면서 추가로 11개 주가 주민투표를 통해 전통적인 결혼의 정의를 바꾸기로 하였고 나머지 주들은 전통적 결혼의 정의를 계속 유지하기로 결정한 것이 현재

---

174 *Murphy v. Ramsey*, 114 U.S. 15, 45(1885)

의 상황이라고 하였다.

로버츠 대법원장은 다수 대법관들은 동성커플의 결혼할 수 있는 근본적인 권리를 연방대법원의 공정절차 관련 판례에서 네 가지 법철학 및 전통을 확인함으로써 주장하고 있으나 그들의 화려한 미사여구 이면에 있는 실체는 동성결혼이 동성애자들과 사회에 유익하기 때문에 공정절차조항을 이용하여 결혼할 수 있는 근본적인 권리를 부여해야 한다는 주장에 불과하다고 하였다.

셋째, '결혼할 수 있는 권리'가 헌법이 보장하는 인간의 '근본적인 권리'라는 주장이 있지만 헌법에 이를 명시적으로 기록한 내용이 없다.

로버츠 대법원장은 판사들이 헌법에 명시되어 있지 않은 암묵적인 형태의 근본적인 원리를 주장할 때에는 상당한 주의가 필요하다고 하면서 공정절차조항은 이상적인 시스템 내에 내제되어 있어야 할 모든 권리를 다 보장하는 조항은 아니라고 하였다.

로버츠 대법원장은 드레드스콧사건[175] 판결에서 반대론자였던 커티스 대법관의 주장을 인용해 "법 해석의 기본 원칙이 무너지고 개인의 이론적인 의견이 헌법의 의미를 규정할 수 있도록 된다면 우리는 더 이상 헌법을 가지고 있는 것이 아니라 당분간 자신들의 관점에 따라 헌법의 의미가 어떠해야 한다고 천명할 수 있는 개인의 지배하에 있게 되는 것이다."라고 하였다.

---

175   *Dred Scott v. Sandford*, 19 How. 393(1857)

로버츠 대법원장은 과거, 연방대법원은 '내제된 근본적인 권리에 대한 원칙 doctrine of implied fundamental right'에 따라 경제이론에 대한 개인의 선호를 헌법적 강제규 정으로 변환시켰던 료슈너사건[176]의 판결이 잘못되었음을 깨달은 후, 콜린스사건 [177]에서 '실체적 공정절차' 사건을 다룰 때는 사법부의 자기 제어가 더욱 필요함 을 천명했던 점을 환기시켰다.

로버츠 대법원장은 권리의 개념을 갑작스럽고 극적으로 확장시키는 것은 권리 의 근본을 파괴하는 것이 될 것이며 판사들이 스스로를 제어하지 못하면 자신들 이 인식하건 못하건 간에 자기 자신의 개인적인 가치를 헌법에 투영시키게 된다 고 우려하면서 이러한 실수를 막는 유일한 방법은 지속적인 의지를 가지고 역사 의 가르침을 존중하고, 우리 사회의 기저에 흐르고 있는 기본 가치를 인식하며 연 방제와 권력분립이라는 위대한 원리의 역할을 지혜롭게 향유하는 것[178]이라고 주 장하였다.

넷째, 결혼은 너무나도 바람직한 것이어서 동성애자들이 이러한 결혼을 간절히 원하고 있는 바 이들의 소망에 따라 동성결혼을 인정해주어야 한다는 주장은 헌 법적 근거가 없는 권리를 주장하고 있는 것이다.

로버츠 대법원장은 오버즈펠사건의 원고들은 참으로 개인적으로 공감이 가는 사연들을 가지고 있으며, 이는 많은 미국인들이 동성결혼을 허용해야 한다는 쪽

---

176 *Lochner v. New York*, 198 U.S. at 60, 61
177 *Collins v. Harker Heights*, 503 U.S. 115, 125(1992)
178 *Griswold v. Connecticut*, 381 U.S. 479, 501(1965)

으로 생각을 바꾸게 된 이유이기도 하지만 헌법과 동성애자들이 가진 개인적인 사연이나 소망의 진정성은 아무런 연관이 없다고 하였다.

그는 결혼이 헌법이 보장한 근본적인 권리라는 것을 주장하기 위하여 다수 대법관들이 인용한 사건들은 누구나 원하면 결혼할 수 있는 무제한적인 헌법적 권리가 있다고 판결한 것이 아니라면서 이들 판례 중 어느 것도 한 남자와 한 여자의 결합이라는 결혼의 핵심 정의를 변경시키려고 한 것은 하나도 없었다는 점을 상기시켰다.

또한 이들 판례 중 어느 것도 원고들이 주장하듯이 주정부로 하여금 결혼의 정의를 바꾸도록 요구할 수 있는 권리에 대해 언급한 사례가 없다며 이렇게 헌법적 근거가 없는 권리를 주장하는 것을 받아들여서는 안된다고 하였다.

로버츠 대법원장은 포사건[179]의 반대론자였던 할란 대법관이 "법원에서 의미하는 내제된 근본적인 권리를 주장할 때에는 그것이 아무런 가이드도 없는 추측에 불과하도록 내버려 두어서는 안된다. 그러한 권리는 역사의 가르침에 근거해야 하며 재판부는 판결할 뿐 아니라 자기 제어도 해야 한다."라고 했던 말을 인용하였다.

다섯째, 동성결혼 합법화가 개인의 '사생활권' 보호라는 주장은 '사생활권'이라는 이름으로 헌법적 자유라는 '방패'를 주정부에 대한 적극적인 권리를 요구하는 '창'으로 바꾼 것이다.

---

179   *Poe v. Ullman*, 367 U.S. 497

로버츠 대법원장에 따르면 오버즈펠사건의 원고들은 개인의 '사생활권'을 주장하기보다는 반대로 그들의 관계에 대한 공적인 인정과 더불어 정부의 혜택을 누릴 수 있는 권한을 주장하고 있다면서 비록 이전 판례에서 인정된 개인의 '사생활권'이 동성커플의 은밀한 행위를 보호하는데 어떤 역할을 해온 것은 확실하지만 그것이 결혼을 재정의 할 수 있는 적극적인 권리를 준 적도, 각 주가 정한 결혼법을 무효화시킬 수 있는 근거를 제공한 적도 없다고 못 박았다.

　　또한 다수 대법관들이 개인의 '자기결정권'이라는 개념을 강력하게 주장하면서도 이러한 개인의 자유는 무제한적이기 때문에 동성애자들이 자기결정권을 발동시켜 선택한 동성결혼까지도 허용해야 한다는 논리를 펴는 대신, 단지 동성커플들이 그렇게 소원하는 '결혼할 수 있는 권리'를 그들에게 주지 않는 것은 그들의 인격을 비하하고 그들의 선택을 존중하지 않기 때문이라는 논리를 펴는 것은 동성결혼 합법화가 대법관들 개인의 신념, 그 이상도 그 이하도 아니기 때문이라고 비판하였다.

　　다수 대법관들은 결혼의 정의 중 '한 남자와 한 여자'라는 표현에 중점을 두기보다는 '두 사람'이라는 부분을 강조하고 있으나 역사적으로나 기타 타 문화권의 관점에서 보면 남녀의 결합인 이성결혼에서 남남 또는 여여의 동성결혼으로의 전환이란 일부일처제에서 중혼을 인정하는 것보다 훨씬 더 큰 변화라고 할 수 있다고 하였다.

　　따라서 만약 누군가가 중혼에 대한 근본적인 권리를 주장하면서 오늘 오버즈펠사건의 다수 대법관들이 사용한 법리가 이 문제에도 동일한 무게로 적용되어야 한다고 주장한다면 도대체 어떻게 대답할지 충격적이지 않을 수 없다고 우려하였다.

이 부분에 대해 동성애자 원고들은 자신들의 주에서는 아직 중혼제도가 없으므로 그런 문제가 발생할 가능성은 거의 없다고 주장하였는데 이것은 지금 피고로서 있는 4개 주에서 자신들의 주에서는 아직 동성결혼이라는 제도가 없으므로 동성결혼 합법화의 문제가 발생할 가능성은 거의 없다고 주장하는 것과 정확히 같은 주장이라고 하였다.

여섯째, 동성결혼은 제3자에게 해를 끼치지 않는다는 주장은 법적 주장이 아니라 철학적 주장이다.

로버츠 대법원장은 '해악 원리'에 대한 주장은 법적인 주장이라기보다는 철학적인 주장에 가깝다고 하면서 법원이라는 곳은 법에 따라 판결을 하는 곳이지 어떤 특정 사회 사상의 학파에 의해 좌지우지 되는 곳이 아니라는 점을 명확히 하였다.

그는 "만약 역사가 기록된 이래로 변치 않고 이어 온 사회제도가 고작 사법부의 정책입안을 막아내지 못한다면 무엇이 그러한 행위를 막겠는가? 이것은 확실히 법치에 대한 매우 위험한 접근이다."라고 비판하였다.

일곱째, 연방수정헌법 제14조의 평등보호조항이 각 주정부로 하여금 동성결혼을 인정하고 허용하도록 요구하고 있으며 평등보호조항과 공정절차조항은 상호 연관되어 시너지를 낸다는 주장은 평등보호조항에 적용되는 법적 기준은 수단과 목적이 얼마나 일치하느냐 하는 것만 보여주면 되는 것임을 간과한 것이다.

로버츠 대법원장은 판사들은 주정부가 어떤 특정대상을 구별하여 분류할 때 그것이 주정부의 정책목적달성에 얼마나 충분히 잘 부응하고 있는가 하는 것만을 판단할 뿐이라고 하면서 이러한 기준에 따르면 현재 문제가 되고 있는 각 주의 결혼법은 평등보호조항을 위반하지 않았다고 하였다. 왜냐하면 이성결혼과 동성결혼을 구별하는 것은 전통적인 결혼제도를 유지하고자 하는 주의 정당한 정책목적과 이익에 논리적으로 연관되어 있기 때문이다.

여덟째, 미 연방대법원이 사회 변혁을 이끄는 사법부의 역할을 강조하는 태도를 견지하는 것은 옳지 않으며 정책적인 문제는 민주주의적인 절차에 따라 국민들이 정할 일이다.

로버츠 대법원장은 판사의 판결에 대한 권위는 헌법과 법에 따라 판결을 하는데 있어 겸손과 자기 제어를 하고 있다는 인식과 사실에 기반하고 있다고 하면서 오늘 오버즈펠사건의 재판부는 동성결혼에 대한 공론의 장을 없애버림으로써 사법부의 절대적 우위를 보여주었다고 비판하였다.

그는 "그렇다면 도대체 민주적인 절차를 거치는 것이 무슨 소용이 있는가? 지금은 우리 시대에 당면한 자유에 대해 고작 5명의 판사들의 지적인 이해에 근거하여 결혼의 의미를 결정하고 있는 셈이다."라고 하면서 이것은 국민이 사회적으로 민감한 이슈에 대해서는 이론적인 근거를 가지고 현명하게 결정할 수 없을 것이라는 가정하에서 민주적인 절차를 폄하는 것이며 이처럼 정책에 대한 국민들의 논의를 막는 것은 결국 국민들의 생각을 막는 것이라며 강력히 비판하였다.

따라서 판사들의 이러한 개입은 정당화되기 어렵고 갈등을 해결하기보다는 갈등을 더욱 부추기는 결과를 낳을 것이라고 경고하였다.

아홉째, 오버즈펠사건의 판결은 헌법에 명시된 종교의 자유에 심각한 의문을 제기한다.

로버츠 대법원장은 다수 대법관들이 앞으로도 종교를 믿는 사람들이 계속해서 자신들의 결혼관을 옹호하고advocate 가르칠 수teach 있을 것이라고 주장한 것에 대해 연방수정헌법 제1조는 종교를 삶으로 살아내는exercise 자유를 말하는 것이라고 하면서 '살아낸다'라는 단어는 명백히 다수 대법관들이 사용하고 있는 단어가 아니라고 반박하였다.

그는 앞으로 종교적 신념을 가진 사람들이 동성결혼이라는 새로운 권리와 갈등하게 될 소지가 너무 많다며 우려를 금치 못하였다. 예를 들면, 종교재단 산하의 대학에서 오직 이성결혼을 한 기혼 학생들에게만 기숙사를 제공하는 경우라든지, 종교적인 입양기관에서 동성커플에게 입양을 거부하는 경우, 또는 종교단체에게 주정부가 세금감면 혜택을 주는 경우 등을 동성애자들이 반대하여 소송하는 경우가 급증할 것이라고 보았다.

로버츠 대법원장은 오늘의 다수 대법관들의 판결로 인해 인류 역사에서 지속되어 온 결혼에 대한 이해를 따르던 모든 평범한 미국인들, 특히 각 주에서 전통적인 결혼의 정의를 유지하는 것을 지지하는데 표를 던진 수천만명의 유권자들은 자신들의 동성애자 이웃들을 비하하고, 경멸하며, 모욕하고, 인격적으로 상처를 입히는 집단으로 매도되었다고 하였다.

로버츠 대법원장은 다음과 같은 말로 자신의 의견을 끝맺었다.

"많은 미국인들, 특히 동성결혼 찬성자들은 오늘의 판결을 축하하고 자신들이 바라던 목적이 성취되고, 새로운 혜택이 가능하게 된 것에 대해 축하할 것이다. 그러나 헌법을 기념하고 헌법이 승리했다고는 하지 말라. 이 일은 헌법과는 아무런 관련이 없는 일이다."

다음은 미국 연방대법원내에서 전통적인 보수파로 이름이 높은 스칼리아 대법관의 의견이다.

스칼리아 대법관은 오버즈펠사건의 판결은 '미국 민주주의에 대한 미 연방대법원의 위협'이라고 정의하였다.

그는 "오늘의 판결은 나의 통치자이자 미국 전역의 3억 2천만 미국인의 통치자가 미 연방대법원의 9명의 판사임을 천명하는 것이다."라고 하였다.

스칼리아 대법관은 오버즈펠사건의 판결은 현실로나 상상으로나 가능한 최대치로 지금까지 미국의 연방헌법과 연방수정헌법의 조항들이 언급하지 않았던 새로운 '자유'를 사법부가 스스로 창조해 낸 판결이라고 비판하였다.

국민에 의해 투표로 선출되지 않은 9명의 판사들이 헌법을 이런 식으로 재해석하는 것은 과도하게 자유를 찬양하는 것이며 미국의 독립선언문과 1776년 혁명에서 주장했던 가장 중요한 자유, 즉 시민들이 스스로를 통치할 수 있는 자유를 박탈한 것이라는 것이라고 하였다.

스칼리아 대법관은 연방헌법은 계약의 의무를 손상시키는 것이나 타 주의 공식적인 행위에 대하여 '온전한 믿음과 신용Full Faith & Credit'을 부정하는 것이나, 종교의 자유를 해치거나, 언론의 자유를 해치거나, 총기 소유의 권리를 해치거나, 불법적인 사찰이나 구금 등 헌법에서 명시하고 있는 권리를 훼손하는 것을 금지하고 있다고 하면서 이러한 제한을 제외한 나머지는 각각의 주정부 또는 시민들에게 모든 권리가 유보되어 있고 주정부 또는 시민들만이 그러한 권리를 행사할 수 있다고 설명하였다.

따라서 결혼에 관한 규정은 순전히 그리고 절대적으로 주정부의 권한이고 미국의 역사 내내 연방정부는 그러한 주정부의 결정을 항상 존중해왔다고 강조하였다.

그는 연방수정헌법 제14조의 조문은 미국이 헌법을 승인한 이래 공개적으로 폭넓은 지지를 받아 온 오래된 전통, 즉 결혼제도를 지지하는 것을 파괴할 근거가 되지 않는다고 하면서 이러한 행위는 우리의 정부형태에는 전혀 어울리지 않는 사법부의 입법권, 아니 수퍼 입법권을 적나라하게 천명한 것과 다름이 없다는 점을 지적하였다.

스칼리아 대법관은 동성결혼이라는 정책적인 문제를 9명의 당파성이 강하고 턱없이 대표성이 부족한 판사들이 해결하도록 허용하는 것은 '대표 없이 과세 없다'며 영국에 대항했던 식민지 시대의 원칙보다 훨씬 더 근본적인 원칙을 파괴한 것이라면서 '대표 없이 사회적인 변화는 있을 수 없다'고 주장하였다.

또한 개인의 '사생활권'을 보장하라는 주장에 대하여서도 결혼이라는 제도는 본질적으로 개인의 자유를 축소하는 것이지 확대하는 것이 아니라고 설명하였다.

스칼리아 대법관은 원고인 동성애자들이 결혼의 본질은 지속적인 관계를 통해 두 사람이 표현과 친밀감, 그리고 영성과 같은 다른 자유를 찾는 일이라고 주장하고 있는데 정말 그런지 의문이라며 어느 누가 친밀감과 영성이 자유라고 생각한 적이 있었는지도 알 수 없다고 하였다.

그는 만약 친밀감이라는 것이 '친밀감에 대한 자유'를 의미하는 것이라면 사실 이러한 자유는 결혼을 통해 확대되는 것이 아니라 오히려 축소되는 것이라고 하면서 만약 이 문제를 가장 자유로운 영성을 가진 히피들에게 물어본다면 아마 말로는 친밀감이 자유라고 하겠지만 지속적인 결혼 관계를 유지하는 것은 자유를 확대하기보다는 구속하는 것이라고 증언할 것이 확실하다고 하였다.

스칼리아 대법관은 오버즈펠사건의 판결을 통해 다수 대법관들은 평등보호조항과 공정절차조항은 상호 권리를 확인해주고 각각의 권리에 대한 정의를 내려준다고 했지만 실상, 이들의 본질은 온데간데없고 연방대법원 다수 판사들의 선호에 따라 권리가 확인되고 규정되었다고 비판하면서 사람들은 시나 영감이 필요한 대중 철학에서는 논리나 정확성을 기대하지 않지만 적어도 법에 관한 한은 이러한 것들을 기대하는데 오버즈펠사건의 판결은 명확한 사고와 명쾌한 분석에 대한 미 연방대법원의 명성을 손상시킨 판결이라고 결론내렸다.

스칼리아 대법관에 이어 토마스 대법관도 다음과 같이 자신의 소신을 피력하였다.

토마스 대법관은 먼저 '자유란 정부의 행위로부터의 자유'를 의미하는 것이지 '정부의 혜택을 요구할 수 있는 권리'를 의미하는 것은 아니라고 하면서 미국 건국의 아버지들은 '자유'에 대한 이러한 이해를 갖고 헌법을 제정하였다고 하였다.

그는 오버즈펠사건의 판결은 '자유'라는 미명하에 건국의 아버지들이 인식하지도 못했던 '자유'라는 개념을 들고 나와 오히려 그들이 보호하고자 했던 '자유'를 훼손하고 있다고 비판하였다.

또한 원고들의 자유가 공정한 절차없이 제한되었다는 주장에 대하여서는 동성애자들은 자신들에게 빼앗긴 자유가 있었다는 것을 증명하는 데 실패했다고 판단하였다.

헌법 조문상 공정절차는 한 사람으로부터 생명과 자유와 재산을 몰수하기 전, 그 절차가 공정해야 함을 의미한다. 그런데 이런 헌법의 조문에서 벗어나 '실체적 공정절차'라는 개념을 도입함으로써 연방대법원의 다수 대법관들은 자신들의 권위의 원천이 되는 시민들의 희생을 대가로 사법부의 절대적인 권위를 세우고 있다고 비판하였다.

토마스 대법관은 오버즈펠사건의 판결로 인해 겨우 과반을 넘은 5명의 판사들이 무려 30개 이상의 주가 정치적인 과정의 결과로 얻은 결론을 공정절차라는 이름으로 완전히 뒤집어 엎어버릴 수 있게 되었으며 이는 사회적 공의를 앞세우는 실체적 공정절차라는 것이 오히려 얼마나 불의할 수 있는지를 반증하는 증거가 되었다고 주장하였다.

토마스 대법관은 절차적 공정절차가 되었든, 실체적 공정절차가 되었든 간에 이러한 이론을 주장하려면 당사자들은 우선 생명과 자유와 재산이 몰수되었다는 것을 증명해야 한다고 하면서 다수 대법관들은 주정부가 원고인 동성애자들의 자유를 빼앗았다고 주장하지만 동성애자들이 생각하는 자유의 개념은 헌법의 공정절차가 기술된 맥락에서 파생될 수 있는 자유의 개념과는 아무런 유사성도 없다고 하였다.

토마스 대법관은 헌법상의 자유는 대부분 여행의 자유, 상황을 변경시킬 자유, 자기가 원하는 곳으로 이사를 갈 수 있는 자유, 법의 공정한 절차에 따르지 않고서는 감옥에 갇히거나 억압을 받지 않을 자유를 말한다고 하였다.

이러한 자유의 개념은 1225년 영국의 '마그나카르타(대헌장)' 시대에까지 거슬러 올라가는 것으로 마그나카르타는 어떤 사람도 합법적인 동료집단의 판결이나 국가의 법에 의하지 않고는 감옥에 갇히거나 자유를 잃거나 추방당하거나 비난받을 수 없다는 취지를 담고 있고 이것이 바로 미국 연방헌법에 공정절차조항이 들어가게 된 배경이라고 설명하였다.

미국 건국의 아버지들은 마그나카르타에서 헌법 조문을 인용, 수정 및 변경하게 되었는데 특히 생명과 자유와 재산이란 부분이 그러하며 이때의 자유는 분명히 오직 육체적인 제약에 관한 것으로 아주 좁은 범위로만 이해되었다고 덧붙였다.

이후 미국의 법 전통에서 자유라는 것은 정부의 행위로부터의 개인의 자유를 의미하는 것으로 이해되어왔을 뿐 정부에게 특별한 혜택을 달라고 요구할 수 있는 권리로 이해되어 온 것은 아니라고 하였다.

토마스 대법관은 동성커플이 결혼은 자신들의 자유라고 한 주장에 대하여는 미국 헌법상 자유는 법적 테두리 내에서의 소극적 자유를 의미하는 것이라고 단언하였다.

그는 영국의 철학자이자 정치사상가였던 존 로크가 자연상태에서 존재하는 인간은 자연법의 테두리 안에서 어느 누구에게 묻거나 다른 사람의 의지에 기대지 않은 채, 자신의 행동을 결정하고 자신의 소유물과 몸을 자신이 옳다고 생각하는 대로 사용할 수 있다고 했던 것을 상기시켰다.

이러한 관점에 따르면, 인간은 자신들이 선출한 입법부에서 만든 법 아래에서 자신의 행동이 제약되는 것에 동의함으로써 시민으로서의 자유를 얻게 된다는 것이다. 그러나 이때의 자유는 정부의 자의적인 행위로부터의 벗어날 수 있는 소극적인 자유를 의미하는 것이지 정부에게로 향하는 적극적인 자유가 아니라고 설명하였다.

토마스 대법관은 자유를 이동의 자유로 정의하든, 정부의 행위로부터의 자유를 의미하든 간에 동성애자들은 자신들의 자유를 빼앗긴 적이 없었다고 하였다. 오히려 그 반대로 그들은 평화롭게 함께 살 수도 있고, 아이들을 양육할 수도 있으며, 자신들의 결합을 인정해주는 주에서 결혼식을 할 수도 있고, 모든 주에서 개인적으로 종교적인 행사를 할 수도 있다는 점을 강조하였다.

토마스 대법관은 이러한 모든 행동에 대해 동성애자들은 주정부로부터 아무런 제약을 받은 적도 없고 유언이나 신탁, 변호사 위임 등 민법상의 법적 도구를 사용하여 자신들의 결혼관계에 닥친 사건들을 해결하는 데 아무런 어려움을 겪은 바도 없으므로 동성애자들이 빼앗겼다고 주장하는 자유나 권리는 그 실체가 없고, 정부의 인정과 혜택을 받을 자유라는 것은 미국 건국의 아버지들이 인식하고 있던 자유라는 개념과는 하등 관계가 없다고 단언하였다.

즉, 미국의 연방헌법은 '~해서는 안 된다'라는 소극적인 법조문의 모음이지 '~해야만 한다'는 적극적인 권리를 제공하고 있는 문서가 아니라고 하였다.

한편 토마스 대법관은 다수 대법관들이 자유를 보호하기 위한 정치적인 절차를 무시하였다고 주장하였다.

그는 인간이 자의적인 간섭으로부터 자유를 보호하기 위하여 법을 만들고 집행하는 절차를 수립하였다고 하면서 이러한 민주적인 절차는 주정부 차원에서는 국민의 대표자들이 국민의 뜻에 따라 국정을 운영하는 대의적 정부의 형태를 통해 나타나며 연방정부 차원에서는 연방헌법이 이러한 국민의 뜻을 방어하는 방어벽 역할을 한다고 하였다.

따라서 일반적으로 각 주정부가 자신들의 대의적 정부 또는 시민들의 투표에 의해 의사를 결정할 수 있을 때 시민들의 자유는 가장 강력하게 보호되는데 이러한 절차는 동성결혼에 대한 찬반 투표를 했던 35개 주 중 32개 주의 시민들이 전통적 결혼의 정의를 유지하기로 결정한 것에서 가장 잘 나타난다고 강조하였다.

이어서, 동성결혼 합법화와 종교적 자유의 침해는 상관이 없다는 주장에 대하여는 결혼은 정부의 제도인 동시에 종교적 제도임으로 필연적으로 오버즈펠사건의 판결과 충돌할 수밖에 없다고 판단하였다.

토마스 대법관은 연방수정헌법 제1조가 명시적으로 종교의 자유를 보호하고 있지만 오버즈펠사건의 판결로 인해 이제 광범위한 영역에서 종교의 자유가 침해당하는 것을 피할 수 없게 되었다고 하였다.

그는 미국 사회에서 결혼은 단순히 정부의 제도만이 아니라 동시에 종교적인 제도이기도 하다면서 연방대법원의 판결이 정부제도로서의 결혼은 바꿀 수 있을지 모르지만 종교제도로서의 결혼의 역할은 바꿀 수 없다고 단언하였다.

그리고 이 두 가지는 필연적으로 갈등할 수 밖에 없다고 하면서 앞으로 동성애자들은 동성결혼에 참석하거나 이를 지지하도록 강요당하게 될 개인이나 교회들과 특히 더 첨예하게 부딪히게 될 것이며 이는 잠재적으로 종교의 자유를 침해하는 심각한 결과를 초래할 것이라고 예견하였다.

마지막으로 오버즈펠사건의 판결이 '존엄', 특히 '동성커플의 존엄'을 신장했다는 주장에 대하여 인간의 존엄은 주정부가 줄 수도 빼앗을 수도 없는 천부인권적 개념이라고 못 박았다.

토마스 대법관은 이러한 주장이 헌법에 근거한 것이 아니라고 하면서 헌법에는 '존엄'에 관한 조문이 없다는 점을 지적하였고, 만약 있다 하더라도 인간에 대한 존엄은 주정부가 줄 수 있는 것이 아니라고 하였다.

그는 미국 건국의 아버지들이 독립선언문에서 '모든 인간은 평등하게 창조되었으며 창조주가 부여한 어떤 양도할 수 없는 권리가 있다'고 선언했을 때 그들은 모든 인간이 하나님의 형상을 따라 창조되었으며 따라서 내재된 가치가 있다는 인류에 대한 비전을 가지고 있었다고 설명했다.

이러한 비전이 미국이란 나라의 건국의 기초이기 때문에 인간의 존엄은 정부가 줄 수도 빼앗을 수도 없고 이 나라 건국의 기초가 된 자유와 존엄에 대한 이러한 이해를 거부한다고 하더라도 여전히 그러한 가치를 믿고 있는 미국인들의 존엄에는 아무런 영향도 미치지 못한다고 하였다.

토마스 대법관은 한 사람의 존엄은 물론 개인의 자유도 주정부에 의해 보호되는 것이지 제공되는 것이 아니라고 하면서 오늘의 오버즈펠사건에 대한 판결은 이러한 진리를 배척하는 것이며 건국의 원칙들을 왜곡하는 것이므로 미국 연방헌법과 미국 사회에 예측할 수 없는 심각한 결과를 가져오게 될 것이라고 결론내렸다.

마지막으로 알리토 대법관의 반대의견이다.

알리토 대법관은 동성결혼 합법화에 대한 오버즈펠사건의 쟁점은 헌법이 대답할 문제가 아니라 각 주의 시민들이 결정할 문제라고 하였다.

그는 헌법이 동성결혼의 권리에 대해 어떠한 언급도 하지 않았음에도 불구하고 오늘의 재판부는 연방수정헌법 제14조의 공정절차 내의 '자유'가 이러한 권리를 포함하고 있다고 잘못 판결하였다고 하였다.

5명의 선출되지 않은 대법관들이 자신들의 '자유'에 대한 비전을 대다수 미국인들에게 강요하는 것을 막기 위하여 워싱턴사건[180]에서는 공정절차상 자유란 국가의 역사와 전통에 깊이 뿌리를 내리고 있는 그러한 권리만을 보호하는 것을 의미한다고 판결한 바 있으나 오늘날 다수 대법관은 동성결혼의 권리가 이러한 깊은

---

180   Washington v. Glucksberg, 521 U.S. 701, 720-721(1997)

뿌리를 갖고 있느냐 아니면 심지어 그렇게 오래도록 유지된 전통에 반하는 것이냐에 대해 고려하지 않고 그저 그들이 믿기에 그러한 권리가 근본적이라고 생각하기 때문에 이 권리에 헌법적인 보호를 부여한 것에 불과하다고 비판하였다.

또한, 알리토 대법관은 결혼이 단순히 인간의 행복 추구에만 관련된 것은 아니라는 입장을 견지하였다.

오늘날 많은 사람들은 거의 결혼이란 결혼하기로 선택한 사람들의 행복에 관한 것이라고만 이해하고 있지만 이러한 이해는 전통적인 이해가 아니며 수천 년 동안 결혼은 오직 이성결혼에서만 이루어질 수 있는 출산과 떼려야 뗄 수 없는 관계였다는 점을 상기시켰다.

알리토 대법관에 따르면 사회가 결혼을 공식화하고 결혼한 사람들에게 특별한 혜택과 의무를 지우는 이유는 아이를 양육하기에 가장 좋은 환경인 지속적이고 안정적인 관계 속에서 출산이 이루어지는 것을 정부가 장려하기 위해서이고 이것이 바로 결혼을 이성간에만 허용하고 있는 세속적인 이유라는 것이다.

그는 이러한 전통적 결혼관이 설득력을 잃는 이유는 아마도 오늘날 결혼과 출산과의 관계가 점점 붕괴되어가고 있기 때문일 것이라고 추측하였다.(사실 미국 사회에는 혼외 출생자의 수가 급증하여 40%의 아이들이 혼인관계 이외에서 출생하고 있다.)

알리토 대법관은 오늘날에는 동성결혼을 허용하면 결혼제도 자체가 훼손될 것이라고 생각하는 사람과 오히려 현재 흔들리고 있는 이 제도가 강화될 것이라 주장하는 사람들로 나뉘어져 있지만 헌법에 동성결혼에 대한 아무런 언급도 없는 상황에서는 연방정부 시스템상, 궁극적인 결정은 국민에게 달려있으며 국민들이 자신이 선출한 대표를 통해 이러한 근본적인 변화에 대한 질문에 답해야 한다고 주장하였다.

마지막으로 종교의 자유의 침해에 대해서는 앞으로 전통적인 결혼의 정의를 지지하는 종교인들은 자신들의 삶에 상당한 제약을 받게 될 것이라고 예견하였다.

알리토 대법관은 오버즈펠사건의 판결이 새로운 결혼의 정의에 동의하지 않는 보통의 미국인들을 폄하하는데 사용될 것이라고 하면서 이제 자신의 믿음을 지키고자 하는 사람들은 자기 집에서 휴식하는 동안 귓속말로 그들의 속내를 속삭일 수는 있지만 이러한 관점을 대중에게 드러낸다면 편견이 심한 사람으로 낙인이 찍히게 될 것이라고 하였다.

만약 오버즈펠사건에서처럼 겨우 다수를 넘긴 5명의 대법관들이 새로운 권리를 창안해 내어서 이 나라의 나머지 사람들에게 강요할 수 있다면 미래의 다수 대법관들을 막을 수 있는 유일한 제약은 정치력이나 문화적인 영향력을 가진 사람들이 참아낼 수 있는 수준에 대한 판사들 스스로의 감각에 의지할 수 밖에 없을 것이라고 하였다.

알리토 대법관은 자신이나 동료 판사들이 순수한 마음으로 헌법적 자유에 대한 비전을 가지고 있었고 그러한 비전이 우연히 자신들의 것과 맞아 떨어졌다고 생각하겠지만 그러한 순진함은 우려의 원인이 될지언정 위로가 되지 않는다고 하였다. 왜냐하면 이러한 순진함이 보여주는 것은 오직 헌법 해석에 대한 대법관들의 법 문화적 인식이 되돌릴 수 없을 만큼 심하게 부패했다는 것을 반영했을 뿐이기 때문이라고 한탄하였다.

알리토 대법관은 동성결혼을 합법화한 오늘의 오버즈펠사건의 판결에 대해 대다수의 미국인들은 자신들의 입장에 따라 기뻐하기도 하고 슬퍼하기도 할 것이지만 모든 미국인들은 이 문제에 대한 그들의 관점이 어떠하던지 간에 오버즈펠사건의 판결을 통해 다수 대법관들이 주장하는 사법부의 권력에 대해서는 심각하게 우려해야 할 것이라는 것을 강력히 경고하였다.

이상으로 오버즈펠사건에 대한 연방대법원의 5명의 다수의견 판사들의 동성결혼 합법화 찬성의견과 4명의 반대소수의견 판사들의 견해를 정리해 보았다.

오버즈펠사건의 판결이 있은 후, 미국의 정치권과 사법부에서는 많은 비판이 따랐다.

그 중 2015년 7월 22일자 MSMBC 보도에 따르면 당시 공화당 대선 후보였던 텍사스 주 상원의원인 테드 크루즈가 '사법적 독재'에 대해 강하게 비판하였다[181]고 한다.

테드 크루즈 상원의원은 오버즈펠사건의 판결을 통해 "미 연방대법원이 미국 전역에 동성결혼을 합법화시킨 것에 대해 사법부가 '선을 넘었다.crossed the line'라고 표현하면서 연방헌법 제3조에 의거하여 이번 판결을 번복하기 위한 헌법개정안

---

181 http://www.msnbc.com/msnbc/ted-cruz-goes-after-supreme-court-judicial-tyranny, July 22 by
     Emma Margolin

을 내거나 판사들에 대한 정기적인 신임투표를 제안하는 등의 방안도 불사할 것"이라고 했다고 한다. 그는 또한 이러한 "사법부의 독재로부터 권력을 되찾아 다시 '우리 국민We, the People"에게 되돌려 주기 위한 모든 노력을 다할 것"이라고도 했다고 한다.

유명한 법률 사전인 Black's Law Dictionary에는 '사법적 독재'라는 단어는 없고 대신 '사법 적극주의'라는 단어를 다음과 같이 정의하고 있다.

'사법 적극주의란 판사들이 공공정책에 대한 결정을 할 때 다른 여러 요소 중에서, 자신의 개인적인 신념이 개입할 수 있도록 허용하는 사법적 판결에 대한 철학[182]이다.'

그러면 사법 적극주의와 사법적 독재의 경계는 어디에 있는 것일까?

사실 사법 적극주의는 미국 사법부의 특이한 전통인 위헌법률심사권judicial review에서 비롯되었다. 위헌법률심사권이란 사법부가 입법부나 행정부의 행위에 대하여 연방헌법에 위배되는지를 최종 판단해 주는 제도이다.

헌법 조문 어디에도 그 근거가 없음에도 불구하고 미국 연방대법원은 이 위헌법률심사권에 의거하여 입법부와 행정부의 권력에 대한 견제와 균형을 이루고 삼권분립의 원칙을 수호하는 역할을 자임해왔다.

---

182 Judicial Activism: philosophy of judicial decision-making whereby judges allow their personal views about public policy, among other factors, to guide their decisions

그러나 사법부가 미국의 공공정책을 결정함에 있어서 어느 정도의 역할을 할 수 있는지, 또 사법부가 의회나 행정부의 판단을 자신의 판단으로 어디까지 대체 가능한지, 민주적 대표성을 띠고 있지 못하는 사법부가 국민 또는 그들의 대표자들이 결정한 법을 무시하는 것이 민주주의 국가에서 가능한 일인지에 대한 논의는 끊임없이 이어져 오고 있다.

이 장에서는 지금까지 미국의 연방과 주 대법원에서 다투어왔던 동성결혼 합법화 소송에 마침표를 찍은 오버즈펠사건에 대하여 살펴보았다.

오버즈펠사건은 미국 연방대법원이 지나친 '사법 적극주의'를 넘어 '사법적 독재'를 자행했다는 비판을 받고 있다.

이 사건에서 미국 연방대법원은 미국 사회에 근본적인 변화를 가져올 수 있는 중차대한 문제에 대하여 단지 5명의 대법관들이 국민이나 국민의 대표에 의한 민주적인 의사결정 절차를 거치지 않고, 심지어 이미 민주적인 의사결정과정을 통하여 자신들의 정책적인 입장을 견지했던 모든 주들과 시민들의 의사를 깡그리 무시한 채, 오히려 자신들의 관점을 온 국민들에게 강요했다는 오명을 벗기 어려울 것이다.

특히 소수 반대론자들의 의견에서 알 수 있듯이 오버즈펠사건의 판결은 연방대법원 내부에서조차 구체적이고 합리적인 법리를 통하여 판단되었다기보다는 5명의 대법관들이 개인적으로 옳다고 믿는 신념과 관점에 따라 내린 판결이었다는 심각한 비판이 제기되었다.

때론 사법부의 적극적인 법률 해석과 개입이 필요한 사건들도 있다. 그러나 국민의 판단이 미심쩍어, 또는 어리석은 국민들에게 중대한 사회변화를 그저 맡겨 놓고 기다릴 수만은 없어서 사법부가 민주적인 절차와 전통을 무시하고 지나치게 개입한다면 이는 사법적 독재로 흐르기 쉽다.

미국의 동성결혼 합법화 소송의 과정을 지켜보면서 소수 엘리트 판사들의 선부른 자만과 감상으로 한 사회의 미래가 갈 길을 잃고 있는 것 같아 심히 안타깝다.

요즘같이 급변하는 시대에는 무엇보다 원칙과 절제의 도가 살아있는 사법부의 판단이 절실하다.

미국은 어떻게
동성결혼을
받아들였나

미국법원의 동성결혼 합법화 12대 판결

초판 1쇄 인쇄 2016년 7월 27일
초판 1쇄 발행 2016년 7월 27일
초판 2쇄 발행 2020년 6월 10일

편저 정소영
발행 정소영
출판 도서출판 렉스

등록 2014년 4월 14일 제2014-000111호
주소 서울시 영등포구 당산동 203
전화 070-4797-5200
이메일 lecsbiz@gmail.com

ISBN 979-11-958521-0-9 93360